Humanities 长江人文馆

孔子评传

名家名传书系

匡亚明 著

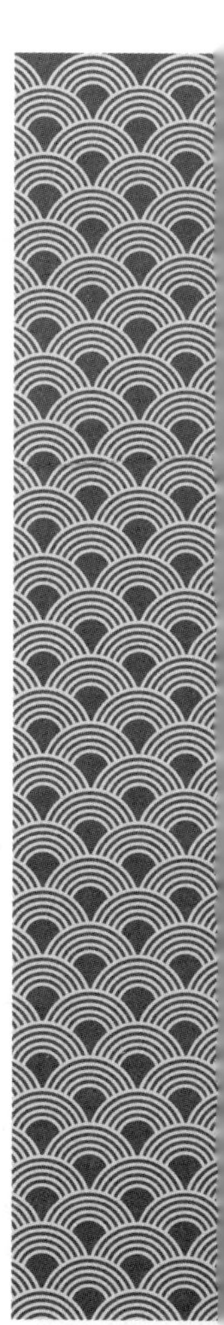

长江出版传媒 长江文艺出版社

图书在版编目（CIP）数据

孔子评传 / 匡亚明著. -- 武汉 : 长江文艺出版社,
2024.6
ISBN 978-7-5702-2672-6

Ⅰ. ①孔… Ⅱ. ①匡… Ⅲ. ①孔丘(前 551-前 479)
一评传 Ⅳ. ①B222.2

中国国家版本馆 CIP 数据核字(2024)第 062425 号

孔子评传
KONGZI PINGZHUAN

责任编辑：张远林　　责任校对：毛季慧
封面设计：周　佳　　责任印制：邱　莉　丁　涛

出版：长江出版传媒 | 长江文艺出版社
地址：武汉市雄楚大街 268 号　　邮编：430070
发行：长江文艺出版社
http://www.cjlap.com
印刷：湖北画中画印刷有限公司

开本：640 毫米×970 毫米　1/16　　印张：24
版次：2024 年 6 月第 1 版　　2024 年 6 月第 1 次印刷
字数：288 千字

定价：49.80 元

目 录

第一章 生平概略

叙述孔子生平，看来容易，其实很难。说容易，因为自从距离孔子只有三百余年的司马迁第一次较系统地写过孔子生平传记《史记·孔子世家》之后，历代又有不少人相继以不同形式写过类似著作[①]，似乎基本情况已经确定，下笔较易。说很难，因为确有不少事实，或因文献残缺不全，或因虽有文献而真伪相杂，或因历代封建统治阶级及其御用学者的歪曲和附会，争论不休，莫衷一是，下笔很难。但从科学的历史唯物主义观点去看，历史性和逻辑性归根到底应该是一致的。因此，妥善解决这个问题，只能是一方面充分利用后世特别是明清以至现代考据学者的合理成果，力求在文献材料上不至以伪乱真和夸大失实；另一方面对已有文献特别是离孔子较近的战国秦汉时期的文献以及其他资料中留下的有关传闻轶事，只要在逻辑上是合理的，事实上是合情的，亦适当采用。排除文献使

---

① 自司马迁《史记·孔子世家》后，较重要的有胡仔《孔子编年》，江永《孔子年谱》，蔡孔炘《孔子年谱》，狄子奇《孔子编年》，夏洪基《孔子年谱》，郑环《孔子年谱》《孔子世家考》，孔广牧《先圣生卒年月考》，及近人周予同《孔子》，蔡尚思《孔子思想体系》，陈景磐《孔子的教育思想》，杨景凡、俞荣根《论孔子》等著作中都有专章，以不同观点和方法考述了孔子的生平。

用上的绝对化和作茧自缚，目的是力求拨开云雾，尽可能恢复和再现孔子的本来面貌，这是研究和评价孔子功过的前提。

一、没落的贵族家庭

孔子是春秋时代的鲁国（今山东曲阜）人，名丘，字仲尼[①]。生于公元前551年9月28日（周灵王二十一年，鲁襄公二十二年，夏历八月二十七日），死于公元前479年3月4日（周敬王四十一年，鲁哀公十六年，夏历二月十一日）[②]，享年七十三岁[③]。

孔子的祖先，是宋国（国都在今河南商丘）贵族。宋的始祖是微子启。微子启卒，由弟微仲继位。大概微仲就是传说中可查的孔子远祖。宋国和鲁国毗邻。孔子五代祖木金父因其父孔父嘉在宫廷内讧中被杀而从宋国避祸奔鲁。孔子父亲叫叔梁纥[④]，自微仲到叔梁

---

① 从前习惯把兄弟排行用伯仲叔季来表示，孔子有跛子异母兄叫伯尼，孔子排行第二，故字仲尼。子是当时一般尊称，和后来称先生相似。

② 孔子生死的年月，两千年来经生学子一向争论不休。今孔子生年从司马迁《史记·孔子世家》载“鲁襄公二十二年而孔子生”，月日从《穀梁传》载“冬十月庚子，孔子生”。周时历法比夏历早两个月，故十月庚子后世推算为鲁襄公二十二年八月二十七日（即公元前551年9月28日）。孔子死年、月、日从《左传》载“哀公十六年四月己丑，孔丘卒”，即哀公十六年夏历二月十一日（公元前479年3月4日）孔子死。

③ 这里孔子七十三岁是指中国习惯虚岁年龄，实足年龄为七十二岁。据紫金山天文台张培瑜教授论证，如从实足年龄言，1989年应是孔子诞生2539周年，如从虚岁年龄言，是2540诞辰。这里周年与诞辰是有区别的。

④ 孔子父亲，司马迁《史记·孔子世家》作叔梁纥，《左传·襄公十七年》作郰叔纥。郰是鲁邑名，叔梁其字，纥其名。今从《史记》，称叔梁纥。梁纥为郰邑大夫（宰）。据孙诒让考证，当时大夫（宰）有两种，一种是有“采邑”（即封地）的，“子孙世守之”；一种是无“采邑”而只有“禄田”的，不能“世守”，传之子孙，“仅食其田之租税而不得主其邑”。梁纥即属后者。说见孙诒让《周礼正义》。

纥共计十四代[①]，其中较著名的只有四人，即弗父何、正考父（甫）、孔父嘉和叔梁纥。

（一）弗父何是孔子第十代祖先。弗父何的父亲宋缗公（名共）有子二人，长子弗父何，次子鲋祀（又名方祀）。缗公死时不传子而传弟熙，是为炀公。鲋祀不服，杀了熙。原应由长兄弗父何继位，弗父何不受，让位于弟鲋祀，即宋厉公。弗父何因让国而声誉大张，世为宋大夫[②]。

（二）正考父是孔子第七代祖先，弗父何的曾孙。他以谦恭俭朴和熟悉古文献见称。他曾连续辅佐宋国三公即戴公、武公和宣公，不但不骄傲奢侈，反而越发谦逊俭朴。他在家庙中的鼎上作如下铭文："一命而偻，再命而伛，三命而俯，循墙而走，亦莫余敢侮。饘于是，粥于是，以糊余口。"[③]意思是每逢接受任命、提升职位时，都是越来越恭敬。始而低头，再而曲背，三而弯腰，连走路也小心翼翼地靠着墙边走，然而谁也不会侮慢我。我用这鼎煮饘和粥，聊以充饥而已。同时，他又爱好文献。据传《诗经》中的《商颂》，就是

---

① 据《孔子家语》、胡仔《孔子编年》所载孔子共十四代祖先姓名和次序，现列表如下，供参考：

宋微子启

↓

宋微仲→宋公稽→丁公申→缗公共
- →厉公鲋祀（以弟嗣位，下略）→……
- →弗父何（以兄让位，世为宋大夫）→宋父周→世子胜→正考父
- →孔父嘉→木金父（避祸奔鲁）→睪夷→防叔→伯夏→叔梁纥
  - →孟皮（伯尼）
  - →孔丘（仲尼）

② 《左传·昭公七年》："弗父何以有宋，而授厉公。"胡仔《孔子编年》记载较详："缗公共卒，弟炀公熙立。缗公长子曰弗父何。何之弟鲋祀弑炀公，以国授何，何弗受。鲋祀立，是为厉公，而何世为宋大夫。"

③ 《左传·昭公七年》。

经他和周太师校订的[1]。

（三）孔父嘉是孔子第六代祖先，正考父的儿子。从孔父嘉起，子孙有的就以孔为姓氏了。大概孔父嘉不像父亲正考父那样谨慎恭敬，所以在一次宫廷斗争中和宋殇公（与夷）一同为华督所杀。其子木金父避难奔鲁，从此定居鲁国鄹邑[2]。

（四）叔梁纥是孔子的父亲，是孔父嘉的五代孙，亦即从宋国避难到鲁国后的第五代了。前四代默默无闻，到了叔梁纥，算是有点小名气了，主要是立了两次战功，一在偪（同“逼”）阳之战。鲁襄公十年（前 563 年）以晋国为首的几个诸侯国攻打一个叫偪阳（今山东省枣庄市南面）的小国，叔梁纥作为鲁国贵族孟献子属下武士，也参加作战。当他们攻入偪阳城时，守城的人突然把城门上吊起的悬门放下，意欲把入城队伍拦腰截断，然后分别消灭他们。正在此时，叔梁纥赶到，用手托起悬门，使先入城的队伍能够赶紧退出，避免了损失[3]。二在夜突齐围救臧纥之战。偪阳战役七年之后，鲁襄公十七年（前 556 年）齐国侵入鲁国的北部，齐军高厚带领的部队围困了防邑，那时被围困在防邑里的有鲁大夫臧纥及其弟臧畴、臧贾和叔梁纥。鲁军前去救臧纥，从阳关（约在今山东泰安东）进击，接应臧纥，因慑于齐军强大，到了近防邑的旅松这个地方就停下不

---

① 《国语·鲁语》：“正考父校商之名颂十二篇于周太师，以《那》为首。”这十二篇商颂，至孔子时又散失七篇，现在只剩下五篇即《那》《烈祖》《玄鸟》《长发》和《殷武》了。

② 孔子祖先避祸奔鲁，有两种不同说法。一种是《孔子家语》，认为孔父嘉被杀后第三代（名防叔）才避祸奔鲁；一种是胡仔《孔子编年》，认为“孔父嘉为华父督所杀，其子奔鲁，始为鄹人”。崔述亦疑前说（《洙泗考信录》卷之一）。此从后说。

③ 《左传·鲁襄公十年》：“晋荀偃、士匄请伐偪阳而封宋向戌焉。……丙寅，围之，……偪阳人启门，诸侯之士门焉。悬门发，鄹人纥抉之，以出门者……”（《十三经注疏》下册第 1946 页）

敢前进了。叔梁纥带着臧畴、臧贾和甲兵三百人，保护臧纥夜间突围而出，将臧纥护送到旅松鲁军驻地，然后又冲进防邑而固守之。齐军攻打不下，只好撤退[①]。由于在这两次作战中所表现出来的勇气和膂力，叔梁纥曾一时“以勇力闻于诸侯”[②]。他虽然立过两次战功，但是并没有加官晋爵，得到提升，终其身不过是一个“武士”身份（贵族中最低级的身份）和一个鄹邑大夫（一说鄹邑宰，其管辖区相当于现在的一个镇、乡或区）的低级官职而已。

叔梁纥在鲁襄公十七年突围之战胜利归来时，年已六十三岁左右[③]。他先娶施氏，生女九人，没有儿子。后娶妾生了一个儿子，叫伯尼（又名孟皮），是个有足病的跛子。在当时封建宗法社会里，重男轻女，只有儿子才能继承父业。叔梁纥的贵族地位虽已没落，但毕竟是个鄹邑大夫，在乡间还是有一定地位的人，当然对跛子儿子不满，认为有失体面，希望有个像样的儿子继承自己，于是就向颜家求婚。据说颜家有三个女儿，老大、老二都不愿意，只有不满二十岁的小女儿名叫颜徵在的表示愿意嫁给叔梁纥。叔梁纥在六十六岁左右和颜徵在结了婚。古时认为年过六十四岁结婚，就不合礼仪。叔梁纥年近古稀，颜徵在则在妙龄，年龄相差甚大，所以司马迁在《史记·孔子世家》中用含义模糊的“野合”二字描述这种不合礼仪的结合，是寓有隐讽之意的。因为“野”字可有两种不

---

① 《左传·鲁襄公十七年》：“秋，齐侯伐我北鄙。……高厚围臧纥于防。师自阳关逆臧孙，至于旅松。鄹叔纥、臧畴、臧贾帅甲三百，宵犯齐师，送之而复，齐师去之。”（《十三经注疏》下册第1963页）

② 胡仔《孔子编年》。

③ 叔梁纥突围救臧纥之战是鲁襄公十七年，五年后即鲁襄公二十二年，生孔子。孔子三岁（襄公二十四年），叔梁纥去世。《礼记·檀弓》和《孔子家语》记载，叔梁纥去世时年约七十岁，则襄公十七年应为六十三岁左右。

同解释，一种是野外，一种是粗野不合礼仪，历来多作后者解[①]。

叔梁纥和颜徵在婚后不久，在鲁襄公二十二年（前551年）夏历八月二十七日生孔子。司马迁在《史记·孔子世家》中说："祷于尼丘得孔子。"孔子所以名丘字仲尼，大概就是因为祷于尼丘山而生的缘故[②]。孔子三岁时，叔梁纥就去世了。于是颜徵在离开纥家，带着三岁的孔丘，寡母孤儿，迁居到鲁国国都曲阜城内的阙里去了[③]。

二、幼年在贫贱中成长

古鲁国是西周初年周公（姬旦）的封地，其长子伯禽赴鲁就国时，带去很多典章文物。到了春秋末年，人们认为周朝的典章文物

---

① 司马贞《史记索隐》："此云野合者，盖谓梁纥老而徵在少，非当壮室初笄之礼，故云野合，谓不合礼仪。故《论语》云：'野哉由也'，又：'先进于礼乐，野人也。'皆言野者是不合礼耳。"还有一种解释，认为"野合"就是在野外交配。如依此说，则孔子为私生子。历来儒家都讳避此说，好像有失"圣人"体面。其实即使是私生子，对孔子亦无所损，根本无须讳避。但前种说法比较合情合理，故从前说。

② 据传，颜徵在有妊时，夫妇因望儿心切，按当时迷信习惯，于襄公二十二年夏历八月二十七日同去曲阜城东南的尼山亦名尼丘山（在叔梁纥家乡昌平乡鄹邑境内）"祈祷山神"。"祈祷"后即到附近一个山洞中休息，不料即在洞中分娩，产下一子即孔丘。后人为了纪念颜徵在母子，名此洞为"坤灵洞"，又名"夫子洞"，此洞至今还在。大概司马迁说的"祷于尼丘得孔子"，即根据这个传说。或此传说是根据司马迁说的那句话衍生出来，亦未可知。特将当地调查所得录供参考。

③ 现山东曲阜城内，孔庙东侧仍有一条阙里街，街的北尽头即孔子故居。据传，颜姓是曲阜大族，孔子弟子中有不少是姓颜的曲阜人。林春溥《开卷偶得》说："《仲尼弟子传》颜氏居其八：颜路、颜由、颜幸、颜高、颜祖、颜之仆、颜哈、颜何，皆鲁人。颜之推曰：'仲尼母族'。"颜之推认为以上八人，都是颜徵在本家（"仲尼母族"），可见颜氏娘家确是曲阜大族。如果如此，颜徵在带着三岁孤儿（孔丘）回到曲阜，找个存身之处也就不很困难了。

都保存在鲁国[①]。颜徵在母子住在这样富有古文化传统的环境里，对孔子未来的教养和成长，是有很大影响的。由于缺乏史料，具体情况很难了解。这里，我们不得不提出下面几个问题：（一）颜徵在为什么要迁居曲阜？（二）她凭什么条件能在曲阜城内安家？（三）她如何维持母子生活？（四）她怎样培养和教育孔丘？提出这些问题是很自然的。探讨这些问题是历史的要求，也是逻辑的要求，但文献典籍在这方面缺乏足够的资料。有些考据家甚至对颜徵在这个人的存在也采取怀疑和不承认的态度[②]，这是未必恰当的。根据已有的即使是片段的文献资料，对以上四个问题作一些探索，还是可能的、必要的。例如对第一个问题，显然颜徵在为了避免妻、妾、子、女间复杂的家庭矛盾，确以离开叔梁纥家为较好的选择。对第二个问题，根据叔梁纥没落贵族的身份，郰邑大夫的地位，“以勇力闻于诸侯”的声誉，加上徵在的娘家（颜姓）是曲阜大族，这些条件大概给徵在在曲阜城安家提供了方便。对第三个问题，孔子自己说过：“吾少也贱，故多能鄙事。”可见主要靠母子勤劳俭朴维持清贫生活。对第四个问题，司马迁《史记·孔子世家》说“孔子为儿嬉戏，常陈俎豆，设礼容”，可见孔子从小好学，一定和母爱、母教有关。

在叔梁纥去世后，孔丘这个三岁孤儿，如果没有一位贤母的抚

---

① 《左传·昭公二年》：“晋侯使韩宣子来聘。……观书于大史氏，见《易象》与《鲁春秋》。曰：‘周礼尽在鲁矣。吾乃今知周公之德，与周之所以王也。’”

② 崔述就是代表。他说：“余按，孔子之母名，见于《礼记·檀弓》，其称为颜氏女，则本之于《史记·孔子世家》。然他经传初未有言者也。……故今不录。虽名氏亦缺之，以昭慎重。”（《洙泗考信录》卷之一）《檀弓》《史记》，离孔子尚不远，本之传闻，而肯定颜徵在其人，事实上是合情的，逻辑上是合理的，因为如无颜徵在其人，则孔丘将从何而生？而《檀弓》《史记》据传闻而记之，正好填补历史空白，是有益无害的。认为凡不见经传者一概不可信，一概不承认，这种迷信经传、作茧自缚的态度，于历史何补？故不从。

养和教导，他能否生存下来，能否成为中国封建社会的思想巨人，都是很难说的。这位贤母就是一向不被重视的默默无闻的颜徵在。谈孔子生平而不谈孔子的母亲，不谈颜徵在，不能说是很公平的、实事求是的。但由于文献不足，我们也只能把问题提出来，至于进一步阐明，则有待于更多的新资料（包括地下发掘材料）的发现。

关于孔子幼少年时代情况，有几件事是可以征信的：

第一件是《史记·孔子世家》说："孔子为儿嬉戏，常陈俎豆，设礼容。"他不是像一般儿童那样好玩要，而是经常把祭祀时存放供品用的方形和圆形俎豆等祭器摆列出来，练习磕头行礼。这在现在是不可思议的，但在当时贵族社会十分重视祭祀礼仪的情况下是很自然的。这除了社会的耳濡目染的影响外，和颜徵在的家庭教育也是分不开的[①]。颜徵在当然希望孔丘能学好这些东西，作为将来回到贵族行列中去的阶梯。

第二件是孔母之死。颜徵在二十岁左右正当青春年华之时，就死了丈夫，带着三岁的孤儿，离开了复杂矛盾的叔梁纥家（郰邑），来到鲁都曲阜定居，既要操心维持母子生活，教育孤儿，又不可避免地带着年轻寡妇凄凉的沉重心情，终于在三十多岁就与世长辞了。这对孔丘当然是一个很大的打击，他那时只有十六七岁[②]。由于他自幼受到严格母教，因而"十有五而志于学"，大概十六七岁时已懂得一些"礼"和"为人处世"的道理。所以在含悲处理母亲丧事中，

---

① 郑环《孔子世家考》："圣母（指颜徵在——作者）豫市礼器，以供嬉戏，其隐合太任胎教之道者与？"可见徵在在孔子幼小时就常买礼器给他作玩具。相传文王母太任性端诚庄，及有孕，能以胎教而生文王。将徵在比太任不是没有道理的。

② 《阙里志·年谱》、胡仔《孔子编年》等认为孔子二十四岁母死。崔述认为"年谱以为二十四岁，亦臆断也"（《洙泗考信录》），故不取。此从《史记·孔子世家》。《世家》将"孔子母死"系于"孔子年十七"之前。

并不慌乱，比较沉着。那时儿女办理父母丧事，要符合一定习俗的礼仪，而孔父叔梁纥既然生前是鄹邑大夫，在治理孔母丧事时，当然更要合乎一定礼仪。这里首先遇到的一个问题是父母要合葬而孔丘却不知父亲墓穴确址。父亲去世时孔丘只三岁，不知父墓，情有可原，而颜徵在一直没有把墓地告诉孔丘，这是后人议论不一的。司马迁也认为是“母讳之也”，即母亲对儿子讳避了父墓所在。为什么要讳避呢？也有许多猜测。对此，还是唐司马贞说得比较合情理。他说，徵在以十六七岁的妙龄少女嫁给叔梁纥，不久梁纥老死，作为少年寡妇的徵在，按当时社会习俗要避嫌，不能相从送葬，因而不知叔梁纥墓在何处，无可告知，并非讳避[①]。孔丘只得把母亲棺柩停放在“五父之衢”[②]，借以引人注意，好问询父墓处。后来有一位鄹邑车夫（挽夫，一作曼父）的母亲，原来是和颜徵在很合得来的邻居，她知道梁纥墓在何处，便告诉了孔子，孔子方得将父母合葬于防[③]。防即今曲阜东十余公里的防山，现在这里有梁公林（林或作“陵”），相传为埋葬孔子父母及伯尼的地方。从此以后，年仅十六七岁的孤儿孔丘，就要在当时等级森严的封建社会中独自谋生、学习和奋斗了。

---

① 司马贞《史记索隐》：“徵在笄年适于梁纥。无几而（梁纥）老死，是少寡，盖以为嫌，不从送葬，故不知坟处，遂不告耳，非讳之也。”《礼记·檀弓上第三》在“孔子少孤，不知其墓”条下的注中有以下说法：“徵在耻其与夫不备礼为妻，见孔子知礼，故不告。言不知其墓者，谓不委曲适知柩之所在，不是全不知墓之去处。其或出辞入告，总望本处而拜。今将欲合葬，须正知处所，故云不知其墓。”

② 衢指四通八达的道路，五父之衢即名叫五父地方的路口。

③《礼记·檀弓上第三》孔颖达注疏：“于时鄹曼父之母，素与孔子母相善。见孔子殡母于外，怪问孔子，孔子因其所怪，遂问时鄹曼父之母，始知父墓所在，然后得以父母尸柩合葬于防。”

第三件是孔母死后不久，鲁国贵族季孙氏[①]请士一级的贵族（贵族最低级的是士）宴会。那时孔丘丧母不久，孝服未除，以为自己是已故叔梁纥武士之子，大概也有资格参加，于是就跟别人走了进去。哪知季孙氏的家臣叫阳虎的[②]，以侮慢的态度呵斥孔丘说："季家宴请的是士，谁宴请你呢！"于是孔丘只好退了出来[③]。这是十七八岁的孔丘想进入贵族社会时所遭遇到的当头一棒。这样的侮慢和打击，孔丘只好默默地忍受下来。此事没有使他灰心，反而更加激励他奋发学习的信心和决心。

这里，在孔子幼少年生活的简略叙述中，有两点是值得我们注意的。一是在鲁都曲阜古文化特别是礼的感染下，在他纯洁的幼小心灵深处，对当时由来已久的等级森严的贵族政治制度本身，没有感到任何一点抵触的地方，却是以膜拜敬畏之心，由衷地顺从和接受了。也许他后来在政治观、社会观上的好古、信古、复古的保守思想，在这时就埋下根苗了！二是尽管他从小贫贱，受到社会各方面的冷落以至阳虎的侮慢，即使对现实社会有不满处，却一点也没有抱怨贵族宗法、等级制度本身。孔子一生认为挽救"礼崩乐坏"的局面，必须维护贵族统治，恢复西周文、武、周公之治，以实现其仁政德治的"理想"，结果是到处碰壁。这种思想不同样在这时就已埋下根苗了吗？

---

① 季孙氏系指季平子，名季孙如意。季孙氏、孟孙氏（亦作仲孙氏）和叔孙氏是鲁国的三大贵族，都是鲁桓公（前711—前694年在位）之子季友、仲庆父（即孟氏）和叔牙的后裔，称为"三桓"，当时掌握鲁国大权，季孙氏权力最大。

② 阳虎一作阳货，是季孙氏家当权的家臣，曾一度掌握了季孙氏一家的大权，而且还控制了整个鲁国的大权。孔子后来曾指责他"陪臣执国命"："陪臣"指大夫的家臣，意即季孙氏大夫的家臣把持了鲁国的政权。

③ 司马迁《史记·孔子世家》："孔子要绖，季氏飨士，孔子与往。阳虎绌曰：'季氏飨士，非敢飨子也。'孔子由是退。"

三、独立谋生，勤奋好学

不到二十岁的孔子，母亲一去世，就不得不完全靠自己独立谋生了。亡父叔梁纥既是武士、郰邑大夫，又有“以勇力闻于诸侯”的名声，加上亡母颜徵在出身曲阜大族，这些因素综合起来，当然给孔子进入社会以一定的有利条件，但还要靠自己努力。孔子是深明其理的。他刻苦努力，勤学好问，谦恭知礼，处世深沉。于是年轻的孔子涉世没有多久就在鲁都曲阜的社会包括贵族中间留下良好印象。如果没有这些有利条件，孔子就不可能在十九岁就娶妻子宋人亓官氏。特别是婚后年余生子，连鲁国的国君鲁昭公（姬裯）也派人送来一条鲤鱼。孔子以昭公送鲤为莫大光荣，便给儿子起名叫鲤，字伯鱼[①]。娶妻和送鲤这两件事正是上述有利条件的合理结果。当然，这并没有改变家庭贫穷的实际情况，如何谋生，仍是孔子紧迫的现实问题。

孔子在母亲尚未去世的幼少年时代，一定帮助母亲做过许多家务劳动和其他劳务。母亲死后，为了独立谋生，劳务范围就必然更为广泛了。所以他后来曾说过：“吾少也贱，故多能鄙事。”[②]究竟哪些“鄙事”，他未说，无可查考。大概扫地、做饭、洗衣、种菜、挑担、推车等家务劳动和给人家放羊、放牛以至当人家有婚丧喜事时做吹鼓手之类的事，他都做过。但他虽做过这些事，自己心里又鄙视这些事，认为这些都不过是自己年轻时家贫不得不做而借以谋生

---

① 《孔子家语·本姓解》：孔子年“十九，娶于宋之亓官氏。一岁而生伯鱼。鱼之生也，鲁昭公以鲤鱼赐孔子，荣君之贶，故因以名曰鲤，而字伯鱼。”

② 《论语·子罕》。

的“鄙事”。所以他一面做这些劳务而且做得很熟练能干，一面在思想深处还是轻视劳动，认为这些事都只应“小人”去干，不是“君子”所当干的事。正因为他很能干，“多能鄙事”，据说在他二十岁以后的一段时间里，曾有两次充当掌管具体职司的小差使（小吏）：一次叫乘田，一次叫委吏。乘田是管理牛羊的小吏，委吏是管理仓库的小吏。他勤勤恳恳地把这些小差事都做得很好，他说：“叫我管牛羊，我就把牛羊管理得肥胖强壮起来。”又说：“叫我管仓库，我就把仓库里的账目计算得清清楚楚。”[①]

春秋末年，凡要参与贵族政治而取得一定地位的人，都得学会礼、乐、射、御、书、数这六项基本功，那就是：熟悉与遵循当时流行的礼、乐，掌握射箭技术，学会赶马车（御），学会写字（书），还要具备一定的计算（数）能力。孔子大概通过自学和向人请教的方式，终于完满而全面地学习和掌握了这六项基本功。

孔子从小勤学好问，刻苦自学，看他后来批评他的学生宰予好睡午觉一事[②]即可想见。他是一分一秒的时间都不愿白白消耗掉，都要用于学习的。至于他向哪些人学习过？学的内容如何？学的方法如何？缺乏可靠的资料。在片段资料中可以查考的仅有下述数例。

例一，在孔子二十七岁时（前525年，鲁昭公十七年），鲁国东南方有一个鲁的附庸小国郯国的郯子来朝见鲁公。在一次宴会上，鲁国大夫昭子（名叔孙婼）问起郯子关于少昊时以鸟名官的情

① 这段故事出自《孟子·万章下》：“孔子尝为委吏矣，曰：‘会计当而已矣。’尝为乘田矣，曰：‘牛羊茁壮长而已矣。’”司马迁也说：“孔子贫且贱。及长，尝为季氏史，料量平；尝为司职吏，而畜蕃息。”（《史记·孔子世家》）

② 《论语·公冶长》：“宰予昼寝。子曰：‘朽木不可雕也。粪土之墙不可杇也。于予与何诛？’”宰予好睡午觉，孔子说，朽木上不能雕刻，肮脏的土墙上不能粉饰，对宰予这样的人，不值得责备啊。

况，郯子作了详细回答。孔子听到此消息，便马上去拜见郯子，向他请教少昊氏时代职官制度的历史情况。后来，他对人说："我听说，'天子那里没有主管这类事的人了，这类学问却还保存在四方蛮夷那里。'这话倒是真的呢。"[①] 这是历史上有名的孔子向郯子学习的故事，说明孔子确是不放弃任何一个可以请教学习机会的好学的人。

例二，孔子初次有机会进入鲁国祭祀周公的太庙时，遇事就问这问那。有人见此而说："谁说鄹大夫的孩子懂得礼呢？进入太庙，遇事就问这问那。"这话传到孔子耳中，孔子说，这才是合乎礼的呢[②]。根据"知之为知之，不知为不知"的态度，遇事问个为什么，这是孔子的一种学习方法，用现在的话说，就是一种调查研究的方法。

例三，到当时周天子的首都雒邑（故址在今河南省洛阳市王城公园一带）去学习周礼和古文献。这在孔子的学习经历中，是一件很大的事情。从曲阜去雒邑，千里迢迢，行程艰巨。根据当时孔子的贫穷情况，假如没有鲁国贵族的支持，要想实现这一旅程是很困难的。正好鲁国的贵族孟僖子要他的两个儿子孟懿子（何忌）和南宫敬叔师事孔子，向孔子学礼（详见下节）。因此，据传南宫敬叔向鲁君（昭公）建议，请鲁君帮助车马路费，并说他愿意与孔子同往。

---

① 《左传·昭公十七年》："秋，郯子来朝，公与之宴。昭子问焉，曰：'少皞（昊）氏鸟名官，何故也？'郯子曰：'吾祖也，我知之。……我高祖少皞挚之立也，凤鸟适至，故纪于鸟，为鸟师而鸟名……'……仲尼闻之，见于郯子而学之。既而告人曰：'吾闻之，天子失官，学在四夷，犹信。'"

② 《论语·八佾》："子入太庙，每事问。或曰：'孰谓鄹人之子知礼乎？入太庙，每事问。'子闻之，曰：'是礼也。'"有人认为"是礼也"的"也"字应作"耶"讲，意即孔子用反问口气讽刺和抗议当时鲁国许多祭祀时僭礼之处。于理似不顺，故不取。另"鄹人之子"的"鄹人"，即指叔梁纥。孔颖达说："纥为鄹邑大夫，公邑大夫皆以邑名冠之，呼为其人。"（《左传·襄公十年》）一般带尊敬之意。故此处"鄹人之子"即指鄹大夫（叔梁纥）之子。

鲁君就给了孔子一辆车、两匹马和一个跟随的童仆[1]。据传孔子到雒邑曾经“问礼于老聃”[2]，不管孔子在雒邑有没有“问礼于老聃”[3]，也不管去雒邑的确切年月难以断定（包括南宫敬叔是否同行）[4]，但孔子确曾到雒邑去学习考察过，而且很有收获，这应是历史事实。司马迁说的“孔子自周反于鲁，弟子稍益进焉”，大概就是反映这一历史事实。

例四，向师襄[5]学琴。据说，孔子向师襄学琴，学了十来天，还是老学同一个曲子。师襄对他说：“此曲你已学会了，可以学新曲了。”

---

① 司马迁《史记·孔子世家》：“鲁南宫敬叔言鲁君曰：‘请与孔子适周。’鲁君与之一乘车，两马，一竖子，俱适周问礼，盖见老子云。”

② 《孔子家语·观周》。

③ 钱穆认为“孔子见老聃问礼，不徒其年难定，抑且其地无据，其人无征，其事不信”。（《先秦诸子系年考辨》第 8 页）但钱亦并未怀疑孔子曾去过雒邑这一事实本身，怀疑的只是老聃其人和孔子曾问礼于老聃其事。

④ 阎若璩在《四书释地续》中曾列举孔子适周可能年份有四个，即 1. 鲁昭公七年（前 535 年，孔子年十七）。2. 鲁昭公十七年（前 525 年，孔子年二十七）。3. 鲁昭公二十年（前 522 年，孔子年三十岁）。4. 鲁昭公二十四年（前 518 年，孔子年三十四岁）。南宫敬叔生于昭公十一年，因此前三个年份敬叔或未出生，或只十来岁，不可能同行适周。只有第四个年份敬叔年十四岁，勉强有同行可能。但又有些人认为阎氏所举第四个年份也不恰当。一是认为昭公二十四年南宫敬叔父亲孟僖子刚死，敬叔正在服丧，不可能和孔子适周（见冯景《解春集》）；二是除上述原因外，还认为十四岁的孩童不一定能见到鲁君，故而不能至周。因此又提出第五个年份，即根据《庄子》上所说：“孔子年五十一，南见老聃。”乃定为鲁定公九年（前 501 年，孔子五十一岁，敬叔三十一岁），但那时孔子正仕鲁，任中都宰，无暇适周。因此这第五个年份也不恰当。为了一个年份问题，历来费了许多笔墨去考证，还是无法确定（详见钱穆《先秦诸子系年考辨》第 4—8 页）。因此，我们对孔子适周，只能说应有此事，而失其年，一定要作一个比较合理的推算的话，约在孔子三十四岁与四十四岁之间，即公元前 518—前 508 年之间。

⑤ 师襄，孔子同时代鲁国的乐官。古时乐官叫师，后来担任这个职务的人就把师作为姓，冠于名之前，如师襄，又称师襄子，加子表示尊称。一说，师襄系晋国人。晋离鲁很远，孔子远程去晋学琴，似不大可能。

孔子说："曲调已学过，奏曲的技巧尚未学好。"过了一会，师襄又说："技巧已学好了，可以学新曲了。"孔子说："我还没有能领会此曲子的志趣神韵呢。"过了些时，师襄说："已领会志趣神韵了，可以学新曲了。"孔子说："我还没有体察到此曲作者为谁并想象到其为人风貌呢。"又等了些时，孔子抬头仰望，若有所思地说："我已体察到作者的为人风貌了，此曲除了周文王还有谁能作得出来呢！"师襄子站起来连连作揖说："对呀！我的老师传授此曲时正是说此曲名叫《文王操》呀。"[①] 传说总不免有点夸大其词，但从故事的基本事实可以看到，孔子学琴的态度是何等认真了。他不仅会弹琴奏乐，而且很喜欢唱歌。他和人同歌，如果谁唱得好，必请那人再唱一遍，然后自己再去和他同歌[②]。正因为这样，他不仅常和人谈起音乐问题，而且欣赏能力很强，以致后来在齐国听了演奏《韶》乐后，达到"三月不知肉味"[③] 的入迷程度。

以上数例，可以想见他学礼、学乐的认真勤奋精神。"六艺"中的射、御、书、数四艺，孔子如何学习，向谁学习，虽无资料可查，但他在各种场合表现出的熟练程度，也就可以说明他的精深的学习成果了。例如有一次孔子在曲阜城西郊区当时叫矍相圃的地方举行习射活动时，围着看的人很多，简直像一道墙的样子[④]，可以说明他射箭的熟练程度。再如在孔子住地阙里不远处有个达巷，那里的人赞扬孔子，认为他"真了不起！那样博学！……"孔子听后对弟子

---

① 《文王操》是琴曲名，相传为周文王所作。这个故事见于《孔子家语·辩乐》和《史记·孔子世家》，内容略有出入。此从《史记》，摘译大意。

② 《论语·述而》："子与人歌而善，必使反之，而后和之。"

③ 《论语·述而》："子在齐闻《韶》，三月不知肉味，曰：'不图为乐之至于斯也。'"

④ 《礼记·射义》："孔子射于矍相之圃，盖观者如堵墙。"

们说："我会干什么呢？赶车吗？射箭吗？我不过会赶车子吧。"[①] 这可以说明他赶车子（御）的熟练程度。又例如前面已提到过，孔子担任仓库管理员（"委吏"）时，账目算得清清楚楚，也可以说明他计算（数）的熟练程度。至于写文书之类的东西（书），孔子当更是拿手了。

以上说明，当时的贵族政治后备官吏"士"（相当于现在的知识分子）所必须掌握的六项基本功，孔子都以"食无求饱，居无求安"的顽强刻苦精神，通过勤学好问的自学道路，全面地、熟练地学习和掌握了。不仅如此，在他三十岁左右的时候，他的学业已远远超过上述"六艺"范畴，而把高等"六艺"即后来被尊为"六经"（《诗》《书》《礼》《乐》《易》《春秋》）的实际内容和精神，也都已很系统地融会贯通了。

四、"三十而立"至仕鲁之前

孔子自己说："三十而立。"就是说，他在一生学习的道路上，从十五岁立志于学，到了三十岁的时候，就已打下了坚固基础。尔后的"四十而不惑，五十而知天命，六十而耳顺，七十而从心所欲，不逾矩"[②] 等等，他所描述的学习和成长过程中的不同境界，都是因为有了这个坚固基础并从这个基础上发展和提高的结果。这个基础对孔子一生的事业，一生的为人处世和教学活动（施教、治学）、政

---

① 《论语·子罕》："达巷党人曰：'大哉孔子！博学而无所成名。'子闻之，谓门弟子曰：'吾何执？执御乎？执射乎？吾执御矣。'""执御"（赶车）是六艺中最易学的，孔子说自己仅会"执御"，说明他在学习上的谦虚态度。

② 《论语·为政》。

治活动（为政），都是关键性的，有着决定性的意义的。

“立”的含义就是通晓古今各种文献资料并联系当时的现实情况，从中抽象或概括出带条理性的原则思想（义或道），达到“一以贯之”[①]的地步。孔子“三十而立”的时候，这些“一以贯之”的原则思想大概基本上就已经确立了。

上面已经讲过，孔子三十岁左右就不仅通晓了原来意义上一般贵族未必都能掌握的“六艺”（礼、乐、射、御、书、数），而且进一步通晓了贵族必须掌握的全部高级的“六艺”，即汉以后尊为“六经”的“六艺”，也就是汉朝的贾谊所说的“《书》《诗》《易》《春秋》《礼》《乐》……谓之‘六艺’”[②]和《庄子》上所说的“……丘治《诗》《书》《礼》《乐》《易》《春秋》六经”[③]。这里“六艺”和“六经”是一个东西，把“六艺”叫做“六经”，是汉朝把“六艺”当作六门经典而尊称之意，大概当时以高级“六艺”为代表的古代文献，孔子都已通晓。

当时孔子一方面通晓以“六艺”为代表的大量古代文献资料，一方面又观察了当时周室衰微、“礼崩乐坏”、诸侯纷争的政治的、社会的动乱情况，经过思考，加以概括，逐渐形成了自己立身处世和观察、解决当时各种问题的、以西周文物典章为典范的、带复古性而又有所发展的原则思想。这些原则思想主要可归纳为如下诸点：

---

① 《论语·卫灵公》：“子曰：‘赐也！女（汝）以予为多学而识之者与？’对曰：‘然，非与？’曰：‘非也，予一以贯之。’”这里“一以贯之”一语，陈景磐教授的解释很对，他说：“所谓‘一以贯之’，就是把见闻的知识归纳成为一个中心原则，成为一个思想体系，把全部知识贯穿起来。”（《孔子的教育思想》第 69 页）

② 贾谊《新书·六术》。

③ 《庄子·天运》。《庄子》外杂篇多非庄子作品。《天运》盖出于后人之手。此处是把它作为汉朝人的话引用的，因为正式把“六艺”称“六经”是从汉朝开始的。

（一）确立了以“仁”为内容、以“礼”为形式，即内容与形式相结合而又以“仁”为主导的反映了突出尊卑贵贱等级的封建宗法社会的意识形态的整套伦理观、政治观和社会观。其中固然有一定的带人民性、民主性的进步因素（如“泛爱众”思想等），但立足点是维护封建贵族统治秩序。孔子从维护封建秩序出发，幻想有所改革而实际则有利于巩固封建贵族统治的一切保守思想的总根子就在这里（这问题后面将专门评述）。

（二）确立了由上述基本思想产生的“忠君尊王”思想。在孔子本来意义上的“忠君尊王”思想，是有条件的，即君要像君（君君），臣要像臣（臣臣），君要“使臣以礼”“节用而爱人”，然后臣则“事君以忠”，这是宗法等级制封建社会条件下所可能产生的带有民主性的进步思想。在这种思想指导下，力求实现一个由“圣君”“贤臣”“良民”组成的封建社会的“和谐”的“太平盛世”。孔子的这个思想在当时的历史条件下，只能是一种无法实现的“可爱”的幻想。历代封建专制统治阶级的代表——君王，把孔子本来是有条件的“忠君尊王”思想变成无条件的“忠君尊王”思想（现代意义上的“个人崇拜”“个人迷信”，在一定意义上是从这个思想演变而来的），并利用孔子的威望，歪曲宣扬孔子的“忠君尊王”思想，将这一思想作为无条件卫护君王尊严不可侵犯的理论根据，以巩固自己的封建腐朽统治。于是标榜尊孔，以至把孔子奉为“素王”，封为“大成至圣文宣王”和“至圣先师”[①]等等。为了把孔子的幽灵变成更加有利于

① 王充《论衡·超奇》中说：“孔子之《春秋》，素王之业也。”认为孔子作《春秋》，是代君王立法，行君王之道，而无君王之位，故称“素王”。唐玄宗开元二十七年正式把孔子封为“文宣王”。宋大中祥符五年加封孔子为“至圣文宣王”。元大德十一年又改封为“大成至圣文宣王”。明清两代，改“王”为“师”，封孔子为“至圣先师”。

引起人们敬畏膜拜的形象，历代王朝不断地竞相扩建“三孔”[①]，伪装和“抬高”孔子，把孔子本来的形象打扮得面目全非，把真孔子变成了假孔子或半真半假的孔子。当然，孔子思想中一贯维护封建秩序现状的保守性，把希望寄托在贤明君王身上，甚至把“君王”和“天命”“圣人”三者相并列，而提出“畏天命，畏大人（君王），畏圣人之言”的人人都应遵循的“三畏”思想，这又确为历代封建王朝借以维护专制统治提供了十分有利的理论依据。于是，现实世界中荒淫无耻的昏王、庸君和孔子思想中的“圣君”“明王”之间的矛盾，造成了孔子自己一生政治生活中到处碰壁的悲剧结果。

（三）确立了反对“过”与“不及”，主张“执其两端而用其中于民”的“中庸”思想。用现代语言说，即既要反对左（“过”）、又要反对右（“不及”）而选择合于情理的正常（中庸）道路的思想。当然，“中庸”思想和庸俗的折中主义思想是完全不同的两回事。信奉折中主义的人就是孔子所最痛恨的“乡愿”[②]，是孔子所不取的。

（四）确立了既要能坚定地按道理办事，又要能在不违反道理的

---

① “三孔”即山东省曲阜市的孔林（孔子墓）、孔庙和孔府。孔子陵墓开始占地约一百市亩（司马迁《史记·孔子世家》：“孔子冢大一顷。”），历代帝王扩大，至清末达二千九百四十一点九亩。孔庙是在孔子死后不久，鲁哀公把原来孔子和弟子所住房舍改为祭祀孔子的祠庙。历代帝王不断扩建，占地三百二十七点五亩，房屋四百六十六间。孔府为孔子嫡传后代“衍圣公”的住宅，现占地二百四十亩，房屋四百六十三间，俨然是王公府邸了。孔府不仅是历代封建王朝尊孔的象征，而且是实实在在的大官僚、大庄园地主（拥有耕地三十六万亩）。有了“三孔”，孔子本来的“布衣”面貌（即平民面貌）消失了，而成为被历代封建统治者乔装打扮得俨然像帝王一样来骗人吓人的假孔子了。

② 《论语·阳货》：“乡愿，德之贼也。”孔子说的“乡愿”，孟子解释为“阉然媚于世也者，是乡原也”。用现在的话讲，就是折中主义地、毫无原则地讨好各方的“好好先生”。《论语》作“愿”，《孟子》作“原”，义同。

根本前提下权衡轻重得失而随机应变，即把“道”与“权”变通运用的思想[①]。用现代语言讲，就是既要有原则性，又要有灵活性的思想，大概他晚年所说的“七十而从心所欲，不逾矩”，就是说的运用这种策略思想的境界。这一思想是值得好好推敲的、至今仍闪耀着光芒的人类智慧的结晶。

（五）确立了坚信自己的信念（道）必胜，在任何艰难困苦安危成败的情况下都不动摇的思想。用他自己的话讲，就是“笃信好学，守死善道”[②]八个字。他一生的行动和实践，都证明了他是这样做的。因为他自己对“道”有必胜信念，所以才能表现出那样豪迈的“发愤忘食，乐以忘忧，不知老之将至”的乐观主义风貌和“无求生以害仁，有杀身以成仁”的英雄气概。中国历史上许多视死如归、慷慨就义的民族英雄，特别是当代为中国革命事业流血牺牲的无数先烈，正是在各自新的历史条件下，以新的姿态继承和发扬了这种优良传统，具体地表现了这种可歌可泣的英雄气概。当然，孔子毕竟是两千余年前封建社会的人物，他的思想不可能不带有时代的、阶级的局限性。他思想中的积极方面，如上面所说那样，至今还闪耀着人类智慧的浩气和光芒，是值得学习和发扬的。但就在这同一思想中，除了积极方面外，同时也还有消极的方面。例如在上面所引的“笃信好学，守死善道”之后，孔子接着说：“危邦不入，乱邦不

---

① 《论语·子罕》：“子曰：‘可与共学，未可与适道，可与适道，未可与立，可与立，未可与权。’”意为有的人可和他一道学习，但未必可和他一道按道理办事；有的人可和他一道按道理办事，但未必可和他一道坚持不变；有的人可和他一道坚持不变，但未必可和他一道权衡轻重而随机应变。清阮元认为这几句话的次序可能“传写错倒”，应该说“可与共学，未可与立；可与适道，未可与权”，把原六句缩改为四句，与原文略异而义俱通（详见台湾商务印书馆王书林著《论语译注及异文校勘》下册第 240 页）。

② 《论语·泰伯》。

居。天下有道则见，无道则隐。”[①]这几句话难道不是把不避艰险安危、勇往直前地去贯彻“守死善道”和“无求生以害仁，有杀身以成仁”的豪迈气概削弱了，而代之以“明哲保身”的一定意义上带有消极的东西了吗？当然，“危邦”如何“入”，“乱邦”如何“居”，该不该“入”和“居”，其间利弊得失，应从原则上（道）有无必要的大局出发，而不是从个人利害关系的小局出发，加以考虑，避免轻举妄动（勇而无谋），是非常必要的。但决不能笼统地（无条件地）提出“不入”“不居”和“有道则见，无道则隐”。这种封建社会中开明知识分子（士）的“明哲保身”的消极东西，在孔子当时也许是应该谅解的，在现在，对我们来说，就是不可取的和应该排除的消极方面的因素了。

（六）确立了不迷信鬼神而又主张祭祀鬼神和敬畏“天命”[②]的不彻底的近乎二元论的“天道”观（自然观、宇宙观）。这在当时迷信盛行的情况下虽很不彻底，也还是有一定进步意义的。

以上所列六点，仅就其较重要的有代表性的方面而言。所引论据，也不限于孔子三十岁时文献。理由很简单，思想发展的连续性很强。“三十而立”的基础和后来的发展是息息相关的。引用若干必

---

① 《论语·泰伯》：“子曰：笃信好学，守死善道。危邦不入，乱邦不居。天下有道则见，无道则隐。邦有道，贫且贱焉，耻也。邦无道，富且贵焉，耻也。”

② 孔子不迷信鬼神而又主张祭祀鬼神和敬畏天命的矛盾思想，表现在下列文句中：1.“子不语怪、力、乱、神。”（《论语·述而》）孔子平时不讲怪异鬼神之类的事，说明他不迷信这类事。2.“祭如在，祭神如神在。子曰：‘吾不与祭，如不祭。’”（《论语·八佾》）这说明他对祭祀很认真，要求很严。3.“获罪于天，无所祷也。”（《论语·八佾》）就是说，得罪了天老爷，什么祷告也是无用的。又说：“君子有三畏，畏天命，畏大人，畏圣人之言。”（《论语·季氏》）这里把“畏天命”和“畏大人”（大人泛指在上之人，主要指君王），“畏圣人之言”并列而居首，仿佛已把“天命”看作主宰祸福的不可思议的力量了。这正是对主宰人间祸福的那种所谓“天命”虽持怀疑态度，但反对仍不彻底的表现。

要的后来的材料，对加强理解“而立”时所确立的基础，是有好处的。把孔子的“而立”综合归纳为上述六点，是非常必要的，是符合孔子的具体情况和他自己所作的“自我鉴定”的。这里不存在“过高”的问题。不论古今中外，凡人类历史上曾做出突出贡献的人多是在“而立”之年就打下了坚实的基础，这难道不可以说是一条普遍规律吗？何况孔子是人类历史上一个很突出的人物呢！以上六点只是提纲式地列出，未作详细评述，因为下面有关章节还要谈到。

孔子既然有了这个基础，就给他后来的为人、从事教学活动（施教、治学）和政治活动（为政）提供了十分有利的条件。他一生的精力大都消耗在教学活动和政治活动这两个方面，而在他来讲，这两个方面都不是孤立的，而是相互结合、相互促进的。从事教学活动时不忘政治，从事政治活动时不忘教学。历史的、社会的诸条件的制约，使他在教学活动上的成就远远超过了他在政治活动上的成就。

孔子是中国历史上最早创设较大规模私学的伟大教育家。关于他在教学活动方面的详细情况，另有专章评述，这里从略。

孔子从“而立”之年一直到“仕鲁”为大司寇之前，在这漫长的一二十年间，其所作所为，史传留下的记载很少。正如崔述所说，孔子“自为司寇以后，其年乃略可考。自是以前，位尚卑，望尚轻，弟子时亦尚寡，其事多出于后日所追记，其有无尚无可取证”[①]。所以，现在只能将孔子初仕鲁作中都宰以前的十余年间较大的两件事，简述如下：

（一）孔子三十五岁（鲁昭公二十五年，前517年），因为鲁国内乱而适齐。内乱有远因，有近因。远因是由来已久的鲁国公室衰

① 崔述《洙泗考信录》卷之一。

微、世卿专横、政在季氏的局面，这使鲁昭公不得不想方设法削弱以至铲除季平子，以恢复公室权力。近因是这年夏天，恰好由于季平子和另一贵族郈昭伯两家斗鸡而引起纠纷，鲁昭公就利用这一矛盾，支持郈氏，抑制季氏，并一直发展到联络郈氏和另一贵族臧昭伯秘密策划，在同年秋天出兵围困季平子。就这样在远因、近因鼓荡下，昭公和季氏的斗争便成了你死我活的斗争。这场斗争的结局，要看另外两个世卿——叔孙氏和孟孙氏站在哪边。开始叔孙氏和家臣商量采取什么态度时，家臣们都认为“如果灭了季氏，我们叔孙氏也就不存在了”[①]。于是叔孙氏立即发兵援救季平子。正在观望的孟孙氏看到叔孙氏已起兵救季氏，自己也就决定响应，并将鲁昭公派去联络的郈昭伯杀死，以示决心。这样，加上其他因素（如内部不团结等），鲁昭公大败，被迫逃亡齐国。这就是史称“斗鸡之变”的始末。

在鲁国这种乱哄哄的内乱局面中，孔子离鲁适齐。孔子在齐住了两年左右，即自昭公二十五年冬适齐至二十七年返鲁。在齐期间，有三件事可述：

一是“为高昭子家臣，欲以通乎景公”[②]。大概高昭子是一个名声不大好的齐国贵族[③]，孔子为了通过他去接近齐景公，竟然去做他的家臣，后世儒者认为这是对孔子的诬蔑，好像孔子既是圣人，决不可能做这种事。例如梁玉绳就说：“欲通齐景，不耻家臣，孔子而如

---

① 《左传·昭公二十五年》。叔孙氏和家臣商量，首先问：“凡有季氏与无，于我孰利？”皆曰：“无季氏，是无叔孙氏也。”

② 司马迁《史记·孔子世家》。

③ 崔述《洙泗考信录》：“《春秋传》，高昭子名张，唁鲁昭公，称为主君；阿景公意，辅孺子荼，卒为陈氏所逐；其不肖如是。”（卷之一）

是乎？”[①]“为家臣”这件事的真实性如何，反对者也提不出确证，只凭“讳圣”的主观臆想在那里嚷嚷而已。钱穆认为：“孔子弟子为家臣者多矣，孔子不之禁，则孔子不耻为家臣也。且委吏乘田，独非家臣乎？……不得辄以‘孔子而如是乎’之说为定。”[②]这是颇为公道的评断。

二是和齐国的乐官（太师）谈论音乐。听了虞舜传下来的名为《韶》的古乐，并学着奏唱，专心致志，以至接连三个月食肉而不知肉味[③]。可见孔子这时对古代音乐不仅很有兴趣，而且已很有研究了。

三是和齐景公讨论政治问题。据说孔子有两次有名的言论。一次是所谓“君君，臣臣，父父，子子”；一次是“政在节财”[④]。这两次讨论，颇得齐景公的赞赏，齐景公想用他，并想把尼谿地方的田封给他[⑤]，使他做一个领有采邑的齐国贵族。可是由于晏婴的反对[⑥]，

---

① 梁玉绳《史记志疑》。

② 钱穆《先秦诸子系年考辨》第9页。

③ 司马迁《史记·孔子世家》：“与齐太师语乐，闻《韶》音，学之，三月不知肉味。”这和《论语·述而》所说：“子在齐闻《韶》，三月不知肉味，曰：‘不图为乐之至于斯也。’”是一回事。

④ 司马迁《史记·孔子世家》：“景公问政孔子。孔子曰：‘君君，臣臣，父父，子子。’景公曰：‘善哉！信如君不君，臣不臣，父不父，子不子，虽有粟，吾岂得而食诸！’他日又复问政于孔子，孔子曰：‘政在节财。’”

⑤ 司马迁《史记·孔子世家》：“景公说（悦），将欲以尼谿田封孔子。”

⑥ 司马迁《史记·孔子世家》：“晏婴进曰：‘夫儒者滑稽，而不可轨法；倨傲自顺，不可以为下；崇丧遂哀，破产厚葬，不可以为俗；游说乞贷，不可以为国；自大贤之息，周室既衰，礼乐缺有闲。今孔子盛容饰，繁登降之礼，趋详之节，累世不能殚其学，当年不能究其礼。君欲用之以移齐俗，非所以先细民也。’”崔述认为：“此言出于战国时人之口，明甚；而其文之浅陋，亦似战国、秦、汉，绝不类《左传》《孟子》所述者。”崔述的评论，从考证角度看，是值得参考的。

景公打消了这个想法，而且从此对他很冷淡，加上齐大夫有意加害孔子，孔子只好“反（返）乎鲁”了。而且因为处境危险，竟“接淅而行”[①]，把正在淘的米未及做饭即提起来一面走路一面滤水，可见是走得非常仓促的。时孔子年三十七岁（鲁昭公二十七年，前515年）。

（二）孔子和阳虎的一幕趣剧性的会见。关于阳虎其人，本章第二节《幼年在贫贱中成长》曾提到过，他作为季氏家臣，曾以“狐假虎威”的姿态，拒绝了十七岁的孔子到季氏家赴宴。过了三十年即鲁定公五年[②]，当时鲁国执政的季平子死了，阳虎便把嗣立的继承季平子执政的季桓子囚禁起来，威逼季桓子屈服后才放了他[③]。当时鲁国的政治局面是，公室鲁定公的权操纵在世卿季氏手中，世卿季氏的权操纵在家臣阳虎手中，即孔子所说的“陪臣执国命”的局面。就在这种情况下，大概因为当时孔子的声望已很高，阳虎既处于“陪臣执国命”的重要地位，很想巴结拉拢孔子，借孔子的声望来巩固和提高自己的地位，多次要求见孔子，都被孔子婉拒了。阳虎没法，就想出了一个主意，利用当时通行的礼俗以便与孔子见面。该礼俗为：凡大夫赠送礼物给士，如果因为

---

① 《孟子·万章下》：：“孔子之去齐，接淅而行。”赵岐注：“淅，渍米也。不及炊，避恶亟也。”淅，淘米或淘过的米；接，提起。

② 自孔子十七岁（鲁昭公十七年，前535年）腰绖赴季氏宴被阳虎斥退，至阳虎擅权囚季桓子这年（定公五年，前505年），恰三十年，时孔子年四十七岁。

③ 《左传·定公五年》：“九月……乙亥，阳虎囚季桓子……”《史记·鲁世家》：“定公五年，季平子卒。阳虎私怒，囚季桓子，与盟乃舍之。”《史记·孔子世家》：“桓子嬖臣曰仲梁怀，与阳虎有隙，阳虎欲逐怀，公山不狃止之。其秋，怀益骄，阳虎执怀。桓子怒，阳虎因囚桓子，与盟而醳（释）之。阳虎由此益轻季氏。季氏亦僭于公室。陪臣（即家臣，此指阳虎——作者）执国政……”

士不在家而未能亲受，这个士就必需亲自到大夫家登门拜谢[①]。于是阳虎便在孔子不在家时将一个蒸熟了的小猪送给孔子，使孔子不得不到他家来道谢。孔子针对阳虎的意图，在打听到阳虎不在家时去道谢，可是恰巧在路上遇见了。阳虎对孔子说："来吧！我有话和你说。"孔子不答。阳虎又说："自己有德有才，而听任国事迷茫，这样的人能算是仁人吗？"他自己接口又说："怕不能算是仁人吧！自己很想出仕做事，而又屡失时机，这样的人能算智者吗？怕不能算是智者吧！时光一天天过去，岁月是不会等待你啊！"孔子这才说："我是打算要出仕的。"[②]这一幕趣剧性的意外会见，就这样结束了。但事后孔子终于坚持自己原则性信念，没有轻易在阳虎当权时出仕。因为"陪臣执国命"，鲁国政局很混乱，所以"孔子不仕，退而修《诗》《书》《礼》《乐》，弟子弥众，至自远方，莫不受业焉"[③]。这说明在这段时间里，孔子是集中精力研究学问和在他办的私学里从事教学了。

从三十多岁以后直到出仕任中都宰（五十一岁）这二十年左右的漫长岁月，是他的思想、学问和品德上在"立"的基础上继续不断发展提高的过程，亦即像他自己所说的由"三十而立"，进入"四十而不惑""五十而知天命"的境界的过程。这为他尔后从政、从教、治学获得成就提供了更成熟的条件。学无止境，思想上、学问上、品德上继续不断发展提高是永无止境的。这里最重要的事情是在

---

① 《孟子·滕文公下》："大夫有赐于士，不得受于其家，则往拜其门。"

② 《论语·阳货》："阳货（即阳虎——作者）欲见孔子，孔子不见。归孔子豚。孔子时其亡也，而往拜之。遇诸途。谓孔子曰：'来！予与尔言。'曰：'怀其宝而迷其邦，可谓仁乎？'曰：'不可！好从事而亟失时，可谓知乎？'曰：'不可！日月逝矣，岁不我与！'孔子曰：'诺，吾将仕矣。'"

③ 司马迁《史记·孔子世家》。

三十岁左右必须努力打下基础（“三十而立”），而无论是封建时代、资本主义时代，还是社会主义、共产主义时代，凡是出色的思想家、政治家、科学家、教育家等等，都必然在三十岁左右就在各自学习的不同领域内打下了坚实基础。孔子不过是他那个时代——封建时代向我们提供的一个例证罢了。

五、进入贵族统治集团——初次碰壁

在当时历史条件下，可供孔子选择的政治道路有三条。

第一条是无原则地和封建贵族当权者同流合污，取得一官半职，享受富贵安乐。

第二条是有原则地取得某一位贤明封建贵族当权者的信任，出仕，借以实现自己“仁政德治”的理想，达到“博施于民而能济众”和“治国平天下”的目的。

第三条是如果遇不到贤明贵族统治者，遇不到“圣君明王”，就利用一切可能条件，积聚力量，像文、武、周公那样，推翻旧王朝，另立新王朝，“拯民于水火之中”，实行“王道”（仁政德治），统一天下。

第一条孔子不愿干，也不屑干。他曾说过：“不义而富且贵，于我如浮云。”就是说，不由正道而得来的高官厚禄，对他来说好像浮云一样，不值得一顾。他是决不牺牲自己的信念去猎取一官半职，去贪图个人“富贵安乐”的。他一生也确实履行了他自己的这一誓言。

第三条孔子不能干，也不敢干。《论语》曾说到过两件事，一件是鲁国的公山弗扰盘踞费邑将欲背叛季氏，请孔子去参加，孔子曾准备去，因为子路反对，没有去成。但他表白了自己为什么准备去的愿望，说："请我去的那个人，难道是白白地请我去吗？如果有人真能用我，我就要把文、武、周公的事业在东方复兴起来。"[①] 另一件是晋国的佛肸（读"弼息"）在中牟举兵抗拒赵简子，请孔子去参加，孔子也准备去，子路反对，说："从前我听老师说过，'君子决不到做坏事的人那里去'。现在佛肸在中牟叛，老师如果去的话，怎么说得过去呢？"孔子只好说："对，我曾说过这话。但是，你不知道吗？最坚硬的东西是磨不薄的，最洁白的东西是染不黑的。我不是匏瓜，哪能挂在那里不出仕食禄呢？"[②] 结果又没去成。这两件事说明当时孔子的思想很矛盾。一方面想找机会干一番大事（"如有用我者，吾其为东周乎！"），另一方面又由于顽固的"忠君尊王"思

---

① 《论语·阳货》："公山弗扰以费畔。召，子欲往。子路不说（悦），曰：'末之也已，何必公山氏之之也？'子曰：'夫召我者，而岂徒哉！如有用我者，吾其为东周乎！"历来学者有不少人怀疑这段话不可靠，是伪托。赵翼的《陔余丛考》和崔述的《洙泗考信录》有详细论述，可供参考。例如赵翼说："未叛以前召孔子，容或有之。然不得谓'以费叛而为也'。"而崔述则说："盖卒不往者，经传无其事也。欲往者，纵横之徒相传有是说也。即此亦足以见其为伪托矣。"崔氏不仅认为此章不实，即下面讲到的佛肸章也不实。他说："此章与佛肸章，尤害道诬圣人之大者。"又说："孔子必不从弗扰、佛肸以叛。"（《洙泗考信录》卷之二）这纯属卫道、讳圣的迂腐之论。还是钱穆对不狃召孔子问题说得对："要之不狃可以召孔子，而孔子实未往。"并指明不狃召孔子，实在"以费畔"之前（定公八九年之间）。"以费畔"乃后三年事（定公十二年）（见《先秦诸子系年考辨》第16页）。此从钱氏说。

② 《论语·阳货》："佛肸召，子欲往。子路曰：'昔者由也闻诸夫子曰："亲于其身为不善者，君子不入也。"佛肸以中牟畔。子之往也，如之何？'子曰：'然，有是言也。不曰坚乎，磨而不磷；不曰白乎，涅而不缁。吾岂匏瓜也哉？焉能系而不食？'"佛肸是晋国大夫范氏的家臣，是中牟宰（相当于现在的县长。中牟系春秋时晋邑，故址在今河北省邢台和邯郸之间，不是河南的中牟）。当时晋国另一大夫赵简子攻打范氏，佛肸据中牟以抗拒赵简子。"吾岂匏瓜也哉？焉能系而不食"，有二解：一为杨伯峻等解为"哪里能够只是被悬挂着而不给人吃食呢？"（《论语译注》）。一为王充解为"自比以匏瓜者，言人当仕而食禄。我非匏瓜系而不食"（《论衡·问孔》）。用现代话说，即"我哪能像匏瓜那样挂在那里不出仕食禄呢？"此从王说。

想和认为现存贵族统治阶级神圣不可侵犯的立场而顾虑重重，捆缚了自己手足，不敢大胆前进，不敢造反，正像恽代英同志所说，孔子的很大缺点是“不知道到人民中间去宣传组织人民，只知道去找那些人君”[①]。正因为如此，孔子就不能也不敢走这第三条道路。也正因为如此，历代封建帝王因孔子顽固的一贯的“忠君尊王”思想和立场对维护自己的统治尊严有利，都对孔子赞赏备至，奉他为“大成至圣”。

于是留给孔子选择的唯一道路，就只能是第二条道路了。但当时周天子名存实亡，礼崩乐坏，即所谓“天下大乱”，实则历史已向前发展，西周文、武的一套早已不相适应了。而列国诸侯贵族统治阶级出于自私的阶级本性，或则雄心勃勃，醉心于扩张自己势力范围；或则安富尊荣，平庸无能，无所作为；或则荒淫无耻，沉湎酒色，等等。孔子幻想中赖以推行“仁政德治”的文王武王那样的“圣王明君”，在当时的贵族社会中是找不到的。等着孔子的，只能是碰壁、再碰壁，且以碰壁告终。所以第二条道路，就是注定不得不碰壁的道路。这是孔子思想内在的二重性所产生的必然结果。

在说到孔子进入贵族统治集团之前先对当时形势作以上简析，对理解孔子政治生涯中必然碰壁的前因后果，是很有必要的。

孔子仕鲁——在鲁国做官，只有四年左右的时间，大约从定公九年的五十一岁到定公十三年的五十五岁（前501—前497）。当时的鲁国不过相当于现在一个较大的专员公署所辖区域那样大。据传，孔子曾做过三次不同的官。一次是做中都（今山东汶上西）宰，相当于现在的县长；一次是做鲁国的小司空，相当于现在专署的工程管理局的助理局长；最后一次是做鲁国的大司寇，相当于现在专署

---

① 钟离蒙、杨凤麟主编《中国现代哲学史资料汇编》第1集第10册第28页。

的司法局局长[①]。这三次做官的情况，根据现有的文献和资料，概述如下。

（一）中都宰

前面说过，孔子在二十多岁时曾做“委吏”（仓库管理员）、“乘田”（放牧管理员），那是较低级的管理人员，不算做官。真正开始

① 孔子仕鲁经历，传说不一。就时间上说，司马迁《史记·孔子世家》把孔子任中都宰定在定公九年（前501年），时孔子年五十一岁。而《阙里志·年谱》则把此事定在定公五年。今从《世家》说。孔子辞官去鲁适卫期间，《史记》有关各篇，就有不同说法。如《孔子世家》定于定公十四年，《鲁世家》定于定公十二年，近人钱穆则说：“孔子返鲁在哀公十一年，则其去鲁，正定公之十三年也。”（见《先秦诸子系年考辨》第24页）。鲁定公在位十五年，孔子在定公十三年离鲁适卫，到鲁哀公十一年返鲁，共十四年，与孔子离鲁十四年正合。今从钱说。就官职上说，《孔子世家》说：“由中都宰为司空，由司空为大司寇。”官职及其递升，都讲得很清楚。但历来考据家对此也议论纷纷。如崔述只承认孔子做过司寇，不承认做过中都宰和司空，说是“为宰为司空，又俱不见于他传记”（《洙泗考信录》卷之二）。甚至连“中都”这个地方也认为不存在，因为“按《春秋》经传，鲁有‘中城’，而皆不言有所谓‘中都’者”（同上），论据未必允当。今从《孔子世家》说。至于大司寇的“大”字，历来也有争议。依周制，天子设六卿：司徒、司马、司空、司寇、宗伯、冢宰。诸侯只能设三卿：司徒兼冢宰、司马兼宗伯，司空兼司寇。司空为大卿，下设二小卿，即小司寇和小司空。这是一般规定。到了春秋之世，各国诸侯就不遵守三卿之制，即如鲁国，除季孙、叔孙、孟孙三家世袭上卿外，还有非世袭的东门氏、臧氏和叔氏，在宣公、成公时代（前608—前580），位列上卿，也就俨然设有六卿。这时司寇就不是司空下的小司寇，已是升格为和司空相并的大司寇。到了昭公、定公之世（前541—前495），臧氏衰替，司寇之职由孔子担任，故司马迁称之为大司寇，以别于小司寇，亦即孔子任司寇时，当已位列鲁之上卿，不是司空下的小司寇了。所以后来孔子能在鲁齐夹谷之会时“摄相事”（此“相事”系“相礼”，相当于现在的“司仪”。当时两君相会，一般应由上卿任“司仪”，孔子已位列上卿——上大夫，适于此任，并非所谓仅因孔子“知礼”而权任之），以及“由大司寇行摄相事”（以大司寇职务代理季孙氏处理日常国事）和“与闻国政”（参加国事的讨论），其故在此。

在鲁国做官（“仕鲁”），是鲁定公九年（前 501 年），当时孔子已经五十一岁，才第一次被定公任命为中都县长（中都宰）。孔子自己说：“五十而知天命。”用现在的话讲，“天”就是客观存在，“命”就是规律，“知天命”就是认识了客观存在的规律。当然，用今天眼光看，孔子不可能真正认识客观规律，至多不过提出了一些带规律性的问题，而就整个人类发展规律或自然发展规律而言，他就知道得很少了。即使如此，那时孔子无论在学问上、经验上都已达到很高的地步。教育成绩也很大，学生遍及四方，社会声誉很高。因阳货反季氏而引起的鲁国的内乱，已经平息。鲁国仍然由季桓子执政。就在这种情况下，孔子第一次当了中都县长。虽然司马迁对孔子任县长的政绩评价很高，说：“孔子为中都宰，一年，四方[①]皆则之。”就是说任县长不过一年工夫，中都县周围各地都效法中都的做法。究竟有些什么政绩，没有说。《孔子家语》则说得较详，认为孔子任中都县长时，定了几条“养生送死”的制度，有所谓“长幼异食，强弱异任，男女别途，路无拾遗，器不雕伪。为四寸之棺，五寸之椁。因丘陵为坟，不封不树。行之一年而西方之诸侯则焉[②]，其中除“长幼异食”（老年、壮年和幼年人的饮食应有不同）、“强弱异任”（按体力强弱分配劳动任务）、“路无拾遗”（东西掉在路上也无人拾取）和“器不雕伪”（日常用具注重实效而不追求雕饰外观和弄虚作假）等条，即使现在看来，也还可作参考外，其余诸条，也许在当时有一定意义，

---

① 《孔子家语·相鲁》“四方”作“西方”，因鲁国在东方，所以西方诸侯都取法。其实两说都通。

② 见《孔子家语·相鲁》。崔述认为“《家语》一书，本后人所伪撰。其文皆采之于他书，而增损易改以饰之”（《洙泗考信录》卷之一）。《家语》为三国时魏王肃所撰，即使“采之他书”和有“增损改易”之处，还是有一定参考价值的，不能一概否定。本书仍斟酌引用，《导论》中已作说明。

现在则成了一去不复返的历史陈迹（如“男女别途”，“四寸之棺，五寸之椁”等），这里就毋须多说了[①]。

孔子任中都县长时的政绩，除了上面的一些传说外，在经济上如何发展生产使人民富裕起来（“富之”），在教育上如何巩固和扩大办学规模（“教之”）等等，这些原是他自己一向提倡的，应该有所作为，可惜极少留下记载。由于孔子当时的声望已经很高，做县长的政绩也不差，所以很快就由鲁国的地方官（中都宰）提升为鲁国贵族中央政权的小司空。大司空是孟孙氏世袭的官职，下设相当于现在的助理局长的司空（或叫小司空）。孔子由中都宰提升为司空，就是这个小司空[②]。

（二）小司空

司马迁《史记·孔子世家》只说“由中都宰为司空，由司空为大司寇”，一带而过；究竟司空一职管些什么，孔子做出哪些成绩，一点也没有说到。《孔子家语》也只说“定公以为司空，乃别五土之性，而物各得其所生之宜，咸得厥所”，也是空空洞洞，不得要领。所说“别五土之性”云云，据王肃说，五土，一指山林，二指川泽，

① 所谓“四寸之棺，五寸之椁”，在实行火化的现在，已毋须再加论列。但过去对此也有不同争议。有人认为这是孔子提倡厚葬，有人则否。杨景凡、俞荣根认为：“孔子并不赞成厚葬，四寸五寸可能是针对当时贵族僭礼的厚葬之风规定一个丧葬的最高限度。这也许就是他的‘礼治’的改革措施之一。”（见西南政法学院教学参考丛书《论孔子》第16页）此说可能更符合孔子的一贯思想。

② 这里“大司空”“小司空”的说法，系根据《檀弓·王制》疏所引崔灵恩的一段话。原话见《史记会注考证》卷四七第26页。

三指丘陵，四指坟衍（即高原），五指原隰（即平地）[1]。孔子自己讲过："吾少也贱，故多能鄙事。"他年轻时做过仓库管理员（委吏）和放牧管理员（乘田），因此根据实践经验，把土地分为上述五类，而分别因地种植不同作物，这在今日已是普通常识，在两千多年以前可能还是创举。但结果如何？没有下文。因此有人怀疑孔子曾否做过所谓司空，即使做过，一定也不是和三卿并列的大司空，而是大司空下面所设的那个小司空，时间也可能很短。

（三）大司寇

鲁定公十年（前500年）初，孔子做了鲁国贵族中央政权中和三卿（司徒、司马、司空）并列的司寇，司马迁为了区别于司空下设有小司寇和小司空而加了"大"字，称之为大司寇，是有根据的。前面已经说过，这个职务实际也不过相当于现在一个较大专署的司法局局长。

孔子一生仕鲁仅四年左右，而任大司寇的时间最长，从定公十年到十三年（孔子五十二岁—五十五岁），约三年，文献资料记载孔子做大司寇期间的事情，虽也不充分，但比之前两次任职就多些和具体些了。现将若干较重要的事情叙述如下。

第一，听讼不专断而从众议。做公安司法工作，首要任务就是处理案件、审判官司，这是不言而喻的。孔子时代，没有法律明文，判处案件主要是由贵族官吏在很大程度上根据习惯专断判定的。孔子主管其事则一反常规，用现在的话讲，就是颇有民主作风。在判断狱讼之前，他首先要把了解此案情况和对此案有意见的人找来谈

① 《孔子家语·相鲁》。

话，一一询问他们：你对此案看法如何？某某对此案有何意见？等等。大家意见都发表以后，孔子才斟酌众议而作出裁决说：当按某某的意见判断才是[①]。两千多年前，孔子就有这种民主办案精神，难道不值得我们特别是司法工作者参考和深思吗？

第二，为了把事情办好，不惜屈己求人。鲁定公时，鲁国的实际执政者不是定公，而是鲁国世袭三卿之一的季桓子。孔子任大司寇，名义上虽和三卿一样位列上卿，但办事不是向鲁君定公负责，而是向季桓子负责，所以孔子常去见季桓子。有一次，孔子去见季桓子，不知为了什么，季桓子不高兴。大概事情没有办成，所以孔子又去见他。孔子弟子宰予对此不满，向孔子进言道："从前我曾听老师说过：'王公不邀请我，我不去见他。'现在老师做了大司寇，日子不长，而屈己求见的事已经好多次了。难道不可以不去吗？"孔子答道："不错，我曾讲过此话。但鲁国'以众相凌，以兵相暴'的不安定局面由来已久，而负责当局不去治理，必将大乱。危乱的时局需要我负责办事，这岂非比任何邀请都更郑重和紧迫吗？"[②]这种对事认真负责而屈己对上的精神，也是很可贵的。从这件事也可看出季桓子的傲慢和孔子的屈从，矛盾已萌芽，孔子迟早是要碰壁、辞官、离鲁的。

第三，夹谷之会的胜利。鲁定公十年（前500年）的夏天，齐鲁二国国君齐景公和鲁定公在夹谷（今山东莱芜境内）相会。孔子

---

① 《孔子家语·好生》："孔子为鲁司寇，断狱讼，皆进众议者而问之曰：'子以为奚若？某以为何若？'皆曰云云。如是，然后夫子曰：'当从某子几是。'"

② 《孔子家语·子路初见》："孔子为鲁司寇，见季桓子（原文为康子，误。——作者）。桓子不悦，孔子又见之。宰予进曰：'昔，予也尝闻诸夫子曰："王公不我聘，则弗动。"今夫子之于司寇也日少，而屈节数矣。不可以已乎？'孔子曰：'然。鲁国以众相凌、以兵相暴之日久矣，而有司不治，则将乱也。其聘我者，孰大于是哉！'"

任鲁君相礼。相礼相当于现在的司仪，那时两国国君相会的相礼，一般都要上卿担任。孔子任大司寇，位列上卿，且又知礼，故被选任其职。当时齐强鲁弱，齐国原想通过这次会盟显示力量，压服鲁国，使鲁国无条件成为自己的附庸国。会上的斗争非常复杂，非常尖锐。孔子以相礼身份参加，应付裕如。先是齐国想以奏四方之乐为名，刀枪剑戟，旍旄羽袚，鼓噪而至，以便在混乱中劫持鲁君。孔子一见，立即登上临时筑成的盟坛土阶，眼睛直视景公，一甩袖，怒斥道："我们两国国君在此作友好会盟，夷狄音乐到这里来干什么？请管事的赶快斥退。"景公忐忑不安，心知失礼，挥手把他们斥退，并表示歉意地说："这是寡人之过啊。"他回去后对随从人员说："孔子引导他的国君遵循古人礼仪，你们却引导我学夷狄的陋俗，这是为什么呢？"双方最后缔订盟约时，齐国人突然在盟约中加了一条，说齐国出征时，如果鲁国不出三百乘兵车相从，就是破坏此盟。这显然是要鲁国无条件承认自己是齐国的附庸国。孔子看到当时两国强弱悬殊的客观形势，这一条虽然难以拒绝，但不能无条件接受，乃当机立断地提出新的条款，派人回答说，如果不把齐国侵占鲁国的汶阳之田归还鲁国，而要鲁国出兵车，也是破坏此盟。这使景公很难堪，会后只好把侵占的汶阳地区郓、讙、龟阴三地归还鲁国。孔子在夹谷之会中，随机应变，折冲樽俎，拿当时很重视的礼作武器，进行斗争，以弱胜强，保全国格，充分显示了一个伟大政治家、外交家的才能和胆略[①]。

① 关于夹谷之会，《左传》《公羊》《穀梁》三传和《史记·孔子世家》《孔子家语》等书，记载互有出入。这里是参照各书，综合叙述。读者可参阅上述诸书。

（四）堕三都的失败

夹谷之会的胜利，大大提高了孔子的威望。再加上孔子以礼律己，对上恭敬，对事认真，更博得鲁定公和鲁国实际执政者季桓子的赞赏和信任。于是，在鲁定公十二年孔子五十四岁时，受季桓子的委托，由大司寇代理季桓子处理国事并参与国事的讨论，即《史记·孔子世家》所说的“由大司寇行摄相事”和“与闻国政”。在小小的鲁国，在贵族统治集团中，除有名无实的鲁定公和掌握实权的季桓子，这时的孔子已跃居为第三号人物了。大概所谓“孔子行乎季孙，三月不违”[①]，就是说的这时的情况。但孔子和季氏之间的“蜜月”毕竟是不巩固的、短暂的，时隔不久，在堕三都及其他若干事情上，他们之间的矛盾就显露出来了，“蜜月”就消失了。

前面已经说过，孔子的“忠君尊王”思想是坚定不移的。他对于当时鲁国政治的混乱情况——定公虚位、三卿（特别是季氏）擅权，三卿之家又是家臣（如阳货对季氏）垄断——很不满意，认为这是违反“忠君尊王”之道。在这种情况下，他感到出路只有一条，那就是强公室（提高鲁定公的实际统治权力）、抑三卿（使三卿特别是季氏规规矩矩守臣道，不得僭越）、贬家臣（使家臣老老实实效忠于主人，不得跋扈），使鲁国按照周礼，按照贵族等级制封建社会的秩序，治国安民，然后以“仁政德治”的鲁国为基础，扩大“仁政”

① 按“孔子行乎季孙，三月不违”这句话，曾两见于《公羊传》。一次是系于定公十年“夹谷之会”后，一次是系于定公十二年“堕费”“堕郈”之后。陈立在《公羊义疏》中说：“三月言其久耳，不必仅三月不违也。”此话很对。所谓“不违”，是双方对等而言，即孔子既不违季氏之意，季氏也不违孔子之意，双方上下之间合作得很融洽。这句话应系于“摄相事”“与闻国政”时较妥。

影响，尊天子，服诸侯，统一天下[①]。隳三都表面上是抑制家臣，是反映“三桓”[②]与家臣之间的矛盾，实质上是公室与“三桓”之间的矛盾，是主张强公室、抑“三桓”的孔子与季桓子之间的矛盾。“三都”是“三桓”实际上割据的领地内的三个城堡，即费邑是季孙氏领地城堡，郈邑是叔孙氏领地城堡，成邑是孟孙氏领地城堡。“三桓”都住在曲阜，所以当时这三个城堡实际又都不在“三桓”控制下，而为他们的家臣所盘踞，用以对“三桓”闹独立，侵凌“三桓”，以至越过“三桓”而干预国政，孔子所谓“陪臣执国命”[③]就是指的这个情况。“三桓”对此不满，孔子对此更不满。孔子利用“三桓”尤其是季孙氏对于阳货以费叛（定公八年）、叔孙氏对于侯犯以郈叛（定公十年）的不满情绪，相机建议把家臣（陪臣）据以叛乱的三个城堡拆毁（隳三都），马上得到三家的同意。于是第一步比较顺利地拆了叔孙氏的郈都。第二步拆毁季孙氏的费都时，却遇到费宰（季氏家臣）公山不狃（即心叛季氏而叛迹未著，曾召孔子，孔子欲往的公山弗扰）的强烈反对，并先发制人地以费邑兵力袭击曲阜，幸赖孔子指挥曲阜兵力反击，取得胜利，迫使公山不狃败逃奔齐，终于拆毁了费都。第三步隳成时，情况更复杂，结果完全失败了。开始时，孟孙氏（孟懿子）是赞成隳都的，但因家臣公敛处父一贯忠于孟孙氏，

---

① 孔子任中都县长时，鲁定公曾经问孔子：“学子此法以治鲁国何如？”孔子对曰：“虽天下可乎！何但鲁国而已哉！”（《孔子家语·相鲁》）。可见孔子是常以治国平天下为己任的。

② “三桓”即鲁桓公三个儿子的后裔，其中孟孙氏任司空，叔孙氏任司马，季孙氏任司徒，为鲁国三卿。以季孙氏势力最大，掌握鲁国国政。

③ 语见《论语·季氏》。据《左传》载，昭公十四年南蒯以费叛；定公五年阳虎囚禁季桓子于前，八年又叛鲁奔齐于后；定公十年侯犯又以郈叛。所谓“陪臣执国命”大概就是根据这一系列事件得出的结论。

从无叛意。他看出堕成对孟孙氏不利，便对孟懿子说："堕成，齐人必至于北门。且成，孟氏之保障也。无成，是无孟氏也。子伪不知，我将不堕。"[①] 孟懿子照计行事，表面仍不反对堕成，暗中却支持公敛处父全力反抗，抵制堕成。从夏天拖到冬天，成邑城堡依旧屹然未动。不得已，只好在十二月由国君定公亲自出马围成，仍以失败告终。堕城计划没有成功，亦即堕三都计划没有完成。这对孔子是一个致命的打击。前面说过，"三桓"，尤其是季孙氏、叔孙氏慑于家臣据城叛逆事件，赞成堕都，目的是解除后顾之忧，加强自己的力量；孔子主张堕都，不仅是为了削弱家臣力量，也是为了削弱"三桓"力量，目的是强公室，加强国君的地位。对堕三都这件事的用意，形同而实异，即所谓"同床异梦"。公敛处父的讲话，孟懿子对堕成态度的改变，不得不使季孙氏警醒过来，感到原来孔子主张堕三都的目的是削弱"三桓"，加强公室。于是孔子强公室、抑"三桓"（首先是季孙氏）的主张和"三桓"（首先是季孙氏）弱公室、强"三桓"的主张之间矛盾揭开了；"三月不违"的亲密合作动摇了，终止了。要么孔子放弃自己的主张，屈从苟安，要么合作破裂。二者必居其一。孔子当然不会放弃自己的主张（姑不论这主张有多大意义），于是只有让"三月不违"的合作关系破裂，终于导致碰壁、辞官、离鲁的结局。

（五）孔子诛少正卯实无其事考

附带在这里说一下孔子诛少正卯的问题。此事始见于《荀子·宥

① 《左传·定公十二年》。

坐》篇[①]，后来《吕氏春秋》《说苑》《史记·孔子世家》《孔子家语》等书都采录，似乎真有其事。直到清人阎若璩、崔述、梁玉绳、江永等才提出疑问，否定孔子诛少正卯其人其事。这些学者对此所作考证，是很有价值的[②]。归纳起来，可以论证孔子诛少正卯之事为不可信者，主要依据有三条：1.孔子诛少正卯，仅见于《荀子·宥坐》《史记》《孔子家语》等书，不见于《论语》《春秋》《左传》等所谓"经传"。虽不能说凡不见于《论语》《春秋》《左传》等书的，都不真实，但像所传孔子诛少正卯这样的大事，竟不留一点记传痕迹，是不可能的。2.孔子秉政七日，以一大夫（孔子）而杀一大夫（少正卯），这样的事发生在春秋时代的孔子身上，是不可设想的。3.孔子的核心思想是"仁"，他坚决反对轻易杀人，所以季康子提出"杀无

---

① 《荀子·宥坐》有关孔子诛少正卯原文摘要如下："孔子为鲁摄相，朝七日，而诛少正卯。门人进问曰：夫少正卯鲁之闻人也，夫子为政而始（先）诛之，得无失乎？孔子曰：居！吾语女（汝）其故。人有恶者五，而盗窃不与焉：一曰心达而险，二曰行辟而坚，三曰言伪而辩，四曰记丑而博，五曰顺非而泽。此五者有一于人，则不得免于君子之诛，而少正卯兼有之，……不可不诛也……。"（卷二十）从唐宋以至明清，不少学者怀疑《宥坐》及其后四篇都是荀子弟子根据流传中真伪不分的杂事记录编成，不是信史。主要是用来反映荀子和孔子"仁政德治"思想相对立的法治观点。《史记》《孔子家语》等所载，内容与此相似，不录。

② 这里专录阎若璩和崔述的考证，以见一斑。阎若璩《四书释地又续》："少正卯之诛，朱子素极辩其无，而《论语序说》犹载此，又履革之未尽者也。陈几亭曰：'盖圣人行诛必其人有显罪与众弃之。未有出人不意，但为其宿昔奸雄案未具而遽行大戮者也。此穰苴、孙武行兵立威之法，岂圣人为政之道耶？'"（学海堂版《皇清经解》卷二十二第33页）崔述说："余按《论语》：'季康子问政于孔子曰："如杀无道以就有道，何如？"孔子曰："子为政，焉用杀！"'……圣人之不贵杀也如是，焉有秉政七日，而遂杀一大夫者哉！……《论语》《春秋》传……未尝一言及于卯。使卯果尝乱政，圣人何得无一言及之？史官何得不载其一事？非但不载其事而已，亦并未有其名。然则其人之有无盖不可知，纵使果有其人，亦必碌碌无闻者耳，岂足以当圣人之斧钺乎！春秋之时，诛一大夫，非易事也，况以大夫而诛大夫乎！……此盖申韩之徒言刑名者，诬圣人以自饰，必非孔子之事。"（《洙泗考信录》卷之二）

道以就有道”的问题时，也遭到孔子的反对，说“子为政、焉用杀”，如果孔子秉政七日就“诛乱政大夫少正卯”，和孔子的一贯思想不是全然不相吻合吗？所以，有人得出这样的结论：“七日而诛少正卯”，“非孔子所能为，非孔子时所需为”[①]，这是非常简明确切的。

（六）矛盾显露，弃官离鲁

堕三都的失败，使孔子和季桓子之间的矛盾，也就是一方孔子坚持要强公室、弱私家和另一方季桓子坚持要弱公室、强私家即不放弃实际执政权力而置鲁君于傀儡地位之间的矛盾，在原来“三月不违”的薄薄面纱笼罩之下处于隐蔽的状态，现在显露出来了。这种矛盾表面化的情况，在下列事件中得到了证实。其一，子路是孔子的得意弟子，是季桓子的家臣（宰），又是堕三都的指挥者。季桓子信任还是不信任子路，也就等于信任还是不信任孔子。后来孔子的一个学生叫公伯寮的，在季桓子面前讲了子路的坏话，另一个学生叫子服景伯[②]的，把这件事告诉了孔子。《论语》上有一段话说这件事道：“公伯寮愬子路于季孙。子服景伯以告，曰：‘夫子固有惑志，于公伯寮，吾力犹能肆诸市朝。’子曰：‘道之将行也与，命也；道之将废也与，命也。公伯寮其如命何？’”[③]子服景伯的意思是，季孙氏对公伯寮素来不信任，他有力量使季孙氏将他杀死示众（肆诸市朝）。

---

① 这是杨景凡、俞荣根合著《论孔子》一书中提出的论点，论证翔实，值得参考（见该书第16—20页）。

② 关于子服景伯的身份有二说：一为朱熹《四书集注》，认为子服景伯即鲁大夫子服何。姓子服，名何，景是谥号。二为朱彝尊《孔子弟子考》，据汉鲁峻石壁画七十二子像有子服景伯，故定为孔子弟子。此从后说。

③ 《论语·宪问》。

孔子却坦然置之，并说：我的主张（道）如果行得通，那是“命该如此”，如果行不通，那也是“命该如此”，公伯寮哪能改变“命该如此”的事情呢？究竟公伯寮讲了子路哪些坏话，季桓子听了作何反应，《论语》未说。但既然讲子路的坏话，就决不可能不涉及孔子，也不可能不涉及堕三都对季氏的实际意义等，季桓子更不可能不对二人产生疑忌，这难道不是理所当然的常识吗？其二，孔子对“三桓”的攻击。《论语》上有一段话说：“孔子曰：‘禄之去公室五世矣，政逮于大夫四世矣，故夫三桓之子孙微矣。’”[①] 这就是说，国家大权不掌握在鲁君的手里已经五代（即经历了宣公、成公、襄公、昭公、定公五代）了，政权落到大夫（季氏）的手里已经四代（即经历了季氏文子、武子、平子、桓子四代）[②] 了，所以鲁桓公的三房儿子（即世袭鲁国三卿的仲孙、叔孙、季孙三家）的后代子孙现在都已经微弱无用了。这种对季桓子指桑骂槐的尖锐批评，肯定不是在“三月不违”的“蜜月”期间所能说出来的。矛盾尖锐了，决裂的端倪已经出现，孔子如何对待呢？如前所说，孔子对自己的一贯主张，决不妥协放弃，决不为了保全“乌纱帽”而以原则做交易，屈膝投降；于是对待的办法只有两个：一是进取的革命办法，那就是联络一切可以联络的力量，以维护国君为号召，利用定公名义，讨伐季桓子，复兴鲁国，改革鲁国的贵族政治。二是退却的保守办法，那就是“三月不违”的局面既已不能继续下去，又不甘心放弃自己的主张而同

---

① 《论语·季氏》。这段话有人认为说于定公初年，考之史实，似不妥。因为“政逮于大夫四世矣”的四世，指的是季氏文子、武子、平子、桓子四代。而定公九年平子卒（见胡仔《孔子编年》），则第四代的桓子当政必在定公九年以后，如在定公初年，桓子尚未当政，当时季氏仅三世，与史实不符。从内容上看，此话大概在定公十二年堕三都失败后所说。

② 说本杨伯峻《论语译注》。

流合污，那就只有弃官离鲁，另找出路。孔子不敢采取第一种办法，于是只好实行第二种办法了。恰好这时又遇到齐国统治者实行对鲁国贵族统治者的怀柔、腐蚀政策，在国内挑选身着华装丽服、能歌善舞的美女八十名，又挑选饰以耀眼的锦绣绸缎的骏马一百二十匹，送给鲁国君臣，目的是使他们迷于声色，怠于政事，疏远孔子。结果，季桓子接受了齐国赠送的美女、骏马，终日间观舞听乐，一连三日不上朝听政。子路对孔子说："看样子，老师可以走了。"孔子还是犹豫不决，还是有幻想，希望季桓子能悔悟过来，恢复"三月不违"的局面，所以对子路说："鲁国即将举行郊祭，如果仍将祭祀用的烤肉（膰）按礼送我一份，那么，我还是可以留下来。"结果，孔子参加陪祭后回到家中，又没见人送来祭肉，于是忍无可忍，碰壁之后，只好匆匆弃官离鲁了。时为鲁定公十三年（前 497 年）春，孔子五十五岁。

六、访问列国诸侯——到处碰壁

这里用"访问列国诸侯"，不沿用"周游列国"，因为后者使人有一种逍遥自在之感。其实，孔子仕鲁碰壁，被迫弃官出走，走时很仓促，连参加春祭戴的礼帽也来不及脱[①]就匆匆离开鲁国。虽然孔子在国境上曾略作停留，那是像孟子所说的，被迫离开"父母国"，心情不安，故而"迟迟吾行也"[②]。如果说孔子离鲁时事前就有什么计划，逍遥自在地去周游列国，那是不符合实际的。

---

① 《孟子·告子下》："不税（音'脱'）冕而行。"

② 《孟子·万章下》："孔子……去鲁，曰：'迟迟吾行也，去父母国之道也。'"

（一）访问列国诸侯的目的

孔子在鲁国政治上碰了壁，不得不匆忙离开，然后去访问列国诸侯，目的主要是为了“求仕”（寻求进用做官，以便有机会治理国家）、“行道”（推行“仁政德治”主张）。那时一个人的政治主张，主要是通过做官来实现，拿孔子高足子路的话来说，就是“有德有才的人（君子）出来做官，只是做他应该做的事情罢了”[①]，这话是可以反映孔子真实思想的。有一次到郑国去，孔子和弟子们失散了，一个人独立在城郭的东门。有一个郑国人对子贡说：东门站着一个人……奔走疲惫，茫然无所适从，像一条失去主人家的狗那样。子贡将此话如实地告诉了孔子。孔子欣然笑道：“说我的相貌如何如何，那是次要的；而说我像一条失去主人家的狗，很对！很对！”[②]这也可以说明孔子“求仕”“治国”之心是多么强烈。这种“忧国忧民”的强烈心情比之那些对世事漠不关心或消极“避世”的人是不可同日而语的，是值得赞赏的。孔子在十四年走访列国诸侯的过程中，不断和人论“道”（讨论各种政治、伦理和历史、学术问题），继续利用各种可能条件对弟子讲学等等，那是附带的事情，不是目的，目的是“求仕”，是希望找到一个能够任用他实行“仁政德治”主张

---

① 《论语·微子》：“君子之仕也，行其义也。”

② 司马迁《史记·孔子世家》：“孔子适郑，与弟子相失，孔子独立郭东门。郑人或谓子贡曰：‘东门有人，其颡似尧……累累若丧家之狗。’子贡以实告孔子。孔子欣然笑曰：‘形状，末也。而谓似丧家之狗，然哉！然哉！’”至于崔述怀疑孔子适郑，认为“郑在宋西，陈在宋南，自宋适陈，必不由郑”，全属不了解当时孔子“似丧家之狗”的处境。他访问各国的次序，并不是有预定的计划，偶然性很大，因此决不能按路线顺逆去推断孔子决未去郑。故不从。

的理想中的贤明诸侯（国君）。

（二）访问列国诸侯的简要经历

孔子访问列国诸侯的主要目的是“求仕”，是为了实行“仁政德治”的主张（“行道”），已如上述。但“像失去主人家的狗”那样，他茫然无所适从地奔走了十四年之久，到处碰壁，主要目的始终没有达到。所以司马迁也说：“孔子明王道，干七十余君，莫能用。”这里所说“干君”，即“求仕”，所说“莫能用”，即“碰壁”。至于“干七十余君”，那显然是夸大。据汉王充考证，至多不过十国[①]。其实，除了访问列国之前曾去齐国等不算外，在访问列国期间，真正到过的有文献可查的不过卫、陈、曹、宋、郑、蔡等大小六个国家[②]，经过而停留过的有记载的地方，也不过三四个，即匡、蒲、鄹乡（卫国）和叶（楚国）等。这些国家和地方，主要不出今山东、河南两省，即从山东的鲁国（曲阜）出发，西面和北面未过黄河（指古黄河），南面未到长江，就这么个方圆一二千里的地区而已（参考所附《孔子访问列国图》）。但在两千年前的时代，孔子为实现自己的主张（“行道”），在交通十分不便利的条件下，带着数十个随从弟子[③]，走走停停，花了十四年工夫，访问了六国国君，虽然经历艰险，到处

① 王充《论衡·儒增》：“言干七十国，增之也。按《论语》之篇，诸子之书……至不能十国；传言七十国，非其实也。”梁玉绳《史记志疑》：“《儒林传序》亦称‘仲尼干七十余君，无所遇’。……此盖战国时诬说，《史》漫述之……”此话甚当。

② 钱穆：“孔子自定公十三年春去鲁，至哀公十一年而归，前后十四年，而所仕惟卫陈两国，所过惟曹宋郑蔡。”（《先秦诸子系年考辨》第46页）。

③ 崔述：“孔子之从者不过数十人……”（《洙泗考信录》卷之三）。

碰壁[①]，仍不灰心，姑不论其主张是否切合实际，这种奋斗不懈的精神，至今仍令人敬慕不已。

至于当时孔子弃官离鲁时不东向去齐而西向适卫，这主要是因为“夹谷之会”时孔子触犯了齐景公，后又为“齐赠女乐”之事所激怒，在这种背景下孔子当然不便去齐。卫国和鲁国是兄弟之邦[②]，当时卫国政治较安定，经济较富庶[③]，加上子路的妻兄颜浊邹[④]是有贤

---

① 《论语·卫灵公》“绝粮章”孔安国注：“孔子去卫如曹，曹不容，又之宋，宋遭匡人之难；又之陈，会吴伐陈，陈乱，故乏食。”寥寥数语，大体上概括了孔子访问列国诸侯到处碰壁的困境。

② 《论语·子路》：“鲁卫之政，兄弟也。”鲁国为周公之后，卫国为康叔之后。周公和康叔为亲兄弟，所以政治情况相似，像兄弟一般。

③ 《论语·子路》：“子适卫，冉有仆。子曰：‘庶矣哉！’……”孔子一进入卫国就有“人口兴旺”的感觉。“人口兴旺”在当时常常是安定富庶的一个标志。

④ 司马迁《史记·孔子世家》：“孔子遂适卫，主（住）于子路妻兄颜浊邹家。”《孟子·万章上》：“于卫主颜雠由。”郑环认为“邹即雠由之转音”，因此，颜浊邹和颜雠由是一人。崔述认为：“《孟子》作颜雠由，《世家》疑误。其谓子路妻兄云者，盖因弥子为子路僚婿而误也。”（以上郑环和崔述语均见《史记会注考证》卷四七第36页）郑、崔二人都认为颜浊邹和颜雠由是一个人，但郑未说明颜是否子路妻兄，崔则认为颜非子路妻兄，弥子才是子路“僚婿”（即“连襟”），《世家》误把颜当作子路妻兄。但崔意亦系猜测，并无确证。看来应认为：1. 颜浊邹和颜雠由实为一人；2. 既无反证可以证明颜不是子路妻兄，则仍以肯定《世家》所说颜是子路妻兄为是。因为，承认颜是子路妻兄，和“弥子为子路僚婿”，并不矛盾。既然如此，还是既采《世家》之说，认定颜为子路妻兄，也采《孟子》之说，认定弥子是子路“僚婿”，可能更符合历史情况。但颜当时是卫国的贤大夫，所以孔子住他家。弥子即弥子瑕则是卫灵公的嬖臣，“幸于灵公不以正道”（见《孟子》赵氏注），所以他想通过子路请孔子住到他家去，孔子拒而不去。可见孔子当时声望已很高，各种人都以和他往来为荣，借以提高自己的地位。而孔子接近什么人，在他认为符合所谓“道”的前提下，还是有明确的选择的，不是无原则的。

名的卫国大夫，还有蘧伯玉[①]等有贤名的人，可以相互谈论问题（“论道”），这些人事等因素，很可能促使孔子决定访问列国诸侯的路线是西向，而第一站是卫国。

孔子访问列国诸侯的经历，包括时间和地点，向来说法不一，争议很大。现根据主要文献和近现代学者考据成果，实事求是地、有所取舍地加以综合，大体上可分为三个阶段：一是以卫国（今河南省北部，国都帝丘，为濮阳旧址）为中心的阶段；二是以陈国（今河南省中南部，国都陈，为今淮阳旧址）为中心的阶段；三是又回到卫国的阶段。三个阶段，主要停留地区（立足点）是卫、陈两国，在卫国前后两次停留时间长达十年，在陈国也长达四年（都包括短期离开时间在内），二者合计十四年。

（三）访问列国诸侯的三个阶段

第一阶段主要在卫国。或往或来，均以卫国为立足点。这一阶段自鲁定公十三年春至鲁哀公二年秋冬之季，约共五年（前497—

① 蘧伯玉是卫国有名贤人。崔述怀疑蘧当时可能已去世，认为襄公十四年（前559年）孙林父访蘧伯玉后，蘧“从近关出”（见《左传》）。至定公十五年（前495年）共六十五年，假定襄公十四年蘧年四十岁，则已一百零五岁了。崔以假定代论据，未必妥当。我们也可假定襄公十四年时蘧年为二十岁左右（年二十岁成名的历史上不乏其人），则定公十三年孔子适卫时，蘧年亦不过八十三岁，加上相传蘧善“保生”，那时孔子和他相见并住其家，不是不可能的。故仍从《世家》。

前 493 年，孔子五十五岁至五十九岁）[①]。孔子一到卫国，即住在子路的妻兄颜浊邹家中。颜浊邹对卫灵公接待孔子这件事上，可能做了工作，起了桥梁作用。由于孔子声望已很高，又做过鲁国上卿（大司寇），所以卫灵公接待他很有礼貌。灵公问他在鲁国领取多少俸禄（薪水），孔子说“奉粟六万”，即领取实物薪水粮约二千石[②]。于是卫灵公也给他二千石粮的薪水。二千石粮对于孔子及其弟子和随行人员数十人的生活来说，大概也可以维持下去了。但孔子去鲁适卫以及尔后走访他国，其目的不仅仅是为了“谋生”，至少在主观上更重要的是为了“行道”，即实现其“仁政德治”的主张和理想。但平庸的卫灵公对孔子的所谓“仁政德治”并没有兴趣，有兴趣的只是很想利用孔子这块招牌炫耀其“尊贤”之名，欺骗国人。在他去世（鲁哀公二年）之前，孔子留在卫国达五年之久。主要是因为，他虽然始终没有用孔子，也没有让孔子参与过政事，但表面上对孔子是很尊敬的。例如孔子为了“见南子”“为次乘”“问兵陈”等不愉快的

① 孔子去鲁适卫的年份，有三种说法：1. 定公十二年说。主此说者有《史记·鲁世家》《年表（鲁）》，崔述也说：“孔子之去鲁，当在定十二年秋冬之间。”（《洙泗考信录》卷之二）2. 定公十三年说。主此说者有《史记·卫世家》《年表（卫）》，江永也说：“去鲁实在定十三年春。”因为最后促使孔子离鲁的原因是“郊，又不致膰俎于大夫，孔子遂行”（《史记·孔子世家》），而“鲁郊尝在春”。所以江永推断孔子去鲁的确切年份是定公十三年春。钱穆也主此说，“今考《世家》又谓：‘孔子去鲁’凡十四年而反乎鲁。’孔子返鲁在哀公十一年，则其去鲁正定公之十三年也。”（《先秦诸子系年考辨》第 24 页）3. 定公十四年说。主此说者有司马迁《史记·孔子世家》，认为孔子去鲁在定公十四年，胡仔《孔子编年》亦主此说。今从江永、钱穆之定公十三年孔子去鲁说。

② 司马迁《史记·孔子世家》。张守节《史记正义》释：“六万，小斗，计当今二千石也。”

事[①]而发脾气要离开卫国，结果又因路遇“蒲匡之困”[②]没有走成，只好回卫国时，卫灵公非但没有表示不高兴，反而表示很欢喜，还亲自到郊外去迎接孔子。这在注重礼貌的孔子来说，当然是很有吸引力的。这里面颜浊邹、蘧伯玉等也可能起了斡旋作用。这次回到卫国，就改住在蘧伯玉家。当然，在孔子方面说，无论从思想、言论上或行动上，确实也没有任何不利于卫国贵族统治阶级利益的地方。这大概是所以能“和平相处”达五年之久的主要原因。另一方面，孔子连续面临的不如意的遭遇，除了上面提到的“蒲匡之困”外，还有像佛肸召而欲往未成，像将西见赵简子而“临河兴叹”[③]等等，也

---

① 司马迁《史记·孔子世家》：“灵公夫人有南子者，使人谓孔子曰：‘四方之君子，不辱欲与寡君为兄弟者，必见寡小君，寡小君愿见。’孔子辞谢，不得已而见之。……子路不说（悦）。孔子矢之曰：‘予所不者，天厌之！天厌之！’”这是“见南子”的情况。“灵公与夫人同车，宦者雍渠参乘，出，使孔子为次乘，招摇市过之。孔子曰：‘吾未见好德如好色者也。’于是丑之。”这是“为次乘”的情况。“灵公问兵陈。孔子曰：‘俎豆之事，则尝闻之矣；军旅之事，未之学也。’……孔子遂行。”这是“问兵陈”的情况。近人钱穆说：“《史记·孔子世家》最芜杂无条理。其他若《年表》，若鲁、卫、陈、蔡诸《世家》，凡及孔子，几乎无事不抵牾，无语不舛违。……盖出后人之移易增窜者多矣。”（《先秦诸子系年考辨》第37—38页）。因此，此处所引三条，其时间先后，根据诸家考证，有所变动。

② 司马迁《史记·孔子世家》：孔子去卫“将适陈，过匡……匡人闻之，以为鲁之阳虎，阳虎尝暴匡人，匡人于是遂止孔子。孔子状类阳虎。拘焉五日……然后得去。”崔述怀疑这段话的可靠性，辩道：“孔子在鲁为司寇，居卫见礼于其君。其去也，道路之人当悉知之。……乃至竟不知其非阳虎，岂人情耶？匡人欲杀孔子，斯杀之矣；如不欲杀，斯释之矣；拘之五日，欲奚为者？……”（《洙泗考信录》卷之三）钱穆则认为蒲匡之困为一事而非两厄：“以余考之，匡蒲之难，盖本一事。今《世家》所载孔子畏匡事，盖出后世误传，不足信也。”（《先秦诸子系年考辨》第28页）今从钱氏说。

③ 司马迁《史记·孔子世家》：“孔子既不得用于卫，将西见赵简子。至于河，而闻窦鸣犊，舜华之死也，临河而叹曰：‘美哉水，洋洋乎，丘之不济此，命也夫！’……”崔述认为，“赵鞅（即赵简子——作者）……弱王室侮诸侯，而叛其君，春秋之大夫，罪未有大于鞅者也！……不知孔子何取于鞅而欲见之！……此必战国时人之所伪托，非孔子之事。”（《洙泗考信录》卷之二）崔氏此说，纯系主观猜测。赵氏在晋和季氏在鲁相似，果如所说，那么，孔子之仕于鲁之季桓子，岂不也应该说“非孔子之事”了吗？故不从。

使他只得继续留在卫国。关于佛肸召、孔子欲往那件事，前面已经讲到过，关于孔子欲西见赵简子问题，这里还要略说几句。赵简子在晋国是“实专君权，奉邑侔于诸侯”[①]的人物，他的地位和为人大概和季桓子在鲁国差不多，孔子和季桓子曾经有过“三月不违”的合作关系，基于这种经验，孔子想和赵简子谈谈，看有无可能通过他实现自己的治国主张，这在孔子当时的复杂思想中，是不能排除这种想法的可能性的。不过，即使赵简子能像季桓子那样和他“合作”，对孔子的所谓“仁政德治”主张，又有什么用处呢？和季桓子合作的结果，不是可以充分说明其无补于事吗？

卫灵公死后，君位继承问题使国内不安定，又引起大国晋和齐的介入[②]，乱哄哄的局面迫使孔子不得不走。哀公二年秋，孔子离开卫国到陈国去。

第二阶段主要在陈国。这一阶段连头带尾共约四年，即自鲁哀公二年到六年（前493—前489年，孔子六十岁到六十三岁）。

孔子于鲁哀公二年离卫，大概因为如他自己所承认的有点像“丧家之狗”的样子，目的地也不一定很明确，所以带着几十个随行人员和弟子，一路经过曹国，曹国没有接待；经过宋国，非但没有受

---

① 司马迁《史记·赵世家》。

② 这里说的君位继承问题，实际上是父子争君位问题。卫灵公的世子是蒯聩，他不满意他母亲南子的淫乱行为，想杀死她而未成功，就出奔晋，投靠赵鞅。鲁哀公二年卫灵公卒，卫立蒯聩的儿子辄登了君位（即出公，亦称孝公）。赵鞅即助蒯聩回国向他的儿子辄争夺君位。到了晋、卫边境戚的地方驻下，齐国又助新登君位的辄把戚地包围起来。孔子即在此时离卫去陈。

到接待，宋国的大夫司马桓魋还想杀害他[①]，逼得他只好化装过去（“微服过宋”）；然后又到郑国，狼狈得和弟子们也失散了，郑国也没有接待；于是最后在鲁哀公三年才到达陈国，住在他曾相识的或曾互相仰慕的贤人司城贞子家，又通过他向国君陈侯周（即陈湣公）的推荐，取得一个有名无实的职位，当时也有“俸禄”，但一定不像在卫国那样优厚，否则史传会记载的。

孔子来陈，住了三年，到鲁哀公六年。吴侵陈，孔子又不得不避兵离去。那时楚国有一位大夫名叫诸梁，采邑在叶，人称叶公，正驻守负函（楚地，今河南信阳）。鲁哀公二年楚伐蔡，蔡迁州来（今安徽寿县），楚迁蔡人于负函，叶公驻负函即为此。大概叶公是当时一位有贤名的政治家，所以孔子离陈后就想到负函去看他。从陈去负函，途经国都已迁州来的蔡地，路上有好几天没有粮食吃。《论语·卫灵公》所说“在陈绝粮，从者病，莫能兴”，大概指的就是这一情况。在这种情况下，弟子和从人都不免露出不满情绪，孔子却仍很镇静，甚至继续讲学、诵诗、弹琴、唱歌不止。这种传说虽不免有夸大的地方，但孔子当时临危不惧的镇定形象，一定使他的随行人员和弟子们受到感动，受到鼓舞，从而想方设法渡过难关。传说一路上还听到一些不同意孔子积极从政治国，而主张消极避世、隐居自乐的人的责难和讽刺的话，甚至“孔子下，欲与之言。趋而去，弗得与之言”[②]。最后终于到了负函，见到叶公。叶公和孔子讨论了一些政治问题，孔子又发表了一些“政在来远附迩”即“治国之方略在于使远方的人向慕

① 宋国的司马桓魋为自己造一口石椁，花了三年时间尚未完成。孔子批评说：“这样的浪费，死了倒不如快些烂掉的好些！”（原文见《札记·檀弓上》：“若是其靡也，死，不如速朽之愈也！”）大概桓魋为此话所激怒，所以要加害孔子，于是孔子只好“微服过宋”以避。

② 司马迁《史记·孔子世家》。

而来归，使近地的人团结而不散”一类的言论。后来叶公问子路，孔子是何如人，子路无法回答这个问题。孔子听到后，对子路说：“由（子路名）！尔何不对曰：‘其为人也，学道不倦，诲人不厌，发愤忘食，乐以忘忧，不知老之将至’云尔。”[①] 这倒是一幅很形象的孔子自画像。这种积极进取精神，是值得后人仰慕和学习的。

卫国的君位终于还是由卫灵公的孙子辄继承，是为出公，亦称孝公。辄父蒯聩在晋庇护下流亡卫晋边境。孔子弟子多人在卫做官，卫政局又趋安定，因此要求孔子回卫的呼声很高。这样孔子就不再经过陈国而从楚地负函径回卫国去了。时为鲁哀公六年，孔子年六十三岁。

第三阶段孔子又回到卫国。时间从鲁哀公七年到十一年（前488—前484），共五年。孔子年六十四岁到六十八岁。

孔子一回到卫国，子路就问孔子：“假使卫君（即出公辄）正等待老师回来主持政务，老师认为什么问题是应该首先解决的呢？”这一问引起了孔子的一番议论，从这番议论中可以看出当时孔子的思想动向和政治主张。孔子先提纲挈领地说了一句话：“首先必须解决的是端正名分，使各安其分（‘正名’）的问题。”子路比较直率，立刻表示不同意：“问题能这样提法吗？老师未免有点不切实际、拘泥固执（‘迂’）了吧？当前端正名分的问题，怎么能行得通呢！”孔子很不以为然，说：“由啊！你说这话多么粗野浅薄呀！君子对于自己不懂的事情，一般应采取保留态度，不可乱发表意见啊！”接着申述了他所以提出“正名”问题的理由，反复说明“名不正，则言不顺”，一直到“事不成”“礼乐不兴”“刑罚不中”“民无所措手足”，等等，最后结论是：“由此可见，君子对于端正名分问题是必

① 司马迁《史记·孔子世家》，语和《论语·述而》略异，可参阅。

须讲的，讲了也必然能行得通。君子对自己讲的话，必须没有一点马虎的地方才是。”[①] 这一段话反映了两个问题，一是孔子已决心接受卫君出公辄的邀请，所以毫不犹豫地正面回答了子路提出的关于“什么是应该首先解决的”问题，反映了孔子的思想动向是决定“仕卫”（在卫国做官）；二是明确提出了他将实施的政治总纲领是“正名”。但一提“正名”，问题就复杂了。当时的卫君辄是卫灵公的孙子，是世子蒯聩的儿子，灵公死后，理应由蒯聩接君位，因蒯聩不满其母的淫乱行为，谋杀未成，逃亡在外，所以灵公夫人南子想立幼子郢，郢让位于辄，乃由辄继位[②]，并拒绝他父亲蒯聩回国。因此，不论在所谓“君臣”的名分上，还是在“父子”的名分上，都不“正”，国内外对此议论纷纷。所以孔子一提“正名”，立即引起子路的怀疑，不是没有道理的。那么，孔子对这个问题又是怎么想的呢？没有正面材料可以回答这个问题。但孔子既然表示愿出仕，那就可以说明，孔子是承认出公的王位是合乎“名分”的；如果不合“名分”，主张“正名”的孔子，就没有理由做他的官了。大概孔子认为出公辄既受他祖母卫灵公夫人南子之命而立，即使把父亲排斥在国外，也是不影响他的君位“名分”的。在当时，“父子”关系是从属于“君臣”

① 《论语·子路》：“子路曰：‘卫君待子而为政，子将奚先？’子曰：‘必也正名乎！’子路曰：‘有是哉，子之迂也！奚其正？’子曰：‘野哉，由也！君子于其所不知，盖阙如也。名不正，则言不顺；言不顺，则事不成；事不成，则礼乐不兴，礼乐不兴，则刑罚不中；刑罚不中，则民无所措手足。故君子名之必可言也，言之必可行也。君子于其言，无所苟而已矣。’”《史记·孔子世家》引这段话时，文句有出入，可参阅。杨伯峻《论语译注》将“必也正名乎”译为“那一定是纠正名分上的用词不当罢”，这和孔子原意不符，故不从。

② 司马迁《史记·卫世家》：“灵公卒，夫人命子郢为太子，曰：‘此灵公命也。’郢曰：‘亡人太子蒯聩之子辄在也，不敢当。’于是卫乃以辄为君，是为出公（即孝公——引者）。”虽然卫灵公遗命是立幼子郢，但郢又让位于逃亡在外的太子蒯聩之子辄（灵公孙），这样转了一个弯，大概也就算王位身份合法了。

关系的。因为当时卫君辄既已受祖母命继承了君位，即使把父亲排斥在国外，为了平息国内外不好的舆论，首先就需要“正名”，即肯定卫君辄的君位“名分”是合乎“礼”的。大概孔子提出“正名”的政治背景就是如此。孔子没有明言，子路可能没有猜透，所以提出怀疑，引起老师训斥并发表了上述一大段议论。于是孔子在其“忠君尊王”的名分思想指导下，也就真正心安理得地做了卫君辄的“公养之仕”了[①]。

孔子是想做事的人，仅仅被“公养”是违背他的愿望的。但卫出公既没有要他“为政”，也没有向他“问政”。在这种情况下，孔子就把精力用在教学和治学上。虽然这方面缺乏正面记载，观其一贯以“学而不厌，诲人不倦”策励自己的精神，这一时期肯定在治学、教学上是有成绩的。

（四）结束流浪，回到鲁国

孔子弟子如冉有、子贡、樊迟等都在鲁国做了官。孔子也很想回到自己的祖国——鲁国去。早在鲁哀公三年孔子在陈国时，鲁季桓子死去，他曾命其子季康子一定要把孔子请回鲁国。又过了几年，冉有做了季氏宰。哀公十一年春，齐攻鲁，四十一岁的冉有率领鲁军战败了齐军。冉有告诉季康子，他的军事才能是向孔子学的，并力劝季康子礼聘孔子回鲁。这时卫国的大夫孔文子要攻打另一大夫太叔疾，问策于孔子，孔子说，他曾学过文事，没有学过武事，立即叫人驾车

---

① 《孟子·万章下》:“孔子有见行可之仕，有际可之仕，有公养之仕。于季桓子，见行可之仕也；于卫灵公，际可之仕也；于卫孝公，公养之仕也。”“见行可之仕”，即有希望行道的官:“际可之仕”，即受礼遇的官;“公养之仕”，即受公养的官。“礼遇”和“公养”，其实差别很小。

准备离开。文子连忙劝阻，赔礼道歉。孔子正在犹豫，适值鲁国季康子听了冉有的话，派人以厚礼来聘请孔子，于是孔子回鲁。自鲁定公十三年到鲁哀公十一年（前 497—前 484），孔子离开祖国，在外到处奔走了十四年，希望能实现自己的政治理想，结果是在到处碰壁之后，结束了流浪生活，现在又回到了鲁国。时年六十八岁。

七、"不知老之将至"的晚年

孔子回到鲁国后，自六十八岁到七十三岁卒，共生活了五年。在这五年中，他跨越了自己所说的"六十而耳顺，七十而从心所欲，不逾矩"的两种思想境界①，亦即在"三十而立"的基础上，达到了他自己认为是最后也是最高的发展阶段。所谓"耳顺"，所谓"从心所欲，不逾矩"，实际是一个意思，就是思想上、学问上、品德修养上达到了十分成熟的程度，即凡是各种事情，听到后就能辨别真伪是非（"顺"）；凡是心里想做的事情，做起来就符合真理准则（"矩"）。当然，所谓真伪是非，所谓真理准则，都不能离开所处的时代，都不能不带有时代的、历史的特征和局限。孔子不能例外。

鲁国当政的季康子这次"以币（币同帛，古人相互赠送礼物的总称——作者）迎孔子"，即以礼品把孔子迎回鲁国，尊为国老，大概原来"奉粟六万"的物质待遇还是维持不变。对季康子来说，为了适应当时各国诸侯竞相"礼贤""养贤"的风尚，把这位名望很高的人物礼迎回来，是很值得的；在"吾非匏瓜，焉能系而不食"的孔子来说，又一次作为"际可之仕"或"公养之仕"以安度晚年，

---

① 《论语·为政》："子曰：'吾十有五而志于学，三十而立，四十而不惑，五十而知天命，六十而耳顺，七十而从心所欲，不逾矩。'"

也还是合于“礼”的。但这位古稀之年的老人，虽风尘仆仆，到处碰壁，却依旧是“发愤忘食，乐以忘忧，不知老之将至”，依旧想为自己“理想”的实现而做一番事业，依旧是朝气蓬勃地自我鞭策道：“德之不修，学之不讲，闻义不能徙，不善不能改，是吾忧也。”[①]可是面对鲁国终于不能用孔子的具体现实，只能在“莫知我夫”[②]（“没有人了解我啊！”）的慨叹声中，决定不再“求仕”[③]了。

孔子是一位勤奋自励的人，于是，他就把“不知老之将至”的晚年的主要精力用于教学工作和整理保存古代文献，主要是用在“六艺”或“六经”的编纂核定工作上。虽然孔子对教学工作从未停顿过，对文献收集整理工作也很早就开始，但对这两项工作，孔子利用晚年时间都做出了具有历史意义的伟大贡献。这两件事情将专设两章（第八章《中国历史上第一个伟大的教育家》和第九章《中国历史上第一个伟大的文献整理家》）加以评述。现在仅把孔子晚年除了教学和文献整理工作之外的几个较重要的活动和事件简述如下。

（一）关于反对季孙氏实行“田赋”问题[④]

六十八岁的孔子，从卫国一回到鲁国，就遇到他的弟子冉求奉季氏命向他提出实行“田赋”这个问题，要他表态。所谓“田赋”，

① 司马迁《史记·孔子世家》。

② 司马迁《史记·孔子世家》：孔子“喟然叹曰：‘莫知我夫！’”

③ 司马迁《史记·孔子世家》：“然鲁终不能用孔子，孔子亦不求仕。”

④《左传·哀公十一年》：“季孙欲以田赋。使冉有访诸仲尼。仲尼曰：‘丘不识也。’三发，卒曰：‘子为国老，待子而行，若之何子之不言也？’仲尼不对，而私于冉有曰：‘君子之行也，度于礼，施取其厚，事举其中，敛从其薄。如是，则以“丘”亦足矣（“丘”见下注——作者）。若不度于礼，而贪冒无厌，则虽以田赋，将又不足。且子季孙若欲行而法，则周公之典在。若欲苟而行，又何访焉！’弗听。”“十二年春王正月，用田赋。”

旧的解释太繁琐[①]，我们只要把它理解为大概比原来土地负担增加一倍的意思即可。孔子开始说："我不了解。"冉求再三问，而且说："老师是国老，现在此事要你表态后才实行。为什么老师不发表意见呢？"孔子还是不答，但私下对冉求说："君子的行政措施，应该在合于'礼制'的范围内，根据三条原则办事，即施于民的要宽厚（'施取其厚'），为民办事要避免过和不及而适得其中（'事举其中'），取于民的要少一些（'敛从其薄'），如能按照这三条原则办事，那么，实行'丘赋'也就够用了。如果不按'礼制'办事，而贪得无厌，那么，即使实行'田赋'，也将会不够用的。你和季孙若要依法办事，那么，有周公的法典可作为依据；若要任性行事，那么，又何必来访问我呢？"季孙氏终于没有听孔子的话，而于第二年（鲁哀公十二年）春就开始实行"田赋"了。这件事使孔子非常恼火。《论语》上有一段话专说此事："季氏富于周公，而求也为之聚敛而附益之。子曰：'非吾徒也！小子鸣鼓而攻之，可也！'"[②]孟子也有一段话讲此事："求也为季氏宰，无能改于其德，而赋粟倍他日。孔子曰：'求非我徒也，小子鸣鼓而攻之，可也！'"[③]上面《左传》上说的"贪

---

① 关于什么是"田赋"的问题，杜预的解释是"丘赋（按即鲁成公元年〔前590年〕实行的每一个丘出一定数量的军赋——作者）之法，因其田财通出马一匹，牛三头。今欲别其田及家财各为一赋，故言田赋"（《左传·成公元年》杜预注），意思大概是由"丘赋"改为"田赋"即意味着增加负担一倍，即要出马二匹、牛六头的负担。上注说的"'丘'亦足矣"的"丘"，即指原"丘赋"规定的每丘出一马三牛。关于丘的概念，孔颖达《五经正义》说："方里为井，四井为邑，四邑为丘，丘出马一匹、牛三头。"（《左传·定公十一年》）可见把"丘赋"改为"田赋"的实质，就是把原来的土地负担（"丘赋"）增加一倍。至于"井田""公田""私田"的存亡演变及其和社会性质的关系，本书第三章《孔子时代的社会背景》还要谈到，此从略。

② 见《论语·先进》。

③ 《孟子·离娄上》。

冒无厌”（贪得无厌），《论语》上说的“聚敛”（搜刮民财），孟子说的“赋粟倍他日”（赋税多于以前一倍），说的都是一件事情，即鲁国季孙氏实行土地负担多于以往一倍的新制“田赋”。孔子对冉求未能阻止季孙氏实行这种加重土地负担（亦即人民负担）的新制“田赋”，很不满意，严厉批评了冉求，斥为“求已不是我的学生”（“求非我徒也”），并要他的弟子们可以大张旗鼓地申斥他（“鸣鼓而攻之，可也！”）。这件事应引起我们注意的有三点：第一是孔子反对贵族统治者“贪冒无厌”地大量搜刮民财供自己挥霍享受的聚敛政策（田赋），而主张“施取其厚”“敛从其薄”的有利于人民的裕民政策。虽然他是从维护贵族统治秩序出发来看待被统治的人民，但在当时历史条件下，他还是一个有远见的、有利于人民的贵族政治改良主义者。第二是他在反对实行“田赋”的时候，仍然是向后看（恢复鲁国古制），而不是向前看（从发展了的社会、政治、经济的现实历史条件而提出相应措施），因而他只能从墨守“周公之典”的古制中寻找出路。他不能从“信而好古”[①]的复古思想中解放出来，这是他一生的致命伤，是他政治上到处碰壁的一个重要原因。第三是在原则问题上对学生要求很严，如这里对冉求的批评，甚至不承认冉求是他的学生，要他的其他弟子们可以大张旗鼓地申斥他。但毕竟没有发展到师生关系破裂的地步，孔子及后人依旧把冉求列为“四科”的政事之首[②]，冉求也依旧尊敬和热爱老师。孔子的批评虽然很严厉，但没有影响到冉求对老师的感情，主要是由于孔子对人处世开朗公正，而且已为他的弟子们所公认和接受。这种即使对学生也毫不含

① 《论语·述而》。

② 司马迁《史记·仲尼弟子列传》：“德行：颜渊、闵子骞、冉伯牛、仲弓。政事：冉有（求）、季路。言语：宰我、子贡。文学：子游、子夏。”

糊地坚持原则立场而又不致破裂师生关系的精神，是值得后人玩味和学习的。

（二）关于“西狩获麟”问题

和对于龙的传说一样，中国对麟也有很多神秘的传说。究竟麟为何物，谁也没有见过，古今中外的人都没有见过。据说孔子见过，而且《春秋》《史记》等都有记载。大体经过是：鲁哀公十四年（前481年，孔子七十一岁），春，管理山林的人（“虞人”）在曲阜西今巨野一带（“大野”）打猎。叔孙氏管车的仆从（“车子”）叫钽商的捕获一只奇怪的兽，载了归来。叔孙见此怪兽，以为不吉祥，自己不要，赐给“虞人”。孔子看了说：“这是麟啊！为什么来啊！为什么来啊！”并掩面大哭，涕泪沾襟。叔孙听说这情况，就把这怪兽留下了。据说孔子这时正在写《春秋》，看到西狩捕获一麟，认为麟是祥瑞“仁兽”，太平盛世才出现。现在不是太平盛世，出非其时而被猎获，甚为感伤，写了“西狩获麟”这句话后，就停笔不写下去了。这就是传说中孔子写《春秋》“绝笔于获麟”的故事[①]。麟究竟是什么呢？据孔颖达转引京房《易传》的解释说：“麟，麇（獐）身，牛尾，

---

① 《春秋·经·哀公十四年》：“十有四年，春，西狩获麟。”《左传》：“十四年，春，西狩于大野。叔孙氏之车子钽商获麟。以为不祥，以赐虞人。仲尼观之，曰：‘麟也。’然后取之。”胡仔根据《春秋》《左传》《孔子家语·辩物》《史记·孔子世家》等文献资料，对此作了一个综述，摘要如下：“春，西狩于大野。叔孙氏之车子钽商获麟，折其前左足，载以归。叔孙以为不祥，以赐虞人。孔子观之，曰：‘麟也！胡为来哉！胡为来哉！’乃反袂拭面，涕泣沾襟。叔孙闻之，然后取之。子贡问曰：‘夫子何泣尔？’孔子曰：‘麟之至，为明王也，出非其时而见害，吾是以伤焉！’先是，孔子因《鲁史记》作《春秋》。……及是西狩获麟。孔子伤周道之不兴，感嘉瑞之无应，遂以此绝笔焉。”（《孔子编年》卷五）

狼额，马蹄，有五采，腹下黄，高丈二。”又引《广雅》说：“麒麟，狼头，肉角，含仁怀义，音中钟吕，行步中规，折旋中矩，游必择土，翔必有处，不履生虫，不折生草，不群不旅，不入陷阱，不入罗网，文章斌斌。”[①] 前一段是讲麟的形状，后一段是讲麟的神态。就神态而言，麟是叫起来声音像音乐（“音中钟吕”），走路旋转都合规矩（“行步中规，折旋中矩”），脚不踏虫子，身不折青草（“不履生虫，不折生草”）……试问，世界上能有这种所谓“仁兽”吗？没有的。这显然是幻想出来而加以神化渲染的结果。既然是世界上不存在的东西，为什么历代儒生要这样绘声绘色地加以编造呢？这有两种可能：一种是历代儒生为了抬高孔子，把孔子当作神化了的圣人，然后把所谓麟神化为仁兽，以所谓仁兽的“出非其时”而被获，来衬托孔子（圣人）的“吾道穷矣”“生非其时”的景况。如果这样，责任不在孔子，而在编造这个神化故事的后世腐儒。另一种可能是孔子到了晚年，屡屡碰壁，在“乐以忘忧”的心情深处，迷信“天命”的宿命思想仍在一定程度起作用，因而违背自己“不语怪、力、乱、神”的主张，睹物伤情，在看到一只被猎获的不常见的野兽时，便把它幻想为传说中的神物——麟，好像找到了什么客观依据和借口，从而发了一通牢骚，《春秋》的写作，就此搁笔了。孔子开了个头，后世腐儒就肆无忌惮地加以夸大和宣扬，于是，幻想中编造出来的故事，便当作历史“事实”流传下来。如果这样，责任就在孔子，孔子是这个神秘的关于麟的故事的“始作俑者”。

前面《导论》中已经说过，在孔子思想的“二重性”这一特点中，就包含了一些迷信“天命”的宿命论因素。既然如此，上面第二种

---

① 《春秋·经·哀公十四年》，孔颖达《疏》。

可能便也在一定程度上符合孔子思想实际了。

（三）关于陈恒杀君、孔子请讨问题

陈恒是齐简公的上卿大夫，其祖先陈完原是陈国贵族，因陈国贵族间内争，惧祸而于齐桓公十四年（前672年）逃奔齐国，到陈恒已是第八代了。陈恒治齐，很得民心，以致齐人中有这样的民歌："妪乎采芑，归乎田成子。"[①] 田成子即陈成子或陈恒。歌意是说："连采芑菜的老婆子，都心向着田（陈）成子。"齐简公很平庸，无所作为。在一次内乱将爆发时，"简公与妇人饮檀台"[②]，在内乱已经爆发后，仓皇逃往舒州（今山东省东平，古齐地）地方去，被陈恒部队追上，因为"恐简公复立而诛己，遂杀简公"[③]。陈恒立简公弟骜为齐平公，陈恒为相。这就是陈恒杀君的简况。这件事却引起孔子的极大愤慨。他如临大典地、一本正经地洗发澡身后去朝见鲁哀公，对哀公说："齐国的陈恒把齐君杀了，请出兵讨伐他。"哀公说："你去告诉'三桓'（季孙、叔孙、孟孙，这里主要指当政的季孙——作者），这事我管不了啊！"孔子这个年迈老人，恰像一个天真的小孩子碰了钉子那样，退了出来，自言自语地嘟哝着："因为我忝居大夫之位，遇到这样大事，敢不来报告吗？国君却说：'你去告诉三桓！'"孔子又去报告了"三桓"。"三桓"不答允出兵讨伐。孔子一面退出，一面又自言自语地说："因为我忝居大夫之位，遇到这样大

---

① 司马迁《史记·田完世家》。陈完奔齐后，曾改姓田，故司马迁撰《田完世家》中引民歌第二句"归乎田成子"。据《韩非子·二柄》："田常上请爵禄而行之群臣，下大斗斛而施于百姓。"即在上面为群臣向君主请求爵禄，在下面则以大斗斛施于百姓。大概陈恒善于收揽人心，所以齐国当时出现了以上民歌。

②③ 司马迁《史记·田完世家》。

事，敢不来报告吗？”[①]这一趣剧性事件，就这样碰了钉子后不了了之。这是孔子顽固地坚持其名分思想、封建贵族统治者世袭思想和忠君尊王思想在这件事情上的具体表现。在当时条件下，陈恒还是较得民心的（陈恒执政期间齐国开始安定。陈恒后代后来成为齐王，战国时成为七雄之一。在秦统一中国前，齐国和秦国相对等而成为东帝和西帝）。陈恒既然比齐简公能干，为什么孔子一定要支持简公反对陈恒呢？唯一的原因就是在名分上简公是君，陈恒是臣，臣只能忠于君，不能反对或代替君。孔子在这里连自己最崇拜的周公的话也忘记了。周公在《尚书·康诰》中说："惟命不于常。"《礼记·大学》解释说："道善则得之，不善则失之。"这就是说，"道善"的人应该代替"道不善"的人，这是无数历史事实证明了的历史发展规律，周公已明白了这条规律。但孔子在请求讨伐陈恒这件事上就表明没有遵循这条规律。当然，孔子主观上认为合乎名分的，合乎"忠君尊王"的事情就是"正义"。他这种坚持所谓"正义"的精神，应该放到当时历史条件下去理解。

（四）妻、儿、弟子相继死亡

孔子夫人亓官氏，在鲁哀公十年（前 485 年）孔子六十七岁时死去[②]。那是孔子从卫返鲁的前一年。孔子的独生儿子孔鲤，在鲁哀

---

① 《论语·宪问》："陈成子弑简公。孔子沐浴而朝，告于哀公曰：'陈恒弑其君，请讨之。'公曰：'告夫三子。'孔子曰：'以吾从大夫之后，不敢不告也。君曰，告夫三子者！'之三子告，不可。孔子曰：'以吾从大夫之后，不敢不告也！'"这事也见于《左传·哀公十四年》，文略异，可参考。本文据《论语》意译之。

② 根据江永考断。见胡仔《孔子编年》。

公十三年（前482年），孔子七十岁时死去，时年五十岁[①]。孔子对夫人和儿子的死去，虽然也很悲伤，但远不及他的弟子颜回和子路死去时沉痛。这可见孔子和他人的关系，是以学问、道德和品格为标准，是有原则的，决不因妻、儿的亲属关系而有所偏私。这一点是令人敬慕的。下面着重讲一下颜回和子路死亡时的情况。

颜回是孔子最得意的门生，生于鲁昭公二十年（前522年），少孔子三十岁，死于鲁哀公十四年（前481年），享年四十一岁，时孔子七十一岁[②]。颜回死时，孔子悲痛欲绝，叹息道："噫！天丧予！天丧予！"[③]孔子哭得如此哀痛，以致跟随他一道的弟子对他说："老师哭得太哀痛了！"孔子说："是哭得很哀痛吗？除了此人而外，我还能对谁哭得这样哀痛呢！"[④]后来鲁哀公问孔子，他的学生中谁最好学，孔子回答说："有颜回这个人，他好学；他不把对此人此事的怒气迁移到别人别事上去；他一次犯了过，第二次就不再犯。他不幸短命死了！现在没有了，再未听到过这样好学的人了。"[⑤]季康子也以

---

① 根据钱穆考证，孔鲤生于鲁昭公十年（前532年），死于鲁哀公十三年（前482年），享年五十岁，少孔子二十岁（《先秦诸子系年考辨》第26节）。

② 关于颜回究竟享年几何？少孔子多少岁？卒于何年？历来学者有争议。现在确定的颜回的卒年，少孔子多少年和享年数，系根据李锴的《尚史》、毛奇龄的《经问十二》和钱穆的考证而定。《尚史》说："颜子少孔子三十岁，享年四十有一。"毛氏《经问十二》说："考颜渊之死，《公羊传》及《史记·世家》所载年月，则实哀公十四年春狩获麟之际……颜渊之死，在夫子七十一岁，非六十一岁，在哀公十四年，非四年。"钱穆说："颜子卒年，断在子路卒前一年。"（《先秦诸子系年考辨》第49页）根据以上颜回卒年、年岁、少孔子年岁三个数字，自可推定颜回生年为鲁昭公二十年（前522年）。

③ 《论语·先进》。

④ 《论语·先进》："颜渊死，子哭之恸。从者曰：'子恸矣！'曰：'有恸乎？非夫人之为恸而谁为？'"

⑤ 《论语·雍也》："哀公问：'弟子孰为好学？'孔子对曰：'有颜回者好学，不迁怒，不贰过，不幸短命死矣！今也则亡，未闻好学者也。'"

同样问题问孔子，孔子也说：“有颜回这个人，他好学。他不幸短命死了！现在没有了！”[①]孔子对颜回的死虽如此哀痛，但在处理颜回死后棺椁、埋葬的问题上却很理智，很讲“原则”（那时对于丧葬是有一套公认的所谓“礼”的原则的），并不以个人好恶而感情用事。颜回的父亲颜路也是孔子弟子，大概他因为孔子对颜回一向很器重，又看到颜回死后孔子如此哀恸，就要求孔子把他的车子给颜回做一个椁（棺外的套棺，也叫外棺）。孔子却说：“不管才大才小，大家谈谈自己儿子的事吧。我的儿子鲤死了，也是有棺而无椁。我不能把车子给他做椁，而自己步行走路。因为我忝居大夫之列，不便徒步走路啊。”别的弟子听到颜回死了，也要用厚礼埋葬他。孔子说：“不好这样做。”弟子们最后还是用厚礼埋葬了颜回。孔子说：“颜回把我看作和他父亲一样，可是我却不能把他看作和儿子一样啊！我不能干预用厚礼埋葬他的事，是若干弟子们一定要这样做啊！”[②]他反对用超过原则（“礼”）的礼埋葬颜回，也许是符合当时“礼制”的。结果，弟子们还是实行了厚葬，孔子并没有以老师的尊严，硬性地加以制止。怪不得他的弟子们对他既尊敬，又热爱，而且是发自内心的！

子路虽然为人较粗鲁，但很忠实可靠、坦率耿直，对孔子的教导能身体力行，有时甚至呆板到可笑的程度。他少孔子九岁，追随孔子时间很长，有勇力。孔子对他虽常提出批评，但很信任他。他在卫国执政的孔文子家为宰。孔文子死后，其子孔悝继续执政。鲁哀公十五年冬，被逐在外的卫太子蒯聩伙同其姊（孔文子妻）发动

① 《论语·先进》：“季康子问：‘弟子孰为好学？’孔子对曰：‘有颜回者好学，不幸短命死矣，今也则亡。’”

② 《论语·先进》：“颜渊死，门人欲厚葬之。子曰：‘不可。’门人厚葬之。子曰：‘回也视予犹父也，予不得视犹子也。非我也，夫二三子也。’”

政变，把卫出公（蒯聩的儿子）逐出，抢夺君位。正在紧急关头，子路冲进宫去，企图救出被围困的孔悝，结果被蒯聩部下人的戈矛把帽子缨带砍断，帽子落地。这位忠实的孔子弟子，临危不忘老师教导，说："君子临死时，不能不戴帽子。"[①]立即把帽子戴好，缨带结上，然后被打死，并被砍为肉酱（醢），时子路六十三岁。孔子听到这个消息，非常悲痛。这无疑是对这位七十二岁的老人临死前的最后的沉重打击。

孔子在晚年时候，夫人、儿子和一些学生相继死去，特别是七十一岁时死去颜回，七十二岁时死去子路，不能不给这位"乐以忘忧"的老人的心灵打上忧伤的印痕。

（五）孔子病逝

自从弟子颜回和子路相继去世后，孔子就病了。快要死的前七天的早晨，他扶杖站立门前，意态逍遥，很有感慨而又自信地自吟自歌道："高高的泰山啊，快要崩颓！直直的梁柱啊，快要断折！炯炯的哲人啊，快要枯萎！"歌罢入门，当户而坐，悠然长叹道："大概我快要死了啊！"自此卧床不起。七天后，即鲁哀公十六年（前479年）夏历二月十一日，孔子去世[②]，享年七十三岁。

孔子死后，葬在曲阜城北约一里路的泗水旁边。许多弟子都服丧三年，又相对哭泣尽哀，然后相别而去。独有子贡一人留下，在墓旁筑了茅舍继续守丧三年，才离开老师坟墓。有些弟子和鲁国人

---

① 《左传·哀公十五年》："子路曰：'君子死，冠不免。'结缨而死。"

② 《礼记·檀弓上》："孔子蚤（早）作，负手曳杖，逍遥于门，歌曰：'泰山其颓乎！梁木其坏乎！哲人其萎乎！'既歌而入，当户而坐……曰：'……予殆将死也。'盖寝疾七日而没。"

因为追念孔子，把家搬到墓旁住下的百余人家，于是就把这里叫做“孔里”。后来又把孔子的住房和讲堂以及弟子宿舍改为孔庙，用以纪念孔子并收藏孔子衣冠、琴、车、书等生前用物。像孔子这样一位生长于封建社会、又忠诚地维护封建社会贵族统治秩序的人物，一生碰壁，无权无势，仅凭他的学问、道德和品格而赢得了弟子们对他的如此的爱戴，如此的深情，其间必有值得我们加以玩味和深思的地方。

司马迁是我国第一个伟大历史学家，他距孔子约三百年，离孔子尚不算远。他在写完《孔子世家》后很有感慨地说：“余读孔氏书，想见其为人。适鲁，观仲尼庙堂、车服、礼器，诸生以时习礼其家。余低回留之，不能去云。天下君王，至于贤人，众矣，当时则荣，没则已焉。孔子布衣，传十余世，学者宗之。自天子王侯，中国言六艺者，折中于夫子，可谓至圣矣！”[①]这是中国封建时代的伟大历史学家司马迁对中国封建时代的伟大思想家孔子的恰当评语。我们当然不能停留在这个评语上。对我们来说，除了肯定孔子作为一个历史人物应有的历史地位外，更重要的在于认真地通过批判和清理，把真孔子和假孔子或半真半假的孔子区别开来，探索孔子思想中有哪些东西至今仍有生命力，至今仍能有利于促进社会主义建设。只要真正有利于社会主义建设而仍有生命力的东西，哪怕一点一滴，也是极可宝贵的。应该像毛泽东同志所说的那样“承继这一份珍贵的遗产”，因为那是我们的祖先在两千多年前做出的对我们、对人类的有益贡献。我们应该做这样的探索者。

① 司马迁《史记·孔子世家》。

第二章　孔子时代的社会背景

《导论》中已经指出，研究孔子思想及其为人，必须了解孔子的时代背景。正如马克思所说：“不是人们的意识决定人们的存在，相反，是人们的社会存在决定人们的意识。”[①] 因此，必须把同孔子思想形成过程密切有关的两个时期的社会性质，即西周时期的社会性质和春秋时期的社会性质，作一个符合历史实际的简要说明和论证，才能更清楚地了解孔子思想形成过程的深刻的历史的社会原因，及其所以只能是这样而不能是别样的一定程度上的必然性。而西周社会究竟是封建社会还是奴隶社会，至今尚有争论。这个争论的主要代表就是范文澜同志和郭沫若同志。范主封建社会，郭主奴隶社会。把他们的有关著作加以比较研究，我认为范说较当，较平实，较符合马克思主义基本原理，也更符合文献、考古材料和民族学材料中反映的当时历史发展情况和孔子其人其思想形成过程的“社会存在”。在这里，任何偏见和因循苟且都是有害的，要的是实事求是的

① 马克思《政治经济学批判·序言》，《马克思恩格斯选集》第 2 卷第 82 页。

科学研究、论证和判断。因此，本章即以范说为根据[①]，对西周和春秋两个时期的社会性质作一鸟瞰，以便对孔子时代的社会背景有一个真实的认识，这对全面研究和评价孔子是非常必要的。

现将西周社会性质和春秋社会性质分别说明如下[②]。

一、西周是领主制封建社会（或初期封建社会）

（一）殷周间斗争不仅是两个王朝兴替之争，而且是两种不同社会制度大变革的斗争

孔子是春秋时代人，而我们谈孔子时代的社会背景，却必须从西周开始。这是因为，一方面，春秋是西周的继续和发展，要谈春秋的社会性质，就必须首先弄清西周的社会性质；另一方面，孔子向往西周，不把西周社会性质弄清楚，就无法确切地理解孔子其人其思想形成过程的历史背景，就无法做出恰如其分的公正评价。而作为西周领主制封建社会开端的主要标志，则是殷周之间的斗争，特别是周武王伐纣之战的彻底胜利[③]。早在六七十年前，王国维就说

① 范文澜和郭沫若都是我所熟识的两位老同志，也是我所尊敬的我们党内学识渊博的两位学者。在他们对西周社会性质的争论中，我只是根据自己的研究所得，作出自己独立的实事求是的选择。在这里，我力求做到只有是非之分，决无褒贬之意。而且除了对西周社会性质的研究我不能同意郭老“西周奴隶论”的结论外，在其他方面并不影响我对他的尊敬。近年关于持“西周封建论”的重要的著作有傅筑夫的《中国封建社会经济史》（第一册，先秦，第二册，秦汉）、赵光贤的《周代社会辨析》、孙作云的《〈诗经〉与周代社会》、杨向奎的《绎史斋学术文集》等，不一一列举。

② 这里不说殷商，因为殷商是奴隶社会，已成定论，可以略而不论了。

③ 武王克商约在公元前 1066 年，这是范文澜据《史记》《竹书纪年》等书所载年代推算出来的，见范著《中国通史》第 1 册第 71 页。

过："中国政治与文化之变革，莫剧于殷周之际。殷周间之大变革，自其表言之，不过一姓一家之兴亡与都邑之转移；自其里言之，则旧制度废而新制度兴，旧文化废而新文化兴。"①

王国维不懂马克思主义，也没有看到后来出现的许多考古资料和民族学资料，因而他只能得出模糊的一般结论。但是，他能从大量典籍的研究中看到"大变革"的历史动向，却是一个很有意义的贡献。这个"大变革"的性质是什么？"旧制度废而新制度兴"的实质又意味着什么？他都无法作出明确的肯定的答复。我们现在则有足够的条件、资料和根据，十分明确肯定地指出：这个"大变革"的性质，这个"旧制度废而新制度兴"的实质，就是从殷代奴隶制社会变革为西周的领主制封建社会（初期，下同）。这在当时是一次具有划时代革命意义的巨大变革。毛泽东同志把周武王消灭殷纣王朝这件事叫作"武王领导的当时的人民解放战争"②，就是指武王领导自己根据地（岐周）中的广大民众，即已经成为有一定自由、一定独立人格的广大农奴，加上其他盟国，推翻殷王朝，解放殷王朝奴隶主残暴统治下的奴隶，使之也成为有一定自由、一定独立人格的农奴。深入研究这一"大变革"，这一"人民解放战争"的历史实际，显然可以得出如下结论。

第一，有了这一大变革的存在，就可以更好地说明五种生产方式（或五种社会制度）在中国的递嬗

马克思研究人类历史，发现了人类历史发展的共同规律，即一般都要经过原始公社、奴隶社会、封建社会、资本主义社会，然后

① 王国维《殷周制度论》，《观堂集林》卷十。

② 毛泽东《别了，司徒雷登》，《毛泽东选集》第4卷，人民出版社1960年版，第1432页。

到达社会主义、共产主义社会。中国也不例外（虽然某些细节上带有自己的特点）。中国历史的发展情况，大概在夏禹以前（公元前两千余年）是原始公社时期；夏朝是原始公社开始解体、逐渐进入奴隶社会初期（自公元前2033年左右—前1562年左右，共471年左右），殷朝是奴隶社会中、后期（自公元前1562年左右—前1066年左右，共496年左右），把夏殷两代加起来约历时一千年，是奴隶社会时期；西周以后一直到鸦片战争是封建社会时期（自公元前1066年左右—1840年，共3000年左右），这一长达三千年的封建社会，又可分为封建社会初期（西周—秦统一）、封建社会中前期（秦—隋统一）、封建社会中后期（隋—元末）、封建社会后期（明—清鸦片战争以前）；自鸦片战争到1949年中华人民共和国成立之前，是半封建半殖民地时期，这是带有中国特点的历史插曲。在这一长达百余年的半封建半殖民地时期里，充满了中国人民反封建反殖民统治的火热斗争，但都失败了。直到五四运动以后，中国工人阶级、农民和革命知识分子在马克思列宁主义指引下成立了中国共产党，中国革命才有了明确的方向。中国人民在极端困难条件下前仆后继，经历了大革命、十年土地革命、十四年抗日战争、三年解放战争，终于取得了新民主主义革命的彻底胜利，紧接着进入了共产主义初级阶段的社会主义革命和建设时期（1949年以后）。现在正在建设有高度物质文明和精神文明的强大社会主义社会的道路上前进。这是中国全部社会发展进程的一个概述。我们认为西周封建论能更好地说明中国社会从奴隶制向封建制的转变，因而能更准确地论证中国五种生产方式的递嬗。

殷周间社会制度大变革的来龙去脉是怎样的呢？相传周的始祖名弃，发迹于邰（今陕西武功），他是农业专家，号称后稷，尊为农神。其子不窋窜于戎狄之间，曾孙公刘又从戎狄之间带领部族迁居到豳（今陕西旬邑）定居，农业大有发展，部落开始兴旺。此后，周族在很长的历史时期内一直保留着较浓重的父系家长的氏族社会的残余，同时家内奴隶的数量也有一定程度的发展。由于对殷斗争的客观形势的推动，到了文王迁岐（今陕西岐山）之后领主制就已基本确立，这有《诗·大雅·灵台》一诗为证[①]。该诗叙述文王要建造一个“灵台”，老百姓像儿子替父亲做事那样主动积极，很快就建成了。这决非被迫为奴隶主服役的情况。文王不仅是政治家，而且是农业生产改革家。他不仅整天勤于政务，连饭也顾不上吃[②]，而且还亲自穿了破旧衣服参加农业生产劳动[③]，借以了解农耕的劳苦，鼓励农民的生产积极性，目的是使人民富裕起来[④]。以劳役地租为主要剥削形式的井田制度[⑤]，在周统治区普遍实行起来。武王灭纣后这种土地剥削制度就在当时的大部分地区推行，口号是殷商行政方面的习俗可以沿用（“启以商政”），农田方面的政策必按周的规定办理

---

① 《诗·大雅·灵台》：“经始灵台，经之营之。庶民攻之，不日成之。经始勿亟，庶民子来。……”

② 《尚书·无逸》：“自朝至于日中昃，不遑暇食。”

③ 《尚书·无逸》：“文王卑服，即康功田功。”章炳麟《古文尚书拾遗定本》释为“‘康功’者，谓平易道路之事；‘田功’者，谓服田力穑之事。……文王皆亲莅之，故曰‘卑服’。”

④ 《尚书·康诰》：“惟文王之敬忌，乃裕民。”

⑤ 《孟子·梁惠王下》：“昔者文王之治岐也，耕者九一。……”什么是“耕者九一”呢？孟子解释说：“方里而井，井九百亩，其中为公田，八家皆私百亩，同养公田，公事毕，然后敢治私事。”（《孟子·滕文公上》）这就是“耕者九一”的内容，也就是孟子加以理想化的所谓“井田制”。大概文王在岐山时，平川千里，地多人少，曾实行过，后来生齿日繁，继续按“方里而井”的办法耕种，渐渐行不通了。“井田制”的核心问题是使农奴既种“私田”，又便于合力种“公田”，亦即便于行施“劳役地租”。所以后来实际上“方里而井”的“井田”已不存在，而实施“劳役地租”（亦即孟子说的“助”法）的“公田”“私田”却仍犬牙交错地存在着，因而人们就常常沿用“井田制”这个名称去概括采用“公田”“私田”的区分，实施“劳役地租”剥削的实质。

（“疆以周索”[①]），即把农业生产奴隶制改为农奴制[②]。这一符合社会发展规律的大变革的来龙去脉不是很清楚了吗？

第二，有了这一大变革的存在，就可以正确说明中国奴隶制向封建制的过渡

要判断一个社会是奴隶制还是封建制，重要标准之一是看这个社会从事生产的劳动者具有何种身份，他们是奴隶还是农奴或农民？这里首先要把奴隶和农奴这两种人的科学含义弄清楚，这是正确解决问题的出发点。不然，就一定会陷于“名不正则言不顺”的处境，不仅无助于问题的解决，反而会把问题引入混乱的局面。

现在，让我们引证几段关于奴隶和农奴具有严格区别的经典的科学定义。

先看马克思是怎样说的：

> 奴隶就不是把他自己的劳动力出卖给奴隶主，正如耕牛不是向农民卖工一样。奴隶连同自己的劳动力一次而永远地卖给自己的主人了。奴隶是商品，可以从一个所有者手里转到另一个所有者手里。奴隶本身是商品，但劳动力却不是他的商品。农奴只出卖自己的一部分劳动力。不是他从土地所有者方面领得报酬；相反地，土地所有者从他那里收取贡赋。农奴是土地的附属品，

---

① 《左传·定公四年》。对“疆以周索”的理解，历来注疏家多有不同。参以周初大盂鼎铭文及《尚书·梓材》，均“疆土”连用；《诗·小雅·节南山》《诗·大雅·江汉》《诗·大雅·绵》，“疆”“理”对举，可以理解为采用“井田制”劳役地租剥削形式的推广。此外，周初施政，能从实际出发，灵活运用，例如在鲁卫之地是“启以商政，疆以周索”，而在唐叔所封之地则“启以夏政，疆以戎索”。

② 范文澜《关于中国历史上的一些问题》中指出：“商朝奴隶阶级对奴隶主的斗争和周国封建制度反奴隶制度的斗争配合起来，破坏了商朝奴隶制度社会，出现了西周初期封建社会。”（《范文澜历史论文选集》第 40 页）

替土地所有者生产果实。[①]

又说：

> 地租的最简单的形式，即劳动地租——在这个场合，直接生产者（即农奴——引者）以每周的一部分，用实际上或法律上属于他所有的劳动工具（犁、牲口等）来耕种实际上属于他所有的土地，并以每周的其他几天，无代价地在地主的土地上为地主劳动。……奴隶要用别人的生产条件来劳动，并且不是独立的。[②]

再看列宁的话：

> 在奴隶制社会中，奴隶完全没有权利，根本不算是人；在农奴制社会中，……农奴可以用一部分时间在自己的那块土地上工作，可以说，他在某种程度上是由自己支配自己了。[③]

以上引文，把奴隶和农奴的区别已经说得很清楚了。要说明一个社会是奴隶社会还是农奴社会，必须毫不含糊地严格按照什么是奴隶、什么是农奴的科学含义及与此有关的其他情况，经过周密考察（包括占有文献、考古和民族学等多方面资料）、对比和分析研究，然后绳之以辩证唯物主义和历史唯物主义的基本观点，才能作出科学论断。这里，任何主观愿望，任何随心所欲的臆想，都是无济于

① 马克思《雇佣劳动与资本》，《马克思恩格斯选集》第 1 卷第 355 页。

② 马克思《资本论》第 3 卷，人民出版社 1975 年版，第 889—891 页。

③ 列宁《论国家》，《列宁选集》第 4 卷第 50 页。

事的。我们说，殷周之间的“大变革”是周以当时较进步的农奴制战胜商朝落后的奴隶制，那么，周代社会制度是否符合马克思主义关于农奴制的经典定义，而其主要标志又是什么呢？答复是肯定的，主要标志是：

1. 宣布全国土地为王有，周天子是全国土地和臣民的最高所有者。周子天除了自己直接占有大块土地（大田、甫田、籍田等）由周围农奴及其他自由农民无偿地义务耕种外，其余土地就层层分封给各级大小臣属，然后由各级臣属再分给农奴（这是主要的）和有自由身份的农民（这是次要的）耕种。这就叫封建领主所有制。马克思说过：“在欧洲一切国家中，封建生产的特点是土地分给尽可能多的臣属。同一切君主的权力一样，封建主（即各级领主——引者）的权力不是由他的地租的多少，而是由他们臣民的人数决定的，后者又取决于自耕农（包括农奴——引者）的人数。”[①] 这一情况和西周初期情况正相似。而殷朝土地，除少量由有自由身份的农民耕种外，绝大部分都是驱使成群奴隶进行生产的。

2. 各级封建领主对农奴和一部分自由身份农民的剥削，主要是采取劳役地租和实物地租的方式实现的。这种剥削方式比管理和剥削大量奴隶要有利得多，而且可以大大促进农业生产，从而增加剥削收入。这时广大被统治、被剥削的阶级及庶民（包括民、黎民、众人、庶人……）又分为三种，即上层庶民（包括小人、自由民、小国被兼并后的贵族成为“食官”商贾等）、中层庶民（灭殷前的周农奴、殷奴隶被解放后的农奴）、下层庶民（包括数量颇大的手工业、商业和宫廷家内服劳务的奴隶）。文王在未伐殷前发布的“有亡

① 马克思《资本论》第1卷，人民出版社1975年版，第785页。

荒阅"[1]，即对逃亡奴隶大加搜捕的措施，除了对内防止自己奴隶逃亡外，主要是针对当时纣王鼓励和收留大量逃亡奴隶的政策，借以争取周围与国统治者的支持。

3. 上述农奴和奴隶的不同，表现在奴隶是一无所有，没有独立人格和人身自由，而农奴则有一定自由和一定独立人格[2]，有自己的劳动工具[3]，有自己的"私田"[4]（以"助"或"彻"的形式向领主领取一份有使用权但无所有权的土地），还有自己的能够勉强维持简单生存的家庭和儿女[5]。他们首先要无代价地耕完"公田"（包括周天子在内的各级领主直接管理的土地），然后才能耕种自己的小块"私田"[6]；当然还有别的支差和形形色色的"贡赋"。他们的生活自然是非常艰难困苦的，但比起奴隶来却大不相同，因而劳动积极性也颇为提高了。

---

① 《左传·昭公七年》。

② 殷代杀人（主要是奴隶）殉葬，西周不用人殉（也有个别例外）。农奴人身权有了一定保证，和奴隶不同了。郭沫若主张西周是奴隶制，他认为既然西周是奴隶制，那么，随奴隶制而来的就一定会有杀奴隶殉葬的事。考古工作者在浚县辛村发掘的八十二个西周墓中，仅发现殉葬者二人，一为"舆夫"，一为"养犬人"。可是他仍说："辛村墓葬并不表明西周无杀殉制。"（见郭沫若《奴隶制时代》第135—139页）他在周代彝铭中也未找到证据，于是只好说："奴隶可以屠杀一事，彝铭中无记录，是一憾事。"既然是"憾事"，于是只好自慰地说："盖杀戮奴隶乃寻常事，无记入重器之价值也。"（见郭沫若《中国古代社会研究》第298页〔补注一〕）这种说法似不够实事求是。

③ 《诗·周颂·臣工》："命我众人，庤乃钱镈，奄观铚艾"。大意是命我农人，准备好你们的耕具（钱镈）和割器（铚艾）。这证明农奴有自己的劳动工具。

④ 《诗·小雅·大田》："雨我公田，遂及我私。"大意是雨下到公田里，然后也下到我的私田里。这证明农奴有自己的一份耕地。

⑤ 《诗·周颂·载芟》："有嗿其馌，思媚其妇，有依其士。"大意是老婆送饭上地，孩子跟着一起，吃饭时很高兴，老婆看着也欢喜。这证明农奴有自己的家室儿女。

⑥ 《孟子·滕文公上》："方里而井，井九百亩，其中为公田，八家皆私百亩。同养公田。公事毕，然后敢治私事。"井田问题，参见本书，此从略。西周天子、诸侯、公卿等各级贵族拥有的私田即"公田"，周围农奴（包括自由农民）都要按规定同耕"公田"，耕完"公田"（"公事毕"）才能归耕自己的私田（"然后敢治私事"）。

4. 既然当时主要的所有制关系是封建领主土地所有制，既然当时主要生产部门即农业生产的直接生产者是农奴和一些自由农民，这难道还不是道道地地的农奴制生产关系即封建农奴制社会吗？虽然这个初期封建社会中，如上所说，还有数量颇大的奴隶存在。（顺便在这里补充提一下，中国在长达三千年的封建社会中，直到 1949 年中华人民共和国成立之前，各种不同形式的奴隶，一直是或多或少、或隐或显地合法存在着！）这对封建社会性质的规定，是不发生决定性影响的。列宁说得对："无论在自然界或社会中，'纯粹的'现象是没有而且也不可能有的。"[①] 列宁又说："在社会现象方面，没有比胡乱抽出一些个别事实和玩弄实例更普遍更站不住脚的方法了。罗列一般例子是毫不费劲的，但这是没有任何意义的或者完全起相反的作用，因为在具体的历史情况下，一切事情都有它个别的情况。如果从事实的全部总和，从事实的联系中去掌握事实，那么，事实不仅是'胜于雄辩的东西'，而且是证据确凿的东西。如果不是从全部总和，不是从联系中去掌握事实，而是片断的和随意挑选出来的，那么事实就只能是一种儿戏，或者甚至连儿戏也不如。"[②] 这就是说，殷周大变革，如果"从全部总和"和"从联系中去掌握事实"，而不是"片段或随意挑选出"个别事实的话，其实质确实是农奴制代替奴隶制、封建社会代替奴隶社会。

第三，有了这一大变革的存在，就可以科学地解释孔子思想产生的条件

因为本书主题是研究和评价孔子其人及其思想，不得不涉及西

---

① 列宁《第二国际的破产》，《列宁全集》第 21 卷，人民出版社 1959 年版，第 212 页。

② 列宁《1917 年 3 月 4 日（17 日）的提纲草稿》，《列宁全集》第 23 卷第 279 页。

周的社会性质。同时也就不得不用孔子其人其事去印证西周封建社会。郭沫若有几句话说得很好。他批评主张西汉是奴隶制的人说："西汉奴隶制说者，在这里不自觉地碰着了一个无法解决的矛盾。他们承认孔子和儒家学说是封建理论（着重号系引者所加），而却主张西汉的生产关系还在奴隶制的阶段，这岂不等于说：在奴隶制的社会基础之上树立了封建制的上层建筑吗？"[①]难道我们不同样可以说：西周奴隶制论者，在这里同样碰着了一个无法解决的矛盾。他们（首先是郭沫若自己）承认孔子和儒家学说是封建理论（这是完全正确的，因为孔子的封建理论是实实在在地继承了文、武、周公时代的西周封建社会的传统观念[②]），而却又主张西周的生产关系还在奴隶制的阶段，这岂不是等于说：在西周奴隶制的社会基础上树立了封建制的上层建筑（孔子思想）吗？郭沫若在这里确是有点自相矛盾了。问题已经十分明白：孔子思想由以产生的客观条件（包括封建领主制和相应的旧的思想资料），只能来自他所向往的西周社会。也就是说，西周社会只能是封建社会（初期），而不是奴隶社会。

根据以上三点简要说明，可以坚信殷周间的斗争，不仅是两个王朝（殷王朝和周王朝）谁胜谁败的斗争，而且是两种不同社会制度（封建制和奴隶制）之间“大变革”的斗争。斗争的结果是农奴制战胜了奴隶制，于是开创了西周封建社会，同时也确立了尔后长达三千年的中国封建社会的基本方向。

---

① 郭沫若《奴隶制时代》第62页。

② 《论语·八佾》："周监于二代，郁郁乎文哉！吾从周。”这是最有权威的孔子自己说的话，说明西周是他所向往的。他的“封建理论”是来自他所向往的西周的传统，从而成了西周也就必然只能是封建社会，而不是奴隶社会最有说服力的论据之一了。

（二）西周领主制封建社会的主要特征

上文所述殷周“大变革”的实质和意义，已约略可以看到西周领主制封建社会的一般面貌。为了更明确地理解西周社会的性质，有必要再把它的主要特征集中简明地作一介绍。它的主要特征表现在哪些方面呢？

第一，西周各级领主对土地的占有

马克思主义“特别强调所有制问题”[①]。因为，历史上一个特定时期生产资料（这里指的主要是土地）主要采取什么形式掌握在谁手里，决定着所有制的性质，决定着生产关系的性质，也决定着社会的性质。西周土地，名义上是“王有”（这就是《诗·小雅·北山》所说的“溥天之下，莫非王土；率土之滨，莫非王臣”[②]），实际上则是各级封建领主——天子（王）、诸侯、公、卿、大夫——层层占有。而天子所在地的“王畿千里”，除了天子自己直接保有的田地（所谓“大田”“甫田”“籍田”等）外，其余的田地也当作“禄田”“采邑”，分封给直接为天子服务的各级官吏（公、卿、大夫、士等）和亲属（各级大小领主），而各级官吏和亲属又根据不同情况，除自己直接保有的田地外，其余田地则分配给周围的农奴和自由民身份的农民（前者是主要的，后者是次要的）耕种。这些农奴和农民，除了耕种自己领得的一份田地（即所谓“私田”）外，还要按规定无报酬地合力耕种各级大小领主自己保留的田地（即所谓“公田”），并服其他各

---

① 马克思和恩格斯《共产党宣言》，《马克思恩格斯选集》第 1 卷第 271 页。

② 《诗·小雅·北山》是西周末代天子幽王时的诗，反映直到那时土地王有的观念还是很普遍的。

种劳役，而且按孟子所说“公事毕，然后敢治私事”，即先要把“公田”种好，才敢种“私田”。天子王畿之内情况如此，分封的各诸侯国情况大体上亦如此。

西周自天子（王）以下各级封建领主占有生产资料（土地）和不完全占有直接生产者（农奴）的生产关系，只能是封建的生产关系，因而西周的社会性质只能是领主制封建社会的性质。

第二，主要直接生产劳动者的身份

什么是奴隶呢？如前所说，奴隶就是被奴隶主像完全占有生产资料（土地）那样完全占有的直接生产劳动者，他们一无所有，为奴隶主做无偿劳动。从甲骨文记载和考古工作者在河南安阳殷墟殷王宫殿区的发掘材料看，殷代奴隶主贵族占有全部生产资料（土地和生产工具）[①]。奴隶在耕作时像牛马一样被成群地赶往田间，在殷王贵族及其臣属鞭策监督下像牛马一样地劳动；不劳动时同样像牛马一样被集中关在窖穴里[②]。奴隶没有人身权利，奴隶主可以任意买卖、杀害他们[③]。什么是农奴呢？农奴就是封建领主不能像完全占有生产资料那样完全占有的直接生产劳动者，封建领主虽可以买卖他们，

---

① 安阳殷墟第三次发掘时（1928年），在一个土坑里发现石制镰刀一千把（《安阳发掘报告》第2期第249页）；第七次发掘时（1932年），又在一个方坑里发现石制镰刀四百四十四把（马得志等《1958—1959年殷墟发掘简报》，《考古》1961年第2期）。这两坑镰刀的发现，说明这些镰刀都属王室贵族所有，只在收割时才分发给奴隶使用，用毕仍归王室贵族收藏。

② 根据考古工作者测定，在殷墟发掘的窖穴中，有一类窖穴可能是集体关押奴隶的居所（《考古》1961年第2期载马得志等《1958—1959年殷墟发掘简报》）。

③ 在安阳殷墟发掘中，发现大量人殉和人牲。在武官村一个大墓里就发现七十九个殉葬者。在殷王陵墓区附近清理了一百九十一座祭祀坑，共发现人骨架一千一百七十八具。在殷王宫殿区也发现了数以百计的奠基殉者。这些人殉和人牲中可能有些是俘虏，但大多数应是奴隶。

但已经不可以屠杀他们。此外，他们拥有一块份地，有自己的生产工具，有自己的家庭和私有经济[①]。前者是殷代奴隶社会奴隶情况的写照，后者则是西周领主制封建社会农奴情况的写照。前者争议不大，且非本章讨论对象，姑置勿论。关于后者，我们联系前面已经谈过的概括说明如下：

1. 不同于殷代奴隶可以屠杀特别是大批用于杀殉，不管从文献或地下发掘看，都没有发现西周有大批杀农奴殉葬的事情。这可以说明西周农奴的人身已有相对保障，是不可任意屠杀的。

2. 不同于殷代一无所有的奴隶，西周的农奴有自己的生产工具，还有自己的家庭、妻子。

3. 农奴也可以和土地一样，作为封建贵族实行封赏、赠送或买卖的对象。这一属性是由于农奴的生产不能离开土地，必须有人身对土地的不自由的依附关系这一性质所产生的[②]。所以周初分封诸侯时，有所谓“授土”“授民”[③]和“锡（赐）之山川，土田附庸”[④]一类的说法，也就是把土地和依附于土地的农奴一并封赐给诸侯。

由于事隔两三千年，那时对人的身份称谓的用语，例如民、附庸（因其与土地相联故释农奴）、庶人、民人、农夫、夫、小人、人鬲、

---

① 参见斯大林《论辩证唯物主义和历史唯物主义》，《斯大林选集》下卷，人民出版社1979年版，第446—447页。

② 马克思说过，农奴“必须有人身的依附关系，必须有不管什么程度的人身不自由和人身作为土地的附属物对土地的依附，必须有真正的依附农奴制度”。（《资本论》第3卷第891页）

③ 《左传·定公四年》载封康叔时曾由司空聃季“授土”，司徒陶叔“授民”，即把今河南省安阳（故殷都，称“殷墟”）地区的土地和人民亦即附着土地上的农奴一并封赐给康叔。

④ 《诗·鲁颂·閟宫》：“乃命鲁公，俾侯于东，锡之山川，土田附庸。”即封周公长子伯禽于鲁，把“土地”（土田）和附着在土地上的“附庸”（农奴）一并封赐给伯禽。

臣、僚等等，不易确切理解，常引起不同争议。但应尽可能避免“望文生义”①，而力求从其对生产的作用上，从其社会身份上（严格按照奴隶和农奴的科学区别），从其和当时社会性质（生产关系）的联系上去理解这些用语的实质，一旦有了明确的理解，西周农奴的身份也就更清楚了②。

第三，剥削形式

原始公社时期，由于生产水平低，不存在产生剩余劳动的问题，不存在剥削剩余劳动的问题，因而也就不存在阶级分化的问题。从原始公社的逐渐解体到进入文明时代的开始（在公元前两千年左右的夏朝时期），由于农业和畜牧业的兴起，社会生产力有所提高。人们的劳动，除了维持个人生活和生存外，还有剩余，尽管比较微薄，毕竟有了经济学意义上的剩余劳动。随之而来的是贫富之分，阶级之分，从而造成了剥削剩余劳动的可能，而这种可能很快就变成了少数人利用特权剥削多数人剩余价值的铁的事实。于是一个阶级（少数人）剥削和压迫另一个阶级（多数人）的阶级矛盾运动贯穿了整个文明时期的历史进程。核心的问题是

---

① 例如郭沫若在《中国古代社会研究》中列举周代青铜彝器盂鼎、克鼎、克尊等十二件的铭文中“锡（赐）臣仆的记录颇多，人民亦用以锡（赐）予”为根据，只看到“庶人”或“民人”和“臣仆”器物田地等“了无分别”地作为赐赠对象的表面现象，就断定“‘庶人’就是奴隶”，并进而断定西周是“奴隶社会”。其实主张西周封建社会论者从来没有否定西周时代仍有为数不少的奴隶存在，而只肯定当时在社会生产中起决定作用的不是奴隶而是农奴。

② 例如吕振羽认为“分田而耕”的农奴包括“庶民、农夫、野人、小人”（《简明中国通史》上册第 101 页）。又如吴泽认为“西周社会的‘农人’‘农夫’‘庶人’等生产工作者，不是奴隶制社会的奴隶，而是初期封建社会的农奴。”（《中国历史简编》第 91 页）范文澜亦认为农民、农夫、庶民都是农奴或自由农民（《范文澜历史论文选集》第 47 页）。这些论断是符合上述精神的。

经济上剥削与反剥削、政治上压迫与反压迫的斗争，而这两者又是互相影响、互为表里而密不可分的。剥削与压迫的形式，尤其是剥削所采取的形式，成为决定当时社会性质的必要因素。恩格斯说得对："奴隶制是古代世界所固有的第一个剥削形式；继之而来的是中世纪的农奴制和近代的雇佣劳动制。这就是文明时代的三大时期所特有的三大奴役形式；公开的而近来是隐蔽的奴隶制始终伴随着文明时代。"[①]这就是说，奴隶制剥削形式构成奴隶社会，农奴制剥削形式（或地主对农民的剥削形式）构成封建社会，雇佣劳动制剥削形式构成资本主义社会。

恩格斯在上述引文中指出，在三种剥削形式所决定的三种不同社会中，就剥削的本质而言，都存在着公开或隐蔽的奴隶制。这就是说，在三种不同的社会中，实质上都存在着公开的或隐蔽的"奴隶制"，但决不能简单地把三种不同社会都说成是奴隶社会，因为三种不同社会是由三种不同剥削形式中究竟哪一种剥削形式占主导地位来决定的。例如夏、殷两代，特别是殷代，是以奴隶制剥削形式为主导，所以是奴隶社会；西周尽管仍有奴隶存在，但以农奴制剥削形式为主导，所以是初期封建社会或领主制封建社会。

西周农业的直接生产者主要是农奴。西周领主贵族仍然蓄有相当数量的奴隶，这些奴隶主要是为宫廷、家庭服劳役，为天子、诸侯、各级贵族制造生活奢侈用品、礼器等而在规模大小不等的手工业工场劳作和为主人从事贩运活动，从事农业的已不占主导地位。因为领主从长期经验中已经知道农业生产采取对农奴剥削的形式，比之蓄用奴隶更有利。除此而外，也还有贵族旁支疏远亲属和殷代覆灭

① 恩格斯《家庭、私有制和国家的起源》，《马克思恩格斯选集》第 4 卷第 172 页。

后的没落贵族降为有自由身份的农民和其他来源的自由农民。他们的身份和农奴不同，他们的耕地可以较稳定地长期占有或使用，甚至可以传给自己的子孙，农奴的份地则经常发生变动和调整。这些自由农民虽然在数量上远远少于农奴，但他们在往后历史的发展进程中常常成为后来地主的前身。当然，在当时农业生产中，他们在所占地位的重要性上是不能和农奴相比的。

西周封建领主对农业生产者其中主要是农奴的剥削，地上地下现有资料很少。据《孟子》记载，大概主要采取三种形式：一种是定量献纳地租即“贡”（孟子认为是夏代地租形式，其实西周时在一定程度上还存在），一种是劳役地租即“助”，一种是实物地租即“彻”。这三种地租形式同时并存，分别施行，而以后二者为主[①]。

夏、殷二代都是奴隶制社会，对奴隶不存在地租剥削问题。既然夏、殷二代也已有定量献纳地租和助耕“公田”的劳役地租存在，证明在夏、殷奴隶制社会内部已有少量自由农民和农奴存在，已孕育着封建生产关系的萌芽。这种生产关系经过武王伐纣胜利而发生了突变，已不适应当时社会生产力发展水平的落后的奴隶制剥削形式被一举废除，农奴制剥削形式（“疆以周索”）得到普遍推行。于是奴隶相对地获得解放，半自由的农奴身份确定了，封建生产关系确立了，这就是历史的辩证法。

---

① 《孟子·滕文公上》：“夏后氏五十而贡，殷人七十而助，周人百亩而彻。其实皆什一也。彻者彻也，助者藉也。……贡者校数岁之中以为常。”孟子以为夏、商、周三代都是收十分之一的地租，所以赵岐注说：“虽异名而多少同。故曰，皆什一也。”其实，贡、助、彻代表三种不同的地租形式，贡是定量献纳地租形式，助是劳役地租形式（无偿助耕“公田”），彻是实物地租形式（按总产量彻取一定比例的实物）。随着社会生产力的发展，秦、汉以后就逐渐出现货币地租形式。至于地租比例都不超过十分之一（“什一”）是很值得怀疑的。实际上都远远超过“什一”的比例。

第四，分封、宗法、等级三位一体的社会结构和政治结构

分封制不是周代创举，殷代就已有了[①]，只是周代在殷代基础上把它发展得更周密、更完备罢了。武王伐纣、周公东征相继胜利后，摆在西周王朝面前最紧迫的问题，一是如何监督、制服殷贵族（“顽民”），使之不能叛乱；二是如何治理新征服的广大疆土。在当时条件下，最好的办法就是实行分封制，把自己认为最可靠的同姓子弟和各级贵族分封各地，建立大小诸侯国，借以制服殷民，治理广大疆土，护卫周天子（“以藩屏周”[②]）。相传共分封建立了七十一国，姬姓即占五十三个[③]，差不多绝大部分都是周天子同姓。这样做的结果是加强和巩固了周天子“天下共主”的地位。坏处是这些世袭的分封诸侯列国，逐渐由半独立国而变为实质性的独立国，到了春秋战国时代就互相兼并，根本不把“共主”放在眼中了。于是分封制的历史任务完成了。（由于社会生产力的发展，到了秦始皇时，废除分封制，改立郡县制，中国政治上的真正封建性大统一就实现了。）

宗法制的核心是以血缘关系为基础的嫡长子继承制，按照亲疏长幼的差别来分配财产和决定社会政治地位，完全是为了巩固以国王（国君）为首的封建贵族统治为目的的。所谓“立适（嫡）以长不以贤，立子以贵不以长”[④]，意思就是如果国王（天子）或国君（诸侯）正妻有几个儿子，尽管长子愚昧，不如其他儿子贤明，还是要立愚昧长子为继承人；如果正妻无子，其他妃妾有儿子，不是立年长的儿子为继承人，而是一定要立这些妃妾中地位最贵的妃妾之子

---

① 司马迁《史记·殷本纪》：“契为子姓，其后分封，以国为姓，有殷氏、来氏、宋氏、空桐氏、稚氏、北殷氏、目夷氏。”

② 《左传·僖公二十四年》。

③ 此据《荀子·儒效》。此外还有各种传说，不一一列举。

④ 《公羊传·隐公元年》。

（即使年幼也不管）为继承人。另外，还有一些“大宗”“小宗”等繁琐典则，其目的是既要利用血统关系为政治上天子的王统、诸侯的君统服务，又要突出血统服从王统、君统的君王专制独尊的地位。例如君王的兄弟和君王虽有血缘宗法关系，但在君王面前只能是君臣关系，不能强调兄弟关系。这种情况在春秋以前略有不同，例如周天子对各诸侯常以“伯叔甥舅”相称。但在春秋战国以后，随着君权的膨胀，君统就日益凌驾于宗统之上，而宗统也就变为巩固君统的工具了。

等级制是阶级社会的产物。人类自从进入文明时期，即从奴隶社会、封建社会到资本主义社会，伴随而来的是不同形式的阶级分化和等级制的形成。中国自夏殷二代进入奴隶制阶级社会，到西周变革为封建社会，封建主义等级制就在夏殷二代的基础上达到了非常森严完备的程度。正如马克思所说：“在过去的各个历史时代（指进入文明时期的各个历史时代——引者），我们几乎到处都可以看到社会完全划分为各个不同的等级，看到由各种社会地位构成的多级的阶梯。……在中世纪，有封建领主、陪臣、行会师傅、帮工、农奴，而且几乎在每一个阶级内部又有各种独特的等第。”[①] 西周情况，正是如此。名称虽异，实则相同。我们只要举出《左传·昭公七年》的一段话，就够说明问题了。这段话把人分成十个等级，说：“王臣公，公臣大夫，大夫臣士，士臣皂，皂臣舆，舆臣隶，隶臣僚，僚臣仆，仆臣台。马有圉，牛有牧。”范文澜在引了这段话以后，作了一个非常贴切的说明道：“自皂至台，是各级奴隶，马夫牛牧不列等，比台更贱。这些人的共同点，是吃官饭（《国语·晋语》所谓‘工商食官，皂隶食职’），庶民中自由民与农奴的共同点是吃自己饭（‘庶人食

---

① 马克思和恩格斯《共产党宣言》,《马克思恩格斯选集》第1卷第239页。

力’），因为所食不同，所以上中两层庶民不列入十等人里面。”[①] 开创中国封建社会的西周领导人文、武、周公等，用各种形式（包括“礼”的形式）把封建社会等级制固定化，成为中国长达三千年的封建社会等级制的一定意义上的“典范”。就是说，历代封建统治阶级虽然对等级制的形式可能有所损益，但基本精神却未发生多大变化。

以上分封制、宗法制、等级制相互渗透，三位一体，形成了西周封建社会的政治结构和社会结构，它不仅是西周而且是尔后长达三千年的中国封建社会表现在上层建筑方面的决不应忽视的重要特征。

第五，意识形态

西周领主制封建社会和殷代奴隶社会统治者对奴隶残酷刑杀不同，西周统治者主张“裕民”，即使民生活富裕（“惟文王之敬忌，乃裕民”[②]），主张“保民”，即保护人民，尤其要施恩惠于穷人、鳏人、寡妇（“怀保小民，惠鲜鳏寡”[③]）。而为要在政治上做到“裕民”和“保民”，统治者自己就要注意内在修养，要“敬德”[④]。只有把自己品德修养好了，才具备得到“天命”的资格（“聿修厥德，永言配命”[⑤]）。西周统治者对“天命”的观念，也已不同于殷代统治者。殷代统治者是迷信“天命”的，认为人间一切大小事情都由“天命”安排，所以事无大小，都要问“上帝”，都要由卜筮决定。殷墟出土卜骨，数以万计，即是证明。西周统治者虽然也讲“天命”，主要是利用人

---

① 范文澜《中国通史》第1册第84页。从上述范文澜的说明可以看出，他一点也不否认西周社会仍有不少奴隶存在，但他认为西周社会主要农业生产力量是农奴而不是奴隶，因而决不因不否认这些奴隶的存在而把西周误认是奴隶社会。

② 《尚书·康诰》。

③ 《尚书·无逸》。

④ 《尚书·召诰》：“惟不敬厥德，乃早坠厥命。”又说：“王敬作所，不可不敬德。”

⑤ 《诗·大雅·文王》。

民对“天命”的迷信传统，造成一种虚假现象，好像西周灭殷是“天命”安排的，借此作为自己统治的心理上的“理论根据”罢了[①]。其实西周统治者根据历史经验（如殷纣灭亡）和社会现象，已怀疑“天命”，认为“天命”也靠不住（“天命靡常”[②]“天不可信”[③]），“天命”是通过民意表现出来的（“天视自我民视，天听自我民听”[④]），而且人民所求，“天命”必从（“民之所欲，天必从之”[⑤]）。上面谈到的几个“民”字，肯定不是指的“会说话的工具”的奴隶，如指的是奴隶，无论在事实上、思想上、逻辑上都是说不通的，因而指的只能是有一定人身自由的广大农奴和自由民。这样重视民而且把天命和民意统一起来，就提高了尊重民意的思想，而为要实现“裕民”“保民”和尊重民意的思想，关键则在于从自己的“敬德”做起。贤明的西周封建社会的开创者文、武、周公的这一“以德配天”“保民”“裕民”的思想，是不同于殷代奴隶社会思想的西周封建社会的思想，是具有重要历史意义的封建社会初期的进步思想。真正实现这一思想，就会出现封建社会可能达到的安定繁荣的景况，如所传文、武、周公以至成康时期的“盛世”，这种状况正是孔子所向往的理想社会。而孔子“泛爱众”的思想，也正是“以德配天”“保民”“裕民”思想的发展和提高。

---

① 大盂鼎（西周康王时铜器）铭文：“不（丕）显玟王（文王），受天有大令（命）。在珷王（武王）嗣玟乍（作）邦；閈（辟）氒（厥）匿（慝）匍（抚）有四方。”大意为：英明文王，接受了天命，武王继承文王事业，扫除奸恶（指纣——引者），抚有四方。这里讲的“天命”，实际上就应该作如是观。

②《诗·大雅·文王》。

③《尚书·君奭》。

④《尚书·泰誓中》。

⑤《尚书·泰誓上》。

根据以上五个特征，我们认为已经足够证明西周是实实在在的领主制封建社会了。

（三）从西双版纳解放前领主制封建社会看西周

1982年秋读了马曜、缪鸾和同志的《从西双版纳看西周》一文[①]，收获和启发很大。恩格斯对摩尔根所著《古代社会》一书曾作了高度评价，认为："摩尔根的伟大功绩，就在于他在主要特点上发现和恢复了我们成文历史的这种史前的基础，并且在北美印第安人的血族团体中找到了一把解开古代希腊、罗马和德意志历史上那些极为重要而至今尚未解决的哑谜的钥匙。"[②]关于中国西周社会性质问题，至今尚有争论。如果说现有文献资料和考古资料还不够作为解决此问题的充分论据的话，那么，在一定程度上正和摩尔根所做的那样，马曜、缪鸾和二同志把解放前西双版纳傣族所处的领主制封建社会的活生生的现实丰富材料，从民族学的角度向我们提供了一把更为有力的解决西周社会性质之"谜"的钥匙，不也同样可以说是一个很有价值的贡献吗？为了对马曜、缪鸾和二同志提供的宝贵的材料和论证有一点感性认识，又鉴于像摩尔根所说的那样，"在今日极易搜集的事实，再过几年之后将无从发现了"[③]，我于1983年

---

① 马曜同志解放前任云南大学副教授，解放后任中共云南省委边委会研究室主任、云南大学历史系教授等职，后任云南民族学院院长，现任该院名誉院长。1949年初他曾和缪鸾和同志（云南大学副教授，已去世）一道率调查组到西双版纳对傣族情况作了深入调查，并由马曜同志起草了《西双版纳傣族社会经济调查总结报告》。1963年马曜、缪鸾和根据此报告资料和论点写了《从西双版纳看西周》一文（连续发表在同年云南《学术研究》第1—3期上），其基本观点和论证，都是富有创造性和说服力的。

② 恩格斯《家庭、私有制和国家的起源》，《马克思恩格斯选集》第4卷第2页。

③ 摩尔根《古代社会·著者序》，生活·读书·新知三联书店1957年版。

12 月亲自到西双版纳作了一次实地考察。西双版纳现在的巨大变化（在党的领导下，从领主制封建社会超越成熟的封建社会和资本主义社会而跃进到社会主义社会的历史性巨大变化），固然使我高兴，而使我更感兴趣的，却是我还能找到 1949 年前的不少老人交谈，还能看到 1949 年前的“召片领”（国王）宫殿旧址和农奴村寨[①]。了解了 1949 年前的西双版纳，好像在我眼前展现着一幅西周领主制封建社会的生动景象，也就是一幅西周天子和诸侯、领主和农奴、庶民和奴隶……人物重新登场的生动景象。事实胜于雄辩。我这里将马曜、缪鸾和二同志文中列举的“胜于雄辩”的事实，尽可能摘引于下（原文不可能全引，读者可参阅原著）。

第一，历史简况

“西双版纳”是傣语译音。“西双”的意思为“十二”，“版纳”为“千田”，即“一个提供封建负担的行政单位”。“西双版纳”全称译成汉语，就是“十二千田”，亦即十二个行政区的意思[②]。西双版纳地处云南西南边境，与老挝、缅甸接壤，总面积约二万平方公里[③]。这里是亚热带，自然条件优越，资源丰富，夏长、霜期短，风小、日照强，气候湿热，常年平均温度 20℃左右。多山，多河谷，土壤肥沃，终年常绿，宜于种植水稻、橡胶和其他热带经济作物。自然环境使西双版纳易于和外界隔绝。总人口约六十四万，其中傣族约

---

① 云南省民族研究所的高立士同志，既通晓傣族语文，又熟悉西双版纳情况，这次由他陪同我们去考察，并得到州党委和州人大的支持和帮助，才使我们有条件深入村寨，和许多老人开座谈会和交谈，甚为感激。

② 据傣文《叻史》载，公元 1570 年（明隆庆四年）将全区划为十二个行政区，“西双版纳”的名称即始于此。虽然原划的十二个行政区屡有改变，特别 1949 年后改变较大，现已将全区划为三个县（景洪、勐海、勐腊），但西双版纳这个名称仍沿用不变。

③ 二万平方公里的面积已相当大，比现代世界上有些独立国家的全国总面积还大些。

二十二万人。在公元前一二世纪，汉文史籍中已有关于傣族先民的记载。公元八世纪至十三世纪，西双版纳属唐、宋王朝地方政权“南诏”“大理”所管辖。元、明、清王朝和国民党统治时期，也都以各种名义如册封西双版纳的“召片领”（译成汉文为“广大土地之主”，即国王）为“宣慰使”等名号，力图加强羁縻和统治，但由于自然环境和社会风尚等特殊原因，外来统治力量始终没有能深入到西双版纳的社会和农村基层，西双版纳的内部统治结构和社会生活基本未受影响。相传西双版纳第一代始祖召片领名叫“叭真”。“叭”（读“拍亚”）字译成汉文为“政教合一之首领”，“真”为“英勇善战”，二字结合相当于汉文的“武王”之义。他以武力统一了西双版纳。从此“召片领”王位父子继承，世代相传。据传他的第四子桑凯能于公元 1180 年（南宋淳熙七年）继承王位，傣族“召片领”确切的世系纪年自 1180 年始。从此以后，直到 1949 年前，“召片领”相传四五十代，历时七百六十五年。末代召片领刀世勋，1947 年继位时，年仅二十二岁，在位一年零四个月。刀世勋 1949 年后已参加工作，现任云南省民族研究所副研究员。

傣族先民在公元前基本仍处于氏族公社、家族公社和农村公社相互交错的原始社会，也就是傣族人民通常所说的“冒米召”（没有头人）、“冒米瓦”（没有佛寺，即宗教）、“冒米坦”（没有剥削）的“三没”时期。公元一世纪以后，农村公社的土地所有制逐渐变成为小奴隶主的土地所有制，于是傣族社会开始出现“召”，即小奴隶主。同时，除山区哈尼族、布朗族和基诺族外，聚居在各个“坝子”（即小块平原）上的傣族，已开始进入奴隶社会。十二世纪末、十三世纪初，从“叭真”时期开始，傣族社会已进入封建领主制或农奴封建制社会，直到 1949 年前共七百余年，傣族社会性质基本未变，长期保存着独特的有自己较完整的文字、文化的封建领主制或农奴封建制社会[1]。

第二，“土地王有”和“公田”“私田”

西双版纳傣族解放前社会性质，经几次社会调查，确定为农奴制封建社会或领主制封建社会，其核心问题是“土地王有”和“公田”“私田”之分。

西双版纳最大的封建领主，在傣语中称“召片领”，即“国王”，亦即指元、明、清以来受封的所谓“宣慰使”。

西双版纳的“召片领”，相当于西周的“天子”；地方领主叫“召勐”（“勐”作地方解，“召勐”即“地方之主”），相当于西周时的“诸侯”“封君”。

“召片领”在取得全区域的统治权和土地所有权之后，又以赠礼或恩赐方式，把一些土地分封给他的宗室、亲信和属官。主要有以下三种方式：

1. 把宗室亲信派到各地去做“召勐”，即一个坝子或一小片地的主人。这些“召勐”可以世袭，也可以更换，或夺回其土地。

2. “召片领”和各地的“召勐”，又把辖区内土地连同村寨农民分封给各自属官，并按等级高低来决定领有土地的多寡，实际上也就是决定“俸禄（薪金）”的多寡。属官封地不能世袭，居官才能“食禄”，封地多寡即表示“俸禄”的等差。官阶升降，封地亦随之而异。

3. 对于山区被征服的其他少数民族，仍以各自原有土地封给他们的头人，征收一定贡赋。

“召片领”以下的“召勐”及其属官都没有土地私有权，分封土地不过是贵族统治阶级内部瓜分地租的表现；最高所有者或唯一所

---

① 此处材料摘自1982年10月出版的《西双版纳傣族州概况》（讨论稿）。

有者则是“召片领”。至于直接生产者的农奴，更是没有土地所有权了。这种所有制关系，和西周所谓“溥天之下，莫非王土；率土之滨，莫非王臣”[①]颇相类似；其裂土分封情况，也和西周的“选建明德，以藩屏周”[②]大体相同。傣族谚语说“南召领召”，意为“水和土都是召的”。因此，农奴如猎获野兽，必须把倒在地面一半兽身献给领主；捕得鱼，也要把最大的一尾向领主进贡，这也是“土地王有”所带来的一种封建特色。

西双版纳的封建领主把全部世袭领地分为“领主直属土地”和“农奴份地”两部分，从而进行“劳役地租”的剥削，这也和西周有“公田”“私田”之分一样。

“公田”（领主直属土地）又分为三种：一种是大领主（主要是“召片领”和“召勐”）世袭的“私庄田”，也叫“宣慰田”（“召片领”田）和各勐“土司田”。一种是“召片领”或各“召勐”赐给他们的属臣的“波浪田”（“波浪”是属官的统称，“波”是父，“浪”是穿牛鼻子的绳子和能旋转的桩子，绳桩之间还连接一根长约两丈的横木，意思就是牧民之官）。一种是村社头人占用的“头人田”和领主督耕的管事所占用的“陇达田”（“陇达”译为“下面的眼睛”）。领主直属土地一般是分散在各个村寨的，很少集中连片，如景洪的“宣慰田”近三千亩，分散在七个村寨里。

农奴份地也分三种。一种是原来村寨自由农民集体占有的“寨公田”。据十一个版纳、二十二个勐、六百三十一个寨的统计，共有

① 《诗·小雅·北山》。有人把这句话作为“普遍奴隶”的证据，不对。因为“率土之滨，莫非王臣”的“臣”，不仅包括“庶民”，也包括“诸侯”“卿”“大夫”，能说“诸侯”“卿”“大夫”和“庶民”都是奴隶吗？显然不能。这里决不能“望文生义”，笼统而言，应作具体分析。

② 《左传·定公四年》。

“寨公田”十八万零一百亩，占农奴份地总数的百分之六十点五；一种是分给家奴寨子的“支差田”，共有十万零一千三百亩，占份地总数的百分之三十三点九；一种是贵族支裔自己耕种的“私田”，共有一万六千八百亩，占百分之五点六。

农奴接受份地后，就要提供与之相应的徭役和贡赋。村寨农民主要是提供农业劳役，用自己的耕牛和农具无偿代耕各级领主的“私庄田”，交纳全部收获物；份地归自己耕种，收获物属于己有，不再向当地领主交纳地租。“家奴寨”的人主要轮流给召片领提供各种家务劳役。贵族支裔的主要职责是警卫召片领。

从劳役地租情况看，这里的“寨公田”很像孟子所说“八家皆私百亩”的“私田”，即农奴份地；这里的“波浪田”，很像孟子所说的“方里而井，井九百亩”，其中为公田的“公田”，即领主私庄田。西双版纳农奴代耕领主私庄田时，的确是“公事毕，然后敢治私事”。领主未开秧门，农奴是不能栽种的。农奴们为了在栽种自己的份地时还能够得到一点雨水，希望老天爷把雨量分散一下，这种心情和西周农奴祈求老天爷“雨我公田，遂及我私”[①]的心情是相同的，这不是有所爱于“公田”，而是忧心忡忡地焦虑着自己的“私田”。

第三，村寨制度

在西双版纳农奴制封建社会里，其基层实行村寨制度。村寨制度有一套足以独立自存的组织和旨在自给自足的分工，被村寨成员称为“寨父”“寨母”，又被封建领主加封为“叭”“鲊”“先”的当权头人，他们有管理居民的迁徙、代表村寨接受新成员、管理村寨土地、为领主征收各种劳役贡赋、管理宗教事务、管理婚姻及调解

---

① 《诗·小雅·大田》。

争端等职权。在他们下面，有管理武装的“昆悍”，有向下传达、向上反映、类似“乡老”的“陶格”，有通讯跑腿的“波板”，有执掌文书的“昆欠”，有管水利的“板门”，有管“社神”的“波摩”，有管佛寺的“波沾”，有未婚男、女青年头子“乃帽”和“乃少”等。此外，有的村寨还设有“张铿”（银工）、“张坎木”（金工）、“张列”（铁工）、“张盘”（猎手）、“召拉”（屠宰师）、“张腊”（酒师）、“乃怀”（商人）、“摩雅”（医生）、“章哈”（诗人兼歌手）、“哈麻”（马医）、“得棒”（理发师）、“喊木宛”（风水先生）等（不一定每寨都设全）。他们都不脱离农业生产，都可以由领主加封为“叭”“鲊”“先”等头衔，如“叭张铿”“鲊乃怀”等，一般可免除部分负担，但须为领主无偿地服专业劳役。

村寨内部还保留着“村寨议事会”和“村寨民众会”的原始民主残余。由“咩曼”（“寨母”，即第一个副职头人，仍系男性）、“陶格”“波板”和参加共同办事的“先”级头人等四人组成为“贯”，即“村寨议事会”，处理一切日常工作。由“咩曼”召集，就在他家开会，大头人“波曼”（寨父）不出席，但“咩曼”要向他事前请示和事后报告。遇到分配封建负担、分配调整土地、兴修水利以及选举或更换头人、接收新社员、批准退社等重大问题，则由“波曼”主持，召开“民众会议”。虽然他的话就是“法律”，但在形式上还不得不征询群众的意见。

这些村寨，就像一个个原生细胞那样组成西双版纳傣族农奴制封建社会的基层组织，它们之间很少建立或者没有必要建立有机的相互联系。因此，尽管历史上经历了许多风云变化，遭受过若干次外来侵略，被烧杀得荒无人烟，可是接着又在同一地点以同一名称再建立起来，而一切村寨制度和风俗习惯都不变更。

在这里，农奴的“份地”又称为“纳曼”或“纳曼当来”。“纳”

为“田”，“曼”为“寨”，“当来”为“大家”，意即“寨公田”或“寨内大家的田”。村寨与村寨之间有着严格的“经界”。凡和村寨成员共同生活而不脱离村寨的人，都可以分得一份土地，批准搬家，必须交还；批准入寨，同样可以分享一份。可见村寨以内的土地，还保持着“集体所有，私人占用”的性质。这就使我们联想到西周的所谓“计口授田”的说法。《周礼·地官·遂人》：“辨其野之土，上地、中地、下地，以颁田里。上地夫一廛，田百亩，莱五十亩，余夫亦如之。中地夫一廛，田百亩，莱百亩，余夫亦如之。下地夫一廛，田百亩，莱二百亩，余夫亦如之。”这和西双版纳傣族农奴分得土地的情况也很相似。分田的目的，在西双版纳是为了平分封建负担，西周则如《汉书·食货志》所说“力役生产可得而平也”，所谓“平”也就是平分封建负担。无论西周或西双版纳，“计口授田”的基本内容，都是力役随地走和地随劳力走。所谓“计口授田”的“口”，傣语作“滚尾”，意为“负担人”。所谓“计口授田”的田，傣语为“纳倘”，亦作“纳火尾”“纳火”或“纳火很”“倘”“尾”均为“负担”。“火”是“一份”或“一头”；“很”为“门户”。这些傣语可译作“负担田”“份地”“户头田”或“门户田”。所以“计口授田”的实质并不是为了保证农奴有生活资料，而是保证领主有劳动力，或者二者兼而有之，但以保证领主有劳动力为主。

在西双版纳，丧失主要劳力的寡妇是要退还份地的，退地后就靠帮点零工，拾点谷穗过活。《诗·小雅·大田》“彼有遗秉，此有滞穗，伊寡妇之利”，说的也正是这种情况。

在“土地王有”（召片领有）的前提下，到了基层组织的村社，便成为“集体所有，私人占用”的村寨制度，正是西双版纳傣族和西周领主制封建社会得以巩固其政治上的统治和经济上的剥削的可靠基础。马克思说得对：“东方一切现象的基础是不存在土地私有制。

这甚至是了解东方天国的一把真正的钥匙。”[①] 在中国，所谓“东方天国”这一范畴，主要就是和西双版纳傣族领主制封建社会相似的西周。

第四，地租形态

西双版纳封建领主对农业生产者主要是对农奴的剥削所采取的不同形式，大体说来，主要表现在三个方面，即劳役地租、实物地租和各种“献礼”“贡赋”与其他特权敲诈。

一是劳役地租——相当于孟子说的“助者藉也”的“助”。主要是无偿代耕各级领主直接占有的土地即所谓“公田”。代耕“公田”的农奴在自己“份地”即所谓“私田”上为自己做的劳动和在“公田”上为领主所做的劳动，在空间和时间上都是严格分开的。农奴在自己“份地”上生产的是养家糊口的必要产品，在领主土地上生产的是剩余产品。前者是他们进行再生产的必要生活资料，后者则是向领主提供的“劳役地租”。这里地租和剩余价值是一致的，而且应该计入劳役地租的不仅是在领主土地上的农业劳动和为领主养牛马、养象、修建宫室、道路等徭役劳动，还有各种家内劳役以及和农业没有分离的手工业劳动。

1949 年前，西双版纳最高领主“召片领”的私庄田共有一万一千九百五十纳（约合三千亩），其中有二千一百二十纳（约合五百三十亩）在 1949 年初仍征派农奴代耕，其余则以征收实物代劳役地租。上述二千一百二十纳私庄田分散在四五个地区，指定由附近若干农奴寨代耕，召片领分别指定当地村寨头人当“陇达”（类似《诗经》中的“田畯”），负责催工、督耕，以至建仓保管收获物。据其中一个村寨（曼达村）的计算，每年需出牛工七十四个、人工

① 《马克思致恩格斯》，《马克思恩格斯全集》第 28 卷第 256 页。

二百二十四个。西周天子和其他贵族的“公田”，同样指派农奴代耕，同样派有田官（田畯）管理。西双版纳栽秧时领主开仓供给代耕农奴一顿陈米午饭，还给一点酒和烟草。《诗·小雅·甫田》篇所谓“我取其陈，食我农人”，也正是指的这种情况。在农奴代耕“公田”时，“召片领”和“召勐”一般都要去举行一次戏剧性的“耕田”表演，很像西周的“籍田礼”。有些小领主在农奴代耕他的“公田”时，还亲自参加一些辅助劳动，因为他知道，如果他亲自参加和监督农奴代耕劳动，就更能保证取得“公田”上的预期收入。《诗·周颂·噫嘻》记载成王“率时（是）农夫，播厥百谷”，又《诗·小雅·甫田》提到“曾孙来止，以其妇子，馌彼南亩。……曾孙不怒，农夫克敏”，令鼎也记载着“王大籍农于諆田，……王归自諆田”，说明康王时代，周王还是亲耕籍田的。封建领主亲耕籍田，可以追溯到文王时代。《尚书·无逸》说：“文王卑服，即康（糠）功田功。”又《楚辞·天问》说：“伯昌（文王）何衰（同“荷蓑”，即“披着蓑衣”），秉鞭作牧”，都是讲的文王种地、放牧的故事。在1949年前的西双版纳，确是到处可以看到一些领主亲自参加农奴耕种“公田”的情况。当然，这不过是做做样子，借以欺骗和鼓舞农民耕种“公田”的积极性，如果因此说他们也是劳动人民，那是荒谬的。

无论是西双版纳或西周，作为封建生产关系基础的“土地王有”和“村寨所有、个人占用”的土地所有制情况，决定了封建剥削的具体形式，主要只能是“劳役地租”，因为剥削的具体形式总是与劳动方式和劳动社会生产力的一定发展阶段相适应的。

二是实物地租——相当于孟子说的“彻者彻也”的“彻”。孟子说的“彻者彻也”这句话，历来没有确切的解释。例如焦循《孟子正义》云：“彻，犹人彻取物也。……然其制度如何，终不能明。”这种制度，求之于古代文献，实不易明。如与傣族农奴社会的地租发展形态相参证，似不难解。在西双版纳领主制封建社会土地所有制的剥削中，十分明显地存在着西周、东周由“助”到“彻”的地租形态的发展线索。所谓“彻者彻也”的“彻”，实质上就是由劳役地租转化为实物地租。转化结果是：其一，封建领主认租不认田；其二，农奴寨内部把所代耕的领主私庄田也并入其他份地（寨公田）来统一分配；其三，统一分配的结果，就是把“公田”（领主私庄）和“私田”（农奴份地）的界限取消而混同了起来。崔述《三代经界考》释“彻”为“通其田而耕之，通其粟而折之”之谓“彻”，很对。劳役地租转化为实物地租是自然发展的结果。在领主奴役下，要先种完“公田”才能种“私田”（“公事毕，然后敢治私事”），常常耽误自己“私田”的种收工作。因此，在无力公开反抗时，就实行消极反抗。在景洪地区，几十年前曼达等寨农奴代耕“召片领”的私庄田，出现过收获时故意抛撒谷粒的现象。他们说：“召的谷子多抛撒些，我们的谷子才会长得好。”也有些村寨代耕“召片领”私庄田时故意把秧倒插。这些都是使封建领主大伤脑筋的事。西周末年情况也与此相似。由于“公田”与“私田”的产量差别已经很显著，所以《诗·齐风·甫田》上说：“无田甫田，维莠骄骄”，“无田甫田，维莠桀桀”，描写农奴助耕的“公田”上长满了茂盛（骄骄，桀桀）的杂草（莠）。助耕的“劳役地租”已经难以维持下去了。这就是从劳役地租转化为实物地租的根本原因。这种转化会提高农奴耕种土地的劳动兴趣，会提高农田产量，会保证封建领主按时得到现成的“实物地租”。

这就是由“助”（劳役地租）到“彻”（实物地租）的转化过程。什么是“彻”的疑案，也已由西双版纳的活材料给我们解答了。

三是各种“献礼”“贡赋”和特权敲诈。所谓“献礼”和“贡赋”是一种与土地结合不甚密切的剥削，还披着一层带宗教性的神秘外衣，具有较浓厚的原始色彩。西双版纳傣族普遍信佛，把向神献礼、祈福称为“赕”（音谈）。每年关门节、开门节、过年等节日，农奴们都要准备一些腊条、米、油、茶、钱、鸡、鱼、水果等礼品，奉献给管辖他们的领主，认为他们是“神”“佛”的化身，要向他们“赎罪”和“祈福”。领主出巡或下乡，农奴们也要准备一些财物跪着献给他，请他赐给“好运气”。至于“召片领”和各勐的“召勐”对山区少数民族的统治剥削，则仍采取“贡纳制”的方式进行。在西双版纳，经济剥削和政治特权是紧密结合着的。大小领主都可以随便出题目，对农奴进行敲诈勒索。例如波郎下寨子，说是骑马腰酸了，要给“腰酸钱”，腿疼了，要给“腿疼钱”。农奴对波郎称呼错了，要罚款，甚至赌钱输了，也要所属农奴寨摊派赔还。领主家有婚丧嫁娶，也要向所属农奴寨征派大量财物。特权剥削是一个无底洞，农奴只要稍有一点剩余生产品，大小领主就会想方设法把它掠夺过去。尤其不堪忍受的是，领主可以任意玩弄、奸淫农奴妻女，奸污后还要她守一辈子寡，不准出嫁，傣谚说：“山中的马鹿是召的，寨里的姑娘也是召的。”这和《诗·豳风·七月》中所说的“女心伤悲，殆及公子同归”的痛心遭遇，有什么不同呢！

第五，直接生产者的社会身份

在西双版纳领主制封建社会里，直接生产者的社会身份有三个等级，即“傣勐”“滚很召”和“召庄”。“傣勐”的译意为“本地人”“土著”或“建寨最早的人”，随着时间的推移，逐步“封建化”而为“农奴”。据1954年中共云南省委边委调查工作队对二十八个勐的统计，“傣勐”等级共三百十六寨（各个等级的农奴单独成寨，不混杂居住），一万一千一百七十四户，六万零四百零三人，占总户数的百分之五十四（村寨头人包括在内，下同）。“滚很召”原来是家内奴隶，不断被释放出去，划给一片“支差地”；有许多“滚很召”也被使用在农业生产上，逐渐变为自己管理生活的“隶农”，进一步发展，被规定了定额劳役或定量“官租”，本身也取得较为独立的个体经济，逐步“封建化”而为“农奴”。据上述二十八个勐的统计，“滚很召”等级共有二百八十三寨，七千九百七十一户，四万零三百四十五人，占总户数的百分之三十八。“召庄”原来是贵族支裔，被分出去建立寨子，得到一份不出或少出封建地租的土地，可以世袭或自由处理，成为一小层“自由农民”。据同上二十八个勐的统计，“召庄”等级共有三十二寨，一千一百七十一户，五千八百四十一人，占总户数的百分之五[①]。

这三个等级都是直接生产者，他们的身份、地位及其历史演变，和西周的所谓“众”“臣”“士”颇相类似。

1.“傣勐”与西周的“众”或“庶人”。

“傣勐”是劳役地租的主要承担者。领主“私庄田”（即所谓“公田”）大部分散在他们的村寨里，由他们代耕。此外还要负担“甘勐”（意为“地方上的负担”），包括修水沟、建水闸、修路、造桥、“灵披勐”（祭全勐的鬼——可能是历史遗留下来的“部落神”）、服兵役等徭役劳动。他们一年四季的小农经济的生活，很像《诗·豳风·七月》里的“农夫”，也很像《诗·大雅·灵台》里的“庶民”。这些诗篇中的“农夫”“庶人”绝非所谓“生产奴隶”或“农业奴隶”，而是农奴。西周的“民”“众”“庶人”，其来源及身份类似西双版纳的“傣勐”，即“农奴化”了的村寨农民。由于西双版纳和西周的农奴制都以村寨为基础，所以还保留着某些原始民主的残余。因此，

① 傣族社会主要分为封建领主阶级和农业、手工业劳动者、主要是农奴阶级两个对抗阶级。农奴阶级内部等级已见上述。封建领主统治集团，属于贵族的有“孟”（意为“最高贵的人”）、“翁”（领主亲属）两个等级。至于被封为“叭”“鲊”“先”的村寨当权头人，则属于统治集团的底层（爪牙）。据估计，领主集团约占总户数的百分之八，其中大小领主约占百分之二，村寨各级头人约占百分之六（后者已分别统计在上述三个农民等级中）。

国有大事，还必须“大询于众庶”[1]，春秋时代的庶人还可以议论国政，所以《论语·季氏》说：“天下有道，则庶人不议。”杨宽在《论中国古史分期问题讨论中的三种不同主张》中说得对：“从古文献《尚书》《诗经》来看，没有一处足以证明‘民’‘庶民’‘庶人’是人身完全被占有的下等奴隶的。”

在西双版纳农奴社会的各个直接生产者中，“傣勐”的社会身份（等级）仅次于“召庄”。其他等级称呼“傣勐”为“曼竜”（竜读“龙”），即“大寨子的人”：“傣勐”也自称“曼竜”。至于“滚很召”等级，“傣勐”称为“卡牌”，即“奴隶”；他们也自称“卡牌”。“滚很召”不能娶“傣勐”的姑娘；“滚很召”的姑娘嫁给“傣勐”，本人等级不变，生的儿子才能算“傣勐”。特别在宗教生活中，最隆重的祭部落神，傣族称为“灵披勐”，各勐主持祭祀的都是“傣勐”老寨的头人。在分祭肉时，其他等级的人要向“傣勐”乞讨。从“傣勐”的社会地位中，也仿佛可以想象到西周“众”“民”“庶人”的社会身份。

2.“滚很召”与西周的“臣”。

“滚很召”的“滚”是“人”，“很”是“家内的”，“召”是“主子”，合起来是“主子家的人”。由此可见其人身隶属的关系。在这个等级中又包括五种人：

（1）“领囡”。可能是跟随召较早的家奴。他们被释放出来建寨的时间较早。他们的“支差田”一般均较多。

（2）“冒宰”。主要是在主子家担任挑水、煮饭、提“娜”（贵族妇女）的裙子、绣鞋等的家奴，被释放建寨。

（3）“滚乃”。释放建寨时间晚。一般都没有土地，生活靠“召”

---

① 《周礼·地官·乡大夫》。

供给，尚未完全摆脱家奴地位。

（4）“郎木乃”。是从上述三种人中分化出来的。召片领为了加强对各勐的控制，把他认为亲信的上述家奴安插到各勐去建寨，作为召片领的“郎木乃”（意为“下面的眼睛”）。

（5）“洪海”。意为“水上漂来的”，多为战争俘虏或从外地逃荒而来，地位最低。他们一般没有“支差田”，靠租种领主“私庄田”或其他农奴多余份地过活。他们要为领主服各种卑贱劳役。

他们的负担统称为“甘乃很召”，意即“召的家内劳役负担”。这种负担多达一百余种，诸如侍从领主（领主出巡时充当仪仗队，抬刀、抬金伞等）；家务劳动（挑水、砍柴等）；卑贱劳役（侍候领主洗脸、洗脚、打扇、唱歌，为领主贵妇提绣鞋、提裙子；为领主哭丧、守坟；削揩屁股的“便棍”等）；农业性劳役（看守领主私庄、菜园；看守谷仓、养牛、养马、养象等）；工商业服役（榨糖、煮酒、纺纱、盖房子、做生意、赶驮牛驮马等，季节性服役（不脱离农业生产）。他们在建立寨子、分种土地后，仍定期轮流提供他们原来担任的那些家内的和专业的劳役，如某寨养马、某寨养牛等。这几种人的身份地位，也有尊卑高下之分，以“领囡”“郎木乃”最高，“洪海”最下。但在傣族农奴社会中，分出建寨的家奴（奴隶）事实上已经变成了农奴，不仅因为他们不再受主人的完全支配，获得半自由人格，主要还因为他们都有了自己的经济和家室。他们除了按规定交纳实物地租外，还要轮流提供领主规定的上述各种劳役。

现在来看看西周的“臣”。《左传·僖公十七年》：“男为人臣，女为人妾。”“臣”和“妾”之为“家内奴隶”，其原始身份是很明确的。但“臣”的身份地位也随着社会的发展而变化。例如成王时《作册夨（音侧）令簋》有“赏……臣十家，鬲百人”之句，“臣”

以“家”为言，“鬲”则以人计，可见“臣”已有“家”，说明昔日的“家内奴隶”已被释放，转化为“隶农”以至于“农奴”——如西双版纳“滚很召”所走的道路。“臣”而有室有家，这是一个很大变化。这就是西周农奴制和殷代奴隶制的分界点。西周在“赐田”“授民”时常是“众”“臣”同赐，即把交错分布的农奴寨和家奴寨同时赐给臣属。这不表示“众”同于“臣”，即同为“奴隶”，而是表示“臣”同于“众”，即同为“农奴”。这样，过去的奴隶、隶农和村寨农民在地位上的差别逐渐消失，他们变成同样的农奴群众。这样，也就完成了历史性的“封建化”过程，不能不把西周列为封建社会（初期）了。

3.“召庄”与西周的“士”。

“召庄”是“召片领”（国内最大领主，相当于周天子）和“召勐”（中等领主，相当于西周诸侯）的疏亲远戚，由于支裔繁衍，人口增多，不可能都分享富贵（吃剥削饭），只好把他们分出去，各给一块土地，建立寨子，自耕而食。他们是直接生产者中社会身份最高的等级。他们既然都是贵族支裔，就有义务也最有资格担任侍从、警卫领主和轮流值宿的任务，领主也相应地给以照顾，即免除其他一切封建负担。因此，“召庄”分得的土地，其性质和“傣勐”“滚很召”的份地性质就完全不同了，主要是“土地”不和“负担”相结合，没有“负担田”的观念，只有他们可以自由处理自己的土地，甚至可以卖给外村外寨。他们不受封建负担这条绳子的捆缚，是从封建领主农奴经济范畴中游离出来的一小层“自由农民”。他们对待土地的观念，既非村寨集体所有，亦非领主所有，而是把分得的一小块地视为己有，事实上也确实属于他们并可以自由处理的。他们是真正的小土地私有者。

在西周，作为贵族支裔的“士”同样分得一份“禄田”，即“士大夫之子得而耕之”的“士田”[①]。“士”作为自由农民，主要靠自己劳动为生，地位是不稳定的。士和庶人的区别，前者是自由农民，后者是农奴；前者有土地所有权，故“食田”，后者无土地所有权，故“食力”；庶人在未取消农奴身份时，不能“仕进”，士之出仕则不成问题。士在战争中称甲士，不同于徒卒。他们的身份和庶人是显然不同的。西周的士，颇似傣族的“召庄”。“召庄”职守是轮流值宿、警卫领主，像西周的“武士”。至于傣族“文士”，则养在佛寺中。这里的佛寺在为封建领主服务方面所起的作用，也很像西周的“庠序”。《孟子·滕文公上》说：“设为庠序学校以教之，庠者养也，校者教也，序者射也。”这里庠序所养的士，和《左传·襄公九年》所说的“其士竞于教”的士，指的都是文士。西双版纳的佛寺是公共集会活动的地方，村寨议事会就在佛寺中举行，颇像郑国的“乡校”。《左传·襄公三十一年》有“郑人游于乡校，以论执政”的记载，西双版纳佛寺也是讨论时政的场所。佛寺又是养老的地方。四十岁以上的男子，在关门节后都到佛寺休养。同时又是教育子弟的地方，傣族男子都要过一段宗教生活，七八岁即被送进佛寺当小和尚，学习傣文和一些算术、诗歌、历史传说等知识，一般到成年时还俗。没有进佛寺当过和尚的被称为“野人”，甚至找不到恋爱对象。住佛寺时间较长、文化较高的，还俗后被称为“康郎”，即“文士”，受人尊敬。至于终身留住佛寺的所谓“大佛爷”等，则是宗教、文化方面的统治者，是和各级领主共同统治、剥削农奴的僧侣。

西周的“武士”和“文士”多出身贵族，同时也有由庶民子弟上升而为“士”的，如《诗·小雅·甫田》所说“烝我髦士”，就是指的这种情况。西双版纳也有类似情况。1949年前有不少由农奴出

---

① 《周礼·地官·载师》郑笺。

身的“昆悍”（武士）和“康郎”（文士）等，也由召片领和各召勐选拔为统兵官和文书、会计等文职官员。

（四）不以人们意志为转移的历史实际

以上根据文献、考古材料，特别是根据西双版纳1949年前活生生的关于傣族社会的民族学材料，已经充分证明了一个不以人们意志为转移的历史实际，那就是西周领主制封建社会（初期封建社会），决不是奴隶社会。正因为西周是封建社会，才能产生、才能说明孔子是封建社会的伟大思想家这一历史事实；如果西周是奴隶社会，就无法产生和说明孔子其人其思想了。

有一位青年工人汪琴烜同志[①]，他在自己独立的业余研究工作中，得出了和以上相同的结论。他认为：“西周的政治是封建的政治，西周的经济是封建的经济，西周的意识形态是封建的意识形态。因此，这个已经完全具备了封建社会的各特征的西周社会，肯定是也只能是一个名副其实的封建社会。……我国古代史上这场消灭旧生产关系（奴隶制生产关系），建立新生产关系（封建制生产关系），推翻旧制度（奴隶制度），建立新制度（封建制度）的社会革命究竟爆发于何时？那就是爆发于殷末周初之时，而武王伐纣之战则是这场社会革命总爆发的重大标志。我国古代史上的奴隶制与封建制的分期界限究竟又应该怎样来划分？那就是应该以也只能以武王伐纣为标

① 汪琴烜同志是杭州缝纫机厂的青年工人，今年四十一岁。“文化大革命”期间搞的所谓“批林批孔”，把孔子当作奴隶主阶级代言人，引起了他对作为孔子思想渊源的西周社会性质的研究和探讨，并写了一篇题为《试论我国的奴隶制与封建制的分期》的论著寄给我。我不识其人，但读其文，感到他利用工余时间，做了大量研究工作，终于作出了自己的研究成果。他是社会主义社会产生和培养出来的工人知识化的一个可喜例证。

志来划分：约公元前 1066 年（据范文澜推算，见《中国通史》第 1 册第 71 页）。武王伐纣以前的殷代和夏代都属奴隶社会。武王伐纣以后的西周直至公元 1840 年鸦片战争爆发以前长达两千九百多年之久的中国社会，则一直是属于封建社会。”我很欣喜地引证青年工人学者汪琴烜同志的这段话，他提出的上述研究成果是符合马克思主义基本原理和中国历史实际的，因此我特别引这段话作为本节的小结。

二、春秋是从领主制向地主制封建社会过渡的时代

孔子思想渊源于西周领主制封建社会及其以前的各种思想文化传统，形成于从领主制向地主制过渡的春秋时代。

春秋时代经历着巨大的社会动荡。社会各阶层的人都在不同程度上卷入社会大动荡的浪潮中。这些大动荡的汇合就是产生先秦诸子百家争鸣的时代历史背景，当然也是“百家”中第一家的孔子思想产生的背景。

（一）经济结构上领主制向地主制的急剧过渡

春秋时期的经济发展自农业始，而农业的发展自铁制工具使用开始。当时由于冶金业的发展，出现了“恶金（铁）以铸锄、夷、斤、斸，试诸壤土。”[①]劳动者“必有一耜、一铫、一镰、一耨、一锥、一铚，然后成为农。”[②]说明生产工具这时已有革命性的变化，这是春秋

① 《国语·齐语》。

② 《管子·轻重乙》。

时期一切社会变化的起点。铁器的出现，必然伴随着牛耕（孔子时，已“牛”“犁”并提，如《论语·雍也》篇载：“犁牛之子，骍且角。”），农业生产力有了很大的发展，以“井田制度”、力役剥削为特征的领主制的生产关系，曾经是西周战胜殷纣奴隶制度时促进生产力的进步制度，现在已成了阻碍生产力发展的桎梏。作为大动荡第一个标志的经济结构上的变革是必然的历史趋势。

如前所述，西周以来的领主制封建经济是建立在有公田、私田之分的井田制剥削基础上，依靠领主榨取农奴在公田上所作的剩余劳动来实现的。西周初期，当社会生产力还没有突破性的发展时，领主与农奴之间的矛盾比较缓和一些，农奴在替领主耕种公田时还会具有一定的生产积极性，领主经济也还会获得一定程度的发展。这是农奴制代替奴隶制的初期比较兴旺的情况。经过几百年的变化发展，到了春秋时，由于战争的频繁、军事开支的庞大，农奴所受的剥削和压迫已不断加重，领主与农奴之间的矛盾也在日益激化，农奴的生产积极性已被挫伤，他们在被迫替领主耕种公田时都已“不肯尽力于治公田”①，领主的公田上已开始出现杂草丛生、“公田不治”②的荒芜景象，领主依靠公田上的收入所能获得的剥削利益已越来越少，领主经济的生存已发生了根本的危机。随着社会生产力的发展，剥削方式和社会经济的变革已是势在必行、不可避免的了。

又如前所说，由于铁制农具和牛耕的使用，社会生产力已有了很大的进步和提高。原来的“蓬蒿藜藋”③之地，“狐狸所居，豺狼所嗥”④之野，也都逐渐得到了垦辟。尽管垦辟出来的耕地还不可能

---

① 《公羊传·宣公十五年》何休注。

② 《国语·晋语》。

③ 《左传·昭公十六年》。

④ 《左传·襄公三十年》。

归农奴所有，但农奴在自己的百亩私田之外肯定还是能够或多或少地开辟出一点自己占用的荒地来的。同时，人口也在不断增长，齐、晋等大国的人口增长速度自不必言，就连小小的卫国到了春秋末年时人口已多得竟连孔子也要发出“庶矣哉！”[①]的感叹了。人口的增多，土地与人民相比，竟已形成了“土地小狭，民人众”[②]的不平衡状态。人多地少这就势必要影响到西周以来计口授田制的实施。而随着生产力的提高、人口的增多，一方面是“各私百亩”的土地分配方式已满足不了农奴的需要，农奴要求扩大耕地面积和自由支配私田的欲望已在不断增长；另一方面则是公田上有限的剥削收入更是难以满足领主阶级日益增长的消费需要，领主开拓疆土、扩张领地、掠夺财富、增加剥削收入的贪欲已越来越强烈，领主之间争夺领地的战争也越来越频繁、越演越激烈。

领主之间争夺领地的情况，从大的方面来看，有诸侯国之间和不同部族之间的互相吞并。如“齐桓公并国三十，启地三千里”[③]；楚庄王并国二十六，开地三千里[④]；晋献公并国十七，服国三十八[⑤]；秦穆公灭国十二，开地千里[⑥]。这些曾在春秋时一度争得霸权的强大诸侯国，都是依靠战争来扩张自己的领地，借以提高自己的政治地位和壮大自己的经济力量的。从小的方面来看，大小领主之间不断发生的争田事例则更多。如“郑伯伐许，取鉏任、泠敦田”[⑦]（郑伯攻打许国，夺取了鉏任、泠敦地方的田）。晋“郤至与周争鄇田”（晋

---

① 《论语·子路》。

② 司马迁《史记·货殖列传》。

③④ 《韩非子·有度》。

⑤ 《韩非子·非难》。

⑥ 司马迁《史记·秦本纪》。

⑦ 《左传·成公四年》

国的郤至和周天子争夺鄇地的田)[①]。“周甘人与晋阎嘉争阎田”[②](周朝的甘地人和晋国的阎嘉争夺阎的田)。“晋邢侯与雍子争鄐田”[③](晋国的邢侯和雍子争夺鄐地的田)。

这些大小领主诉诸武力，虽然夺得了土地，扩大了自己的领地，增加了自己的耕地面积和剥削收入，但频繁的战争却破坏了农奴自给自足、相对安定的经济生活。“王事靡盬，不能蓺艺黍稷，父母何食？悠悠苍天，曷其有极”[④]。没有休止的兵役徭役，过多地侵占了农奴的必要劳动时间，农奴的生活已经没有保障。“民三其力，二入于公”[⑤](老百姓的力量如分成三份，却有二份归于公家)。领主阶级的残酷剥削已经造成了老人们挨冻挨饿、众百姓痛苦疾病的凄惨局面，农奴已经完全丧失了再生产的能力。于是，“逝将去女，适彼乐土”[⑥]，逃离家园，希图去他乡寻得乐土者有之，为盗贼“夺人车马衣裘以自利者”[⑦]有之。西周以来的领主经济和作为它的基础的所谓井田制度到了这时，已不能再维持下去了。在这种干戈纷扰的战乱年代，大大小小的领主无论是为了保住自己的领地，还是为了掠夺别人的土地，都必须竭尽全力来壮大自己的政治、经济、军事实力，而要壮大自己的力量，不改变当时已不能适应社会生产力发展需要的助耕公田、劳役地租的剥削方式，不变革当时的社会经济也不可能了。

当然，社会经济的变革并不是可以一蹴而就的，而是必须有其

---

① 《左传·成公十一年》。

② 《左传·昭公九年》。

③ 《左传·昭公十四年》。

④ 《诗·唐风·鸨羽》。

⑤ 《左传·昭公三年》。

⑥ 《诗·魏风·硕鼠》。

⑦ 《墨子·明鬼》。

自身逐渐发展成熟的过程的。春秋时期，剥削方式首先发生变化的，当是出现在春秋初期管仲相齐桓公，在齐国实施改革之际。《管子·乘马》说："正月令农始作，服于公田农耕。"《国语·齐语》说："井田畴均，则民不憾。"是说管仲相齐桓公时井田制在齐国依然是存在的。不过，由于社会生产力的进步和提高，当时的农奴已有余力在自己的私田之外再垦辟出一点荒地来，加上农奴在经营自己的私田时又具有极大的生产积极性，因此，农奴私田上的收获已在逐渐增多。与此相反，由于农奴"不肯尽力于治公田"，领主在公田上所获得的剥削利益却越来越少，但要领主在当时的情况下就取消公田，切断自己传统的剥削来源，显然又不可能。那么怎样才能增加领主的剥削收入呢？管仲相齐桓公，在齐国实施"相地而衰征"[①]"案亩而税"[②]之制，可以说是基本上解决了这个问题。

所谓的"相地而衰征"和"案亩而税"，即是一种由领主按农奴所耕种的私田（包括私田之外开垦出来的土地）的土质好坏和面积大小来征收一定的实物的剥削方式，也即是一种实物地租的剥削方式。这样，领主既可以使农奴"服于公田农耕"，获得一份公田上的劳役地租剥削收入，又可以在农奴的私田上征收一定的实物，获得一份实物地租的剥削收入；有了劳役地租和实物地租的两种剥削，领主的收入自然也就增加了。当然，这种两重剥削和当时齐国的政局还较稳定、农业生产还能得到正常发展的情况，也还是较能适应的。不然，齐国在当时又怎能富国强兵去争夺霸权呢？不过，随着实物地租的出现，井田制的必然崩溃，劳役地租必然要被实物地租所取代，领主经济必然要转变为地主经济，已是大势所趋了。实物

① 《国语·齐语》。

② 《管子·大匡》。

地租在齐国的出现即已标志着齐国的领主经济在开始向地主经济转变。如果说管仲在当时有所谓“九合诸侯”，“一匡天下”[①]的功劳的话，那么，管仲在促进当时的领主经济向地主经济转变的过程中所起的先驱作用也是不应低估的。

继齐国的剥削方式发生变化之后，鲁宣公十五年（前594年），鲁国也颁布了“初税亩”的法令。所谓“初税亩”，正如杜预[②]所说：“公田之法，十取其一。今又履其余亩，复十收其一。故哀公曰：‘二，吾犹不足。’遂以为常，故曰初。”[③]这就是说，鲁国“税亩”之前行的是公田法（即“井田制”），是劳役地租的剥削方式。“税亩”之后，公田并没有取消，井田制也没有废除。这个“履亩而税”实是指除去公田之外，领主还要再对农奴所耕种的面积已扩大、产量已增加的私田，一律按其实际面积来征取一定的实物税，实质上也即是一种实物地租的剥削方式。可见，鲁国“履亩而税”的“初税亩”和齐国的“相地而衰征”一样，都是一种除去公田上的劳役地租收入之外，还要在农奴的私田上征取一份实物地租的两重剥削。

除了地租形态已在相继发生变化外，各诸侯国的军赋制度也都在发生相应的变化。“初税亩”五年之后，鲁国即实施了“作丘甲”制。据《左传·成公元年》记载，鲁“作丘甲”，是“为齐难故”。杜预注说：“前年鲁乞师于楚，欲以伐齐，楚师不出，故惧而作丘甲。”可见，鲁的“作丘甲”完全是出于战争的需要，是为了扩大兵源。甲，即指甲兵——战士；“作丘甲”，即以丘为单位征发一定数量的人去当

---

① 《论语·宪问》。

② 杜预（222—284），西晋人。曾任镇南大将军，以军功封侯。撰有《春秋左氏传集解》等。

③ 《春秋左传·宣公十五年》注。

兵。按周制“四井为邑，四邑为丘，四丘为甸”[①]，每甸规定出“甲士三人，卒七十二人”[②]共七十五人计算，则每丘大约要出甲兵十八人。每丘既需出兵当然也还得承担相应的军赋负担，即按周制每丘出的军赋应为“戎马一匹，牛三头”[③]。由此看来，所谓的“作丘甲”也就是“作丘赋”，即以丘为单位征发军赋。然而，这种不断加重的税、赋负担，还是满足不了日趋衰落的领主贵族的剥削贪欲和当时的战争需要。公元前483年，鲁国所实施的“田赋”之制，又在原已“作丘赋”的基础上再增加了一倍的剥削。

随着春秋时代各国的地租形态和军赋制度的相继变革，井田制已无法适应当时的社会发展需要，已走到了它的尽头。井田制的彻底崩溃已是迫在眉睫。

促使井田制走向崩溃的，除有上述种种因素之外，春秋时期商品经济的发展也是一个重要因素。西周的领主制封建经济，是建筑在农业和家庭手工业相结合的自给自足的纯自然经济的基础之上的。春秋时期社会生产力的发展，已促进了农业、手工业、商业的分工，“士、农、工、商四民”已成为“国之柱石之民”[④]。西周以来的“处工就官府”[⑤]“工商食官”[⑥]的官营工商业春秋时虽然还存在，但“百工居肆以成其事”[⑦]的独立手工业队伍已在日益壮大，新兴的商人势力更是不可低估。矫命犒秦师以解郑国之难的弦高是商人[⑧]；辅

---

① 《周礼·小司徒》。

②③ 《汉书·刑法志》。

④⑤ 《管子·小匡》。

⑥ 《国语·晋语》。

⑦ 《论语·子张》。

⑧ 《左传·僖公三十三年》。

佐齐桓公取得霸权的管仲和鲍叔原先也是商人[①]；绛（晋都）的富商，已“金玉其车，文错其服，能行诸侯之贿”[②]；春秋末年越国的范蠡帮助越王勾践洗雪会稽之耻后，“乃乘扁舟，浮于江湖”，“十九年之中三致千金”，成了名扬天下的陶朱公[③]；孔子的弟子子贡“废著鬻财（贱买贵卖）于曹、鲁之间”，“结驷连骑，束帛之币以聘享诸侯，所至，国君无不分庭与之抗礼”[④]。这些富商大贾不仅具有很高的货殖本领，而且在政治舞台上也很活跃。商人的势力已很强盛。除了这些富商大贾之外，“负任担荷，服牛轺马，以周四方，以其所有，易其所无，市贱鬻贵，旦暮从事于此”[⑤]的中小商人更是不可计数。

商业的发展促进了城市的繁荣，洛阳、临淄、定陶等城市都变成了当时人口众多、商业兴隆的通都大邑。由于“用贫求富，农不如工，工不如商”[⑥]，“卖浆，小业也”，也能获得千万之利[⑦]。于是，农村人口开始流向城市。

“农工商交易之路通，而龟贝金钱刀布之币兴焉”[⑧]。随着商业的发展，买卖的盛行，金钱刀布等金属货币的使用流通也逐渐广泛起来。随着商品经济的发展，土地自由买卖的现象开始出现。商人们“以末（商）致财，用本（农）守之”[⑨]，向领主或农民购买土地，自然而然地转化成为不同于世袭领主的新兴的地主了。还有一股有财力购买土地的新兴力量，就是因立有军功而得到赏赐提升做官的庶人（庶人原来的身份是农奴，前已阐明，兹不再述）。春秋时频繁

① 司马迁《史记·管晏列传》。

② 《国语·晋语》。

③④⑥⑦⑨ 司马迁《史记·货殖列传》。

⑤ 《管子·小匡》。

⑧ 司马迁《史记·平准书》。

的战争，既使无数从征入伍的庶人背井离乡，死于非命，但也给一小部分侥幸生存、立有军功的庶人提供了一个改变农奴身份、升官发财的机会。春秋末年晋国的赵简子在攻打范氏、中行氏时就已明确规定："克敌者，上大夫受县，下大夫受郡，士田十万。庶人工商遂（杜预注：得遂进仕），人臣隶圉免。"[①] 庶人立有军功可以"得遂进仕"，提升做官，这和《孟子·万章下》所载"下仕与庶人，在官者同禄"说法是一致的。士立有军功能得十万赏田，当了官的庶人立了军功其所得赏田的数量肯定也是不会少的。立了军功、当了官的庶人有自己的俸禄，有自己的财源，他们当然也可以去购买土地；《汉书·食货志》说"庶人之富者累巨万"，这即使可能有些夸大，但到了春秋末年，已有一小部分有田地钱财的富裕庶人出现，这一点当是毋庸置疑的。这些富裕的庶人除从事商业等致富外，很多可能是立有军功而当官致富者，他们的身份既不同于领主，更不同于依附于领主的农奴，他们也是新兴地主阶级的一个组成部分。自从实物地租剥削方式的出现（这是有决定意义的），封建领主和依附它的农奴，彼此都在向地主和农民的方向转化。当然，井田制的彻底废除，土地买卖成为一种明确的制度，以及由此形成的全国范围的土地私有制，则是到了秦统一之后，"令黔首自实田"，才以法令的形式正式确定下来的。

"井田制度"是宗法领主封建制的经济结构中的第一块"基石"："基石"坍陷，它的政治结构以及意识形态结构，即领主制的全部上层建筑大厦，必然随之倾圮。尽管这个过程是缓慢的，但总的趋势却是不可逆转的。孔子"生逢其时"，一方面他企图恢复西周文、武、周公之"治"去阻挡动荡变革的必然趋势，其保守倾向是很明显的；

---

① 《左传·哀公二年》。

另一方面，孔子要求减轻人民负担和“泛爱众，而亲仁”的人民性、进步性倾向也很强烈。这种“二重性”的矛盾是历史转折关头的思想家常常具有的普遍性格。

（二）政治结构上王权衰落和诸侯争霸的混乱局面

春秋时期在政治结构上的变化的突出表现，是政权的实际控制逐级旁落下移。东周以后，王室衰微，作为“天下共主”的周天子徒拥虚名。大国争霸，“礼乐征伐自诸侯出”。在列国则世卿握权柄，甚至“陪臣执国命”。应该说，春秋时的政治结构既有其继承西周的历史延续性一面，又有其自身发生重大变化而不同于西周的一面。其继承西周的历史延续性主要表现为：春秋时的天子仍然是西周天子的嫡长后裔，春秋时的诸侯国仍是由西周的分封制度所建立发展而来的，春秋时的卿大夫有不少也还继续保持着西周以来的世袭地位，西周时由王（天子）、诸侯、卿大夫、士逐级形成的贵族领主等级制也还基本保留着。但由于春秋时的王权已经衰落[①]，王室与诸侯之间的力量对比已经形成了“尾大不掉”之势，天子已经完全丧失了号令诸侯的所谓“天下共主”的权力，政治结构也就不可避免地发生了许多不同于西周的重大变化。这种不同于西周的重大变化主要表现在：

西周时是“礼乐征伐自天子出”，天子对诸侯甚至拥有生杀予夺的权力。如成王“伐诛武庚、管叔，放蔡叔”[②]，夷王“烹齐哀公于

---

① 司马迁《史记·周本纪》：“平王之时（春秋开始），周室衰微，诸侯强并弱，齐、楚、秦、晋始大，政由方伯。”

② 司马迁《史记·周本纪》。

鼎”[①]，宣王立鲁懿公、鲁孝公[②]等，都是王命一出，不容违犯的。春秋时的天子非但已驾驭不了诸侯，反而受诸侯的欺凌。如郑庄公大败王师[③]，晋文公召周襄王会于践土[④]，楚庄王问周鼎轻重，意欲取代周室[⑤]等等。天子驾驭不了诸侯，诸侯也就闹割据独立。结果，充斥整个春秋时期的便是诸侯争霸、强国吞弱、大小领主争夺土地、攻伐不休、一片混乱的封建割据局面。

不仅诸侯向天子闹独立，诸侯国内的卿大夫也效法诸侯，占据着自己的采邑领地向诸侯闹独立。如郑之共叔段占据自己的采邑领地京邑，“缮甲兵，具卒乘”[⑥]，欲攻郑庄公；卫之孙林父占据采邑领地戚而叛卫[⑦]；晋赵鞅“入于晋阳以叛”，“晋荀寅、士吉射入于朝歌以叛”[⑧]；鲁之“三桓”各自占据着采邑领地费、郈、成向鲁君闹独立等。由于西周以来卿大夫世代相传的世卿制度，诸侯国内的权力实际上已掌握在一些世袭卿大夫手里。如卫之孙氏、宁氏，鲁之季孙氏、叔孙氏、孟孙氏，齐之国氏、高氏、崔氏、陈氏，晋之赵氏、魏氏、韩氏、智氏、范氏、中行氏等，都是春秋时有名的威慑其主的强宗世卿。

卿大夫向诸侯闹独立，卿大夫手下的家臣（相当于士一级）也在利用替卿大夫管理采邑领地的机会伺机向卿大夫闹独立。晋国范

---

① 司马迁《史记·周本纪》。张守节《史记正义》曰：“《纪年》云：‘（夷王）三年，致诸侯，烹齐哀公于鼎。’”

② 司马迁《史记·鲁周公世家》。

③ 《左传·桓公五年》。

④ 司马迁《史记·周本纪》。

⑤ 《左传·宣公三年》。

⑥ 《左传·隐公元年》。

⑦ 《左传·襄公二十六年》。

⑧ 《左传·定公十三年》。

氏的家臣佛肸占据中牟以抗击晋国的权卿赵简子[①]，鲁国叔孙氏的家臣侯犯占据郈邑而叛叔孙氏[②]，季孙氏的家臣公山弗扰占据费邑而叛季氏[③]，这些都足以说明春秋时卿大夫的家臣也确已形成了一股不可小视的割据势力；其中力量强大的不仅完全控制着卿大夫采邑领地内的权力，而且还能越过卿大夫去干预国政，如鲁国季孙氏的家臣阳虎就在鲁国成了“陪臣执国命”[④]局面的强大的家臣割据势力。

王驾驭不了诸侯，诸侯控制不了卿大夫，卿大夫管不了自己的家臣（士）；“礼乐征伐自天子出”的统治秩序不复可见了，王、诸侯、卿大夫、士层层相压的原来的贵族领主等级制度发生动摇了；这就是春秋时继承了西周但又发生重大变化而不同于西周的政治局面。这个局面的产生表面上看是世袭贵族本身的腐朽昏庸，更重要的则是经济结构变化所产生的“冲击波”使建立在血缘脐带基础上的宗法制度的维系作用减弱。周王朝本来的政治结构是个金字塔式的贵族领主的专政，其组织原则、维系纽带就是代表全部宗法制度和宗法观念的“周礼”。依周礼的规定，各级领主都在经济上、政治上享有极大的自主权，在封地之内就是一个独立的小王国：经济上，此疆尔界，不容混淆，周天子的直接收入也只是来自畿内；政治上，世卿家臣只效忠于直接上级领主（这一点和西欧中世纪完全相似）；军事上，各拥有兵车甲士，不经直接领主同意，上级贵族领主无权直接调动。这种割据状态必然造成诸侯各国发展的不平衡，在经济需求和剥削量之间差距愈来愈大的情况下，领主间互相以武力兼并也就不可避免，“春秋无义战”之说即指此而言。“兼并”是一种依

---

① 《论语·阳货》。

② 《左传·宣公十年》。

③ 《论语·阳货》。

④ 司马迁《史记·鲁周公世家》。

据“尚力”原则的竞赛，在“尚力”原则面前的“平等”必然打破原来“尚礼”原则（即宗法等级制）上的不平等，旧贵族的没落和新贵族的兴起造成了“社稷无常奉，君臣无常位”[①]的现象。尽管当时和后世的儒家“君子”们不断对各级贵族发出“非礼也”的“忠告”和“谴责”，而“违礼”的现象毕竟愈来愈多，以至达到“滔滔者天下皆是也”的程度。以经济结构改变为驱动力的历史车轮总是在既推动政治结构的改变，又碾平一切政治障碍的摇摆颠簸中滚滚向前。春秋时期社会大动荡中所体现的历史发展规律，不以人们意志为转移而以不可抗拒的力量开辟着自己的前进道路。故春秋时期的大动乱是这个前进道路上的必然现象，其实质是孔子所不了解的，因而不断碰壁。

（三）思想意识上某些传统观念在动摇和某些新思潮在萌芽

春秋时期，随着经济、政治结构上的急剧变化，在意识形态领域内不得不出现某些传统观念开始动摇和某些新思潮开始萌芽的变化情况，这种情况对孔子思想的形成是有很大影响的。以下略举数例说明这种变化情况。

第一，“天”和“天命”观念的变化

在传统的天神崇拜的宗教观念方面，周人和殷人有其共同之点，即都强调王权的合法性和无可置辩的最高权威性的根据是来自“天命”，即“王权”必须靠“神权”作保证。所不同而前进了一大步的是周人引进了“以德配天”的观念，周人认为统治者“敬德”是获得“天命”的必要条件。“尽人事”与“听天命”可以相互补充。正

① 《左传·昭公三十二年》载史墨语。

因为如此，如果“王”在人事上失德，就会直接引起民众对“天”（“天命”）的不满，所以表现在反映周人感情的《诗经》上有各种“恨天”“怨天”“骂天”的诗篇。这种情况到了春秋时期更为突出，春秋时期人民对“天”和“天命”原来神圣不可侵犯的态度，变为更敢于恨、敢于怨、敢于骂了。关于“天”和“天命”这一变化，使人开始摆脱了宗教神灵之“天”对人们思想的控制，人们才能较自由地进行理性思考，才有可能形成区别于宗教神学的重“人道”的思想体系。郑子产所谓“天道远，人道迩”即是这种变化的反映。孔子思想正是中国古代最早较系统、较深刻地研究“人道”的大学问，这个传统经以孔子儒家思想为中心的中国传统思想文化的不断倡导，已成为中华民族的文化心理素质方面的一个重要特点，此后，任何以有人格化的至上神为核心要义，宣传“天国”“彼岸”的外来宗教思想体系，都不能在中国长久地占据统治地位，而最终被中国的传统思想文化所汲取、消融，其故在此。

第二，“礼”观念的变化

春秋时期，随着“天命”观念的变化，社会政治、伦理、道德观念也开始变化，突出地表现在对“礼”的解释和应用上。周礼本是西周以来关于政治、伦理、道德的总称，“礼”在开始时总是和“敬天”“祭祖”的宗教仪式相混，而春秋时期开始了“礼”“仪”分开的观念。如《左传·昭公五年》记载：

> （鲁昭）公如晋，自郊劳至于赠贿，无失礼。晋侯谓女叔齐曰：“鲁侯不亦善于礼乎？”对曰：“鲁侯焉知礼！”公曰：“何为？自郊劳至于赠贿，礼无违者，何故不知？”对曰：“是仪也，不可谓礼。礼所以守其国，行其政令，无失其民者也。今政令在家（大夫），不能取也。有子家羁，弗能用也。奸大国之盟，陵

虐小国。利人之难，不知其私。公室四分，民食于他，思莫在公，不图其终。为国君，难将及身，不恤其所。礼之本末，将于此乎在，而屑屑焉习仪以亟。言善于礼，不亦远乎？”

这篇大议论明确区分了“礼”与“仪”，意义十分深远。孔子说的“礼云礼云，玉帛云乎哉！”[①]正是此意。只有这样把“礼”与“仪”区分开来，才更能使“礼”具有政治含义，成为一个政治范畴，并与“仁”相结合而表现为“仁”的形式。

第三，君臣观念的变化

在传统的宗法政治道德观念中，君父对臣子的统治是天然合理的，其隶属关系是不可更动的。对这一点，春秋时期已有人进行了“修正”，如《国语·鲁语上》载：

晋人杀厉公，边人以告，成公在朝。公曰：“臣杀其君，谁之过也？”大夫莫对。里革曰：“君之过也，夫君人者，其威大矣。失威而至于杀，其过多矣。”

又如《左传·襄公十四年》载：

师旷侍于晋侯。晋侯曰：“卫人出其君，不亦甚乎？”对曰：“或者其君实甚。良君将赏善而刑淫，养民如子，盖之如天，容之如地。民奉其君，爱之如父母，仰之如日月，敬之如神明，畏之如雷霆，其可出乎？夫君，神之主也，民之望也。若困民之主，匮神乏祀，百姓绝望，社稷无主，将安用之，弗去何为？”

---

① 《论语·阳货》。

又如《左传·昭公三十二年》所载的史墨的一段议论：

鲁君世从其失，季氏世修其勤，民忘君矣，虽死于外，其谁矜之？

以上三个国君的“下场”都“不妙”，一个被“杀”，被认为是自己之过；一个被“出”，被认为是应该；一个死在他乡，没人可怜。里革、师旷、史墨这些人的君臣观念显然已开始摆脱传统的宗法观念，把“君”看成一国的政治代表，另立了一个评判君臣关系的是非标准。这一君臣传统观念的变化，后来为孟子所吸收，并发展为“君轻民贵”思想；但这一观念上的变化，并没有影响到孔子一贯坚持的“忠君尊王”思想的实质，这在他请讨伐杀君的陈恒事件上充分地表现了出来（详见本书第二章之七:《“不知老之将至”的晚年·(三)〈关于陈恒杀君、孔子请讨问题〉》节）。这正是历代王朝为此尊崇他的要害所在。

第四，人才标准和人生价值观念的变化

新思潮的萌芽还突出地表现在用人标准和人生价值观上。如晋大夫赵衰向晋文公推荐郤縠的标准是“德”与“义”[①]。张老荐魏绛的标准是“智”“仁”“勇”“学”。其他还有“仁”“礼”“勇”之说[②]，“信”“智”“勇”之说[③]，“德”“正”“直”“仁”之说[④]，“文”“忠”“信”“仁”之说[⑤]。所有这些议论都从“人”本身的在社

---

① 《左传·僖公二十七年》。

② 《国语·周语中》。

③ 《左传·成公十七年》。

④ 《左传·襄公七年》。

⑤ 《国语·周语下》。

会关系中表现出来的实际品格来着眼，这种关于“才”的标准当然突破了传统的以血缘亲疏关系论人的旧观念。至于穆叔的“立德、立功、立言”为“不朽”之说[①]，则更是一种较新的人生价值观。正是这些变化导致了孔子的尚贤观念和道德思想。

综观孔子思想的形成，大概可以概括为三个渊源：其主要渊源是来自西周时代；第二个渊源是来自春秋时代；第三个渊源是来自尧舜时代（关于这一点将在第四章中有所论述）。由于有上述三个渊源，孔子才有可能以理论的形式，形成了他的以“仁”为核心、以“礼”为形式的中国古代的仁的人生哲学。

---

① 《左传·襄公二十四年》。

第三章 仁的人生哲学思想[①]

仁的人生哲学思想是孔子整个思想体系的核心。因为孔子自己说过“仁者人也”[②]，孟子也说过“仁也者人也”[③]，二人异口同声，所说一致。意思就是说，仁说明人之所以为人的道理，因而孟子把仁和人二者连接起来说：“合而言之，道也。”[④]这个道，就是为人之道，就是人生之道，也就是仁的人生哲学。

中国古代无“哲学”一词，只有“哲人”这个称谓。其实“哲学”和“哲人”有相通之处。“哲学”源于古希腊，为“爱智慧”之意。“哲人”一词在我国很早就有，例如：“维此哲人，谓我劬劳。”[⑤]这个哲人就是具有卓越智慧的人，在一定意义上和哲学家也相似。孔子自己在临去世之前的七天扶杖而行于门外时，还长叹而吟曰：“哲

---

① 仁的哲学有多种说法，有的说是仁学，有的说是人本哲学，有的说是理想的人生哲学，这些说法都有一定道理。本书第一版曾采用人本哲学的说法，经过反复考虑，改用为仁的人生哲学思想这一说法。

② 《中庸》。

③④ 《孟子·尽心下》。

⑤ 《诗·小雅·鸿雁》。

人其萎乎！”[①] 这说明孔子也认为自己是哲人，也就是哲学家。康德曾说过：“由于道德哲学具有比理性所有其他职能的优越性，古人应用‘哲学家’一词，经常是指道德家。”[②] 这话正适用于孔子，因为在孔子仁的人生哲学思想中，道德问题是很重要的组成部分。但黑格尔却认为孔子“只有一些善良的、老练的、道德的教训”，认为“在他那里思辨的哲学是一点也没有的。”[③] 这是对孔子不公正的评价，说明黑格尔不了解孔子哲学思想的特点正是不同于黑格尔的所谓“思辨哲学”，而是常和伦理道德联系在一起的、实践性逻辑思维很强的仁的人生哲学。哲学是随着科学、文化的不断进步而不断丰富、完备起来的。我们现在说的哲学是指人们对自然界、人类社会和人类思维的本质及其运动发展规律的认识。由于孔子是两千多年以前的人，比较起来，他的哲学思想自然没有现代哲学那样系统，那样表述完备，但其中许多思想范畴和发人深省的思维逻辑，则至今仍有现实意义，它的生命力决不因历时两千余年而衰竭或消失。

一、仁是孔子思想体系的哲学概括

孔子自己曾说过：“君子去仁，恶乎成名，君子无终食之间违仁，造次必于是，颠沛必于是。”[④] 这就是说，孔子认为一个君子在任何情况下都不应违背仁的原理。可见孔子把仁看得多么重要。因此用仁概括孔子的思想体系，并以此来命名孔子的哲学，是合理的。现从

① 《礼记·檀弓上》。

② 康德《纯粹理性批判》，生活·读书·新知三联书店 1957 年版，第 570 页。

③ 黑格尔《哲学史讲演录》第 1 卷，商务印书馆 1978 年版，第 119 页。

④ 《论语·里仁》。

下列五个方面分别加以论述，即（一）仁的出处和含义，（二）爱人是仁的出发点，（三）仁的多方面、多层次的剖析，（四）仁的实事求是精神，（五）仁的人生哲学思想的根源及其历史意义。

（一）仁的出处和含义

仁既然是孔子思想体系的哲学概括，也就是仁的人生哲学本身，那么，首先就应把“仁”这个字的出处和它的含义弄清楚。

在殷代和西周的甲骨文和金文中，至今尚未发现有“仁”这个字，在《尚书》和《诗经》中才开始在很少的场合出现这个字[①]。直到春秋时代，仁这个字才较多地被人提起。例如，在《国语》中仁出现二十四次，基本意义都是爱人。又如在《左传》中，仁字出现三十三次，除了爱人这个意义外，还把一些德目也算作仁。所有这些文献中提到的关于仁的思想内涵都较零散、肤浅。孔子以敏锐的观察和思维能力抓住当时仁这个字所包含的爱人思想，加以明确、充实和提高，使它成为具有广泛意义的仁的哲学思想。

自从孔子把仁作为自己哲学思想核心和标志以后，仁除了总的爱人这一含义外，还常被作为与爱人有直接和间接关系或其他含义的用语。

例一，泛指道德和有道德的人。如“（樊迟）问仁，（孔子）曰：‘仁者先难而后获，可谓仁矣。’”[②] 这里第一个仁者就是泛指有道德的

---

① 《尚书·金縢》中出现过一个仁字：“予仁若考。”《诗经》中仁出现过两次，即《诗·郑风·叔于田》：“洵美且仁”，又《诗·齐风·卢令》：“其人美且仁。”

② 《论语·雍也》。

人，第二个仁字就是泛指道德[①]。

例二，泛指乐观而有高尚情操的人。如孔子说："仁者不忧。"[②]也就是与孔子在其他地方讲的"君子坦荡荡"[③]"君子不忧不惧"[④]同义。这里仁者与君子系同一含义。

例三，泛指真理。如孔子说："当仁不让于师。"[⑤]这句话的意思就是说，在真理面前即使对老师也不应让步。这里把仁作"真理"解比简单地作"仁德"解，意义要更清楚些，更符合孔子的原意。因为在老师面前不让步的问题不单纯是道德性问题，还有知识性（如"六艺"）问题，用真理既可包括道德性问题，也可包括知识性问题。

仅举以上三例，就大体上可以说明作为孔子思想核心的"仁"这个字的多种含义了。尽管仁可以引申出多种含义，但是，这些含义都在一定程度上和仁作为爱人这个原义联系着。

（二）"爱人"是仁的出发点

前面已经指出，孔子哲学思想的形成，是吸收了当时已经提出、

① 近人谢无量认为，"通观孔子平日所言及所定五经中所有诸德，殆无不在仁之中，曰诚、曰敬、曰恕、曰忠、曰孝、曰爱、曰知、曰勇、曰恭、曰宽、曰信、曰敏、曰惠、曰慈、曰亲、曰善、曰温、曰良、曰俭、曰让、曰中、曰庸、曰恒、曰和、曰友、曰顺、曰礼、曰齐、曰庄、曰肃、曰悌、曰刚、曰毅、曰贞、曰谅、曰质、曰直、曰廉、曰洁、曰决、曰明、曰聪、曰清、曰谦、曰柔、曰愿、曰正、曰睿、曰义，皆仁体中所包之德也。"（谢无量《中国哲学史》第 1 篇上第 65 页）以上所举之德目共四十九个，都包括在仁的含义中，因此仁有两种含义：从广义而言，仁统帅以上所有德目；就狭义而言，除上述广义的统帅所有德目外，它本身又作为德目之一，与爱连在一起，作仁爱解。

② 《论语·子罕》。

③ 《论语·述而》。

④ 《论语·颜渊》。

⑤ 《论语.卫灵公》。

但尚处于萌芽状态的以爱人为主旨的仁而加以充实、提高，逐步完善起来的。不过，不管对原来的仁有多大发展，归根结底还是以爱人为出发点，并紧紧围绕这个出发点而展开的。所以，孔子在他的学生樊迟问仁时，就毫不犹豫地回答说："爱人。"[①] 后来，孟子据此概括为"仁者爱人"[②]，这是符合孔子原意的。孔子爱人的主要内容和特点可以概述如下：

第一，孔子的爱人完全是从现实社会的需要与可能出发，含有深厚的实事求是的、理性的内容，不带任何虚无主义的幻想和宗教迷信的色彩。例如，时至十九世纪德国费尔巴哈尚且认为，人类的爱（包括两性爱）只有"盖上宗教印章的时候，他才同意并承认它们是完美的"[③]。在费尔巴哈以前两千余年的孔子时代，虽然还没有宗教，但是天命、神鬼等迷信观念还是比较盛行的，孔子在自己提出仁的爱人这个观念时却没有受这些迷信观念的影响，而是坚持现实的观点。

第二，孔子是维护宗法封建社会等级制度的，因此他从等级制的社会现实出发，虽然也提出了"泛爱众，而亲仁"，但是这个爱和仁仍然是有等差的，不是一律平等的。墨子不同意孔子爱有等差的主张，提出"兼爱"的主张，他说："视人之国，若视其国，视人之家，若视其家，视人之身，若视其身。"[④] 又说："譬之日月，兼照天下之无有私也。"[⑤] 虽然墨子的"兼爱"思想在理论上、原则上比孔子的爱

---

① 《论语·颜渊》。

② 《孟子·离娄下》。

③ 恩格斯《费尔巴哈与德国古典哲学的终结》，《马克思恩格斯文选》（两卷集）第2卷，莫斯科外文书籍出版局1955年中文版，第376页。

④ 《墨子·兼爱中》。

⑤ 《墨子·兼爱下》。

人思想看起来似乎较为高明，但是在等级森严、阶级分明的封建社会里，这却是行不通的。而孔子仁的爱人思想，由于一般来说符合当时封建社会的实际，却容易被封建社会所接受，从而在社会习俗和风尚中流传下来。在这些遗留下来的社会习俗和风尚中，固然有封建性的积淀即消极因素，但也有人民性、民主性的因素。

第三，虽然孔子提出了“仁者爱人”，但同时又提出了“唯仁者能好人，能恶人”[①]。这就说明孔子的爱人不是不分善恶是非，一概都爱，而是除了爱有等差之外，还有爱与不爱、爱与恶的区别在内。且看孔子对这个区别的解释，他说：“我未见好仁者，恶不仁者。好仁者无以尚之。恶不仁者，其为仁矣，不使不仁者加乎其身。”[②]意思是说，爱好仁德的人非常好；厌恶不仁德的人本身就是实现仁德，也很好，可以避免不仁德的人把不仁德之事影响自己。在孔子看来，爱好人和厌恶人的区别就在于是否合乎“仁”的标准，所以孔子的爱人、恶人，在主观上他认为是善恶分明的。

第四，孔子认为爱人要从大处、高处着眼，推己及人，做到“己欲立而立人，己欲达而达人”[③]，而不是小恩小惠，迁就姑息[④]。这里孔子把己和人联系起来，处处想到别人，同时强调只有首先把自己的修养（品德、学问等）加以完善（“立”和“达”），才能帮助他人“立”和“达”。所以孔子说“修己以敬”“修己以安人”“修己以安百姓”[⑤]。这里的“安”，实际上也就是“立”和“达”（以上所引孔子的三句话，

---

① 《论语·里仁》。

② 《论语·里仁》。

③ 《论语·雍也》。

④ 《礼记·檀弓上》，曾子曰：“君子之爱人也以德，细人之爱人也以姑息。”这话正反映了孔子主张爱人以德，反对爱人以姑息的思想。

⑤ 《论语·宪问》。

后面还要谈）。把这些话和孔子爱人的思想联系起来，就可看出孔子爱人的人，可以是单个人、少数人、多数人以至天下人（人类），关键是不管是个人、少数、多数或全人类都要爱人以德，这一思想境界很高。

以上所谈的孔子爱人思想的四个特点，可以帮助我们进一步了解孔子所以把爱人作为他的仁的出发点的意义。孔子在处理人我（己）关系问题时，虽然没有忘掉自己，但常常推己及人，并始终把人（他人）放在突出的地位，既不同于杨朱的“为我”思想（“拔一毛而利天下，不为也”的为我思想），也不同于墨子的“兼爱”思想（在阶级社会中企图无差别地爱一切人的空想）。正因他的爱人思想的背景是他所向往的西周宗法等级领主制封建社会，这就使他的爱人思想以及整个仁的哲学思想都不得不带有西周宗法等级制封建社会的明显印迹（突出地表现在“礼”上，此点后面还要论述），这是他的爱人思想和整个仁的人生哲学思想的时代局限性和消极性；但另一方面他又吸收了中国原始社会（传说中的尧舜时代）遗留的朴素的人道主义和民主主义的思想，并有所发挥，这又是很可贵的积极因素。这就可以充分说明孔子以爱人作为他的仁的人生哲学思想的出发点虽然仍有消极因素，但积极因素则更为突出，正是这些积极因素构成了中华民族的严于律己、乐于助人、积极进取的优良传统。

孔子以“爱人”作为他的仁的人生哲学思想的出发点的积极意义即在此。

（三）仁的多方面、多层次的剖析

关于仁的实质和具体内容，两千多年来的缙绅学子曾从各方面作了多种不同解释，近现代学者也有多种说法，但仁的内涵究竟是什么还是很难捉摸，其原因就是孔子自己没有统一的解释，往往针对不同人和弟子做不同回答。因此后人就常常智者见智，仁者见仁，很难有个比较一致的认识。解决这个问题的出路，最好还是请教马克思主义，运用马克思主义基本原理，即实事求是的方法，把仁本来就有的多方面、多层次的具体内容加以剖析，这样就可能对仁的本质有一总体性的了解。我认为，所谓多方面，实指三个方面，即一是作为道德本身的内容，二是个人对仁的修养要求，三是仁在政治上（“为政”）的实践。所谓多层次，系指这三个方面又各有自己不同的层次。现从三个方面及其不同层次分别加以剖析，也许可以把头绪理得较为清楚。

第一，仁作为道德本身内容上的不同层次

前已谈到仁有多种含义，其中一个重要含义就是专指道德以及道德的总称而言，这里所讲的“仁作为道德本身”即用此义。根据前引谢无量《中国哲学史》的不完全统计，在仁作为道德总称之下共有四十九个德目，其中每一个德目都在不同程度上体现出仁的某一方面或侧面。例如：

子曰：“刚毅木讷近仁。”[1]

司马牛问仁，子曰：“仁者其言也讱。”曰：“其言也讱，斯谓之仁矣乎？”子曰：“为之难，言之得无讱乎？”[2]

樊迟问仁，子曰：“爱人。”[3]

子张问仁于孔子，孔子曰：“能行五者于天下，为仁矣。”“请

① 《论语·子路》。

②③ 《论语·颜渊》。

问之。”曰：“恭、宽、信、敏、惠。恭则不侮，宽则得众，信则人任焉，敏则有功，惠则足以使人。”①

樊迟问仁，子曰：“居处恭，执事敬，与人忠，虽之夷狄，不可弃也。”②

有子曰：“……君子务本，本立而道生。孝弟也者，其为仁之本与？”③

《论语》上记载孔子关于仁的答问很多，但从上述举例中就可看出，里面所提德目都只能在一定程度上体现仁的部分内容，只有部分之和才能显示仁的全貌。由此观之，仁作为德目总称，它的伸缩性很大，可以从某个或几个德目来体现仁的部分内容，例如上例中提到的“刚毅木讷”“其言也讱”等也都是一定层次上的仁的表现形态，只有所有德目之和才是最高层次的仁。这个仁，在孔子心目中，可以说和圣是等同的。因此低层次的仁和高层次的仁都叫仁，这就是它的伸缩性，而圣则无此伸缩性。在《论语》中，孔子没有提到圣包含哪些德目，他认为只有在一种情况下才能达到圣的境地，这种情况的例子就是：

子贡曰：“如有博施于民而能济众，何如？可谓仁乎？”子曰：“何事于仁，必也圣乎？尧舜其犹病诸！夫仁者，己欲立而立人，己欲达而达人，能近取譬，可谓仁之方也已。”④

---

①《论语·阳货》。

②《论语·子路》。

③《论语·学而》。

④《论语·雍也》。

从这里看出，孔子认为只有“博施于民而能济众”才是圣。但“博施于民而能济众”本身并不属于任何一个德目，而是所有德目的总和在政治上、功业上的表现。这就是使所有人民都能生活安定、精神愉快，是原始人道主义精神，用现在的话来讲，有点像在“全心全意为人民服务”的精神感召下使人民真正得到物质上和精神上的充分满足。孔子认为这才算圣。他在这里把圣和仁做了一个区别，认为做到“己欲立而立人，己欲达而达人”的境地就算是仁，但不是圣。孔子在这里讲的仁是仁在发展过程中某个层次的仁，而不是最高层次的仁。孔子在另一地方讲“若圣与仁，则吾岂敢！抑为之不厌，诲人不倦，则可谓云尔已矣。”[①]这里孔子把圣和仁并提，而且他认为自己都做不到，此处显然圣与仁已经达到同样高的境界了。由于仁有不同层次，有伸缩性，因此一般人都能行仁。孔子说：“仁，远乎哉？我欲仁，斯仁至矣。”[②]又说：“有能一日用其力于仁矣乎！我未见力不足者。”[③]至于圣，孔子认为是至高无上的，只有像尧舜那样的人才能以圣称之，所以孔子说：

> 大哉！尧之为君也。巍巍乎！唯天为大，唯尧则之。荡荡乎！民无能名焉。巍巍乎！其有成功也。焕乎！其有文章。[④]

可见圣不是一般人所能做到的，只有通过不同层次的仁的实践的总和，才能最后发生质变而达到圣的境地，当然也包括个人的天资和条件不同所起的不同作用。至于所有德目中哪一个属于哪一层

①② 《论语·述而》。

③ 《论语·里仁》。

④ 《论语·泰伯》。

次，则没有必要做机械的划分，只能大体上指出，通过一系列德目的实现而最后达到最高层次的仁，即等同于圣的境界的仁；换言之，即圣是仁的最高层次、境界，仁是到达此境界的过程。

第二，仁在个人修养上的不同层次

孔子在讲个人的道德修养时，特别强调仁的重要性，因为仁既是一切道德之和的总称，同时又包括当时所能达到的文化知识之和。那么，如何才能学到仁呢？孔子弟子子夏有几句话可以反映孔子的思想，这几句话是："博学而笃志，切问而近思，仁在其中矣。"①意思就是说，广泛地占有知识（博学）；提高自我觉醒，坚定志向（笃志）；对不懂的事情切实向人请教（切问）；由近及远、由易到难地进行周密思考（近思）；仁的精神境界就体现在这里面了。由此可见，这里"博学""切问""近思"和"笃志"四者，前三者实际上属于"致知"范围（广泛地占有和消化知识），后者（"笃志"）实际上属于实践范围（自我觉醒、坚定志向），把"致知"和"实践"相结合，就是学仁的过程和方法。在个人道德修养过程中，由于修养程度深浅、高低的不同，成就大小的不同，根据孔子对此问题在各种场合所谈的不同意见加以归纳，可以把道德修养不同程度的人划分为三种不同层次，即1. 士；2. 君子；3. 圣人。现分别论述如下：

1. 士　士在孔子时代为封建统治阶级中知识分子的统称，也就是孔子所提倡道德修养的最基本的、人数较多的层次，他们处于封建贵族的最低层。那时他们的主要出路是做官（仕），他们是各级封建领主贵族统治阶级的后备官吏。他们的生活来源主要是三个方面，一是"食田"（有微小采地的），二是"食禄"（有微薄实物工资的），三是"食力"（自己种地的）。孔子号称的三千弟子，绝大部分属于

---

①《论语·子张》。

这些人。孔子也正是按照当时各级贵族后备官吏所需要的德才来要求他们、培养他们的。孔子对当时的知识分子——“士”（包括孔子所有弟子在内）的要求是很严格的，除了要求他们学好文献知识（“六艺”）外，特别要求他们在道德上、品格和情操上的锻炼和提高。下面举几段孔子及其弟子在这方面的话：

> 子曰：“士志于道，而耻恶衣恶食者，未足与议也。”①
>
> 子曰：“士而怀居，不足以为士矣。”②
>
> 曾子曰：“士不可以不弘毅，任重而道远。仁以为己任，不亦重乎？死而后已，不亦远乎。”③
>
> 子张曰：“士见危致命，见得思义，祭思敬，丧思哀，其可已矣。”④

上面几段话概括起来是要求“士”应该做到：一是生活简朴，学习艰苦；二是不留恋家室乡土的安乐；三是志气远大、坚定，一辈子以行仁为己任；四是遇到危难时准备牺牲，遇到有利可得时想到是否合乎道义，祭祀时要敬，居丧时要哀。在当时条件下，要求知识分子（“士”）做到这些，确属不易。

2. 君子　“君子”一词，西周时原系对贵族统治阶级之尊称，春秋时期演变为有道德的人。因而，孔子用君子作为道德修养上比士高一个层次的人的称谓。与他们相对称的为小人，即没有道德的人

---

①《论语·里仁》。

②《论语·宪问》。

③《论语·泰伯》。

④《论语·子张》。

（小人在西周时是统治阶级对劳动人民的称谓）。孔子对君子在道德修养上的要求，比对士的要求又有所提高。下面举几段孔子对君子在道德、品格、情操、修养上要求的话为例：

子曰："君子之于天下也，无适也，无莫也，义之与比。"[①]

子曰："君子义以为质，礼以行之，孙以出之，信以成之，君子哉！"[②]

子曰："君子周而不比，小人比而不周。"[③]

子曰："君子和而不同，小人同而不和。"[④]

司马牛问君子，子曰："君子不忧不惧。"曰："不忧不惧，斯谓之君子已乎？"子曰："内省不疚，夫何忧何惧。"[⑤]

上面所举例言，概括起来就是要求作为君子层次的人，至少应做到下面几点：一是，君子对于天下的事，事前不定框框，处理时都以是否符合道义为准则。二是，君子以道义为根本，行为有礼貌，讲话要谦逊，完成任务要诚实。三是，君子主张有原则的团结，反对勾结；小人只讲勾结，不讲有原则的团结。四是，君子讲究有原则的和睦合作，但对不赞成的意见决不附和苟同；小人对不同意见随意附和苟同，但不讲有原则的和睦合作。五是，君子既不忧愁也不恐惧，自己问心无愧，就无所忧惧。

以上几点比对士的要求显然有所提高。

---

① 《论语·里仁》。

② 《论语·卫灵公》。

③ 《论语·为政》。

④ 《论语·子路》。

⑤ 《论语·颜渊》。

关于君子与士的区别和层次，仅就一般要求而言，在日常实际生活中，有时往往是士和君子并提，在当时条件下也是可以理解的。

3. 圣人　圣人有两义，一是古代对封建帝王的尊称，一是后来演变为指道德、智能、功绩至高无上的完人而言。前面说过，孔子心目中的圣人就是尧、舜、禹等数人而已。他自己也曾说过："圣人，吾不得而见之矣；得见君子者，斯可矣。"[①]可见孔子心目中的圣人是仁德中全部德目之和的化身，孔子当然不可能对圣人再提出任何道德要求了。因此，这样的圣人只能作为人类向往的理想目标，现实世界中能达到这个目标的人，即使有，也是极少数。因为即使是孔子认为圣人的尧舜，他也是有保留意见的，如前所述，在子贡问及"如有博施于民而能济众"的问题时，孔子回答只有圣人才能做到，接着又说"尧舜其犹病诸"。根据以上情况，作为仁的最高层次圣人的具体要求就只好从略了。

在《论语》中，孔子还提到成人、善人、贤人等，因为都是"语焉不详"，另外如前引孔子所述"圣人，吾不得而见之矣，得见君子者，斯可矣"，孔子明确指出了君子与圣人之间的层次关系，所以这里特把君子与圣人作为人的道德修养的两个不同而相挨的层次加以论述，其余成人、善人、贤人等就不另加论述了。

第三，仁在"为政"实践中的不同层次

"为政""从政"和"仕"义相近，即指参加政治活动和做官。前面已经讲过，在西周、春秋时代，士的主要出路就是为政（仕），学习的主要目的也就是为了从政，所以孔子弟子子夏说："学而优则仕。"[②]对士、君子从政的最高要求是立不朽之业，而不仅仅是做官

① 《论语·述而》。

② 《论语·子张》。

食禄。当时针对不朽之业，有“立德”“立功”“立言”之说[①]。这三者虽不一定要通过从政才能表现出来，但实际上在当时都直接或间接与从政有联系，因为只有通过从政才可以更突出地显示出或者立德、或者立功、或者立言的仁的业绩。孔子认为从政是很严肃的事情，上要对君负责，下要为民造福，所以他提出士、君子从政的前提是首先要把自己的道德品质学问修养好。因此，孔子对于已经和将要从政的士、君子的修养提出了三个不同层次的要求，这就是前面已经提到过的三句话，第一句是“修己以敬”，第二句是“修己以安人”，第三句是“修己以安百姓”[②]。这三句话就其含义讲，第一句指的是“修身”，第二句指的是“齐家”，第三句指的是“治国平天下”[③]。下面就把在“为政”中的三个层次，按“修身”“齐家”“治国平天下”分别论述如下。

1. 修身　修身和修己就是前面讲的个人道德品质等修养，是从政的必要条件。孔子认为，士、君子不要怕没有从政的机会，真正要怕的是自己的道德、学问是否已经有所立；不要怕没有人了解自己，重要的是如何提高自己的道德、学问，以备让人了解。他的原话是：

---

① 春秋鲁大夫叔孙豹说：“太上有立德，其次有立功，其次有立言，虽久不废，此之为不朽……禄之大者不可为不朽。”（《左传·襄公二十四年》）

② 《论语·宪问》。

③ 程树德《论语集释·宪问》引《刘氏正义》中语：“修己者修身也……安人者齐家也，安百姓则治国平天下也。”相传西汉初年儒生根据曾子所传而辑成的《大学》一书，把修身、齐家、治国、平天下分为为政的四个层次，看来很可能是从孔子的“修己以敬”“修己以安人”“修己以安百姓”这三句话引申而来的，但把“修己以安百姓”分为“治国”“平天下”两个层次。由于“治国”和“平天下”作为两个层次界限不很分明，故本书仍按孔子原意分为“修身”“齐家”“治国平天下”三个层次。

不患无位，患所以立。不患莫己知，求为可知也。[1]

关于从政必先修身的道理，孔子讲了很多的话，现举数例如下：

子曰：“苟正其身矣，于从政乎何有？不能正其身，如正人何！”[2]

意思是说，如果自己的思想行为都端正了，从政又有什么困难呢？如果自己思想行为不端正，有什么资格去从政和正人呢！

季康子问政于孔子。孔子对曰：“政者正也。子帅以正，孰敢不正？”[3]

大意是鲁国大夫季康子问政，孔子说，为政就是把不端正的政治、风俗、民情端正过来，如果你自己带头端正自己，谁还敢不端正呢！类似的话，孔子还说过不少，不多举例了。

前面所引孔子讲的几段话，说明孔子把修身对从政的关系看得何等重要。那么，如何进行修身呢？孔子对这个既平常又不平常的问题，用“以简驭繁”的方法，只提出一个字来解决它，这个字就是前面多次提到的“修己以敬”的“敬”字。“敬”的含义就是认真严肃、谨慎不苟，也就是对己、对人、对事都要有高度严肃认真、谨慎不苟的态度和精神。“修己以敬”是孔子对子路问如何做君子的

---

① 《论语·里仁》。

② 《论语·子路》。

③ 《论语·颜渊》。

回答。孔子在另一处对子张问如何实现仁时的回答是："能行五者于天下，为仁矣。"哪五者呢？他说："恭、宽、信、敏、惠。恭则不侮，宽则得众，信则人任焉，敏则有功，惠则足以使人。"[①]其实，这二者之间是有密切联系的。一个人如果把"敬"的功夫做到了，自然也可以做到恭、宽、信、敏、惠，也就可以"能行五者于天下，为仁矣"。修身是无止境的，孔子一面提出"修己以敬"，另一面在他处又提出"恭、宽、信、敏、惠"，把这二者结合起来就达到了君子和仁者的地步。能达到这样地步的君子和仁者大概就可以算做合格的从政者了。这是孔子在当时封建社会条件下对为政者提出的修身要求。

根据孔子思想，《大学》一书也特别强调修身，不仅把修身列为为政之本，并且扩而大之，提出："自天子以至于庶人，壹是皆以修身为本。"[②]把修身列为封建社会自天子一直到平民（庶人[③]）的共同必修课，反映了孔子和儒家对原始社会（传说中的尧舜时代）朴素的民主平等精神的向往，确实显示了很高的思想境界。

2. 齐家　这里的齐家就是前面提到的"修己以安人"的"安人"二字的意译，这一点前面已经作了说明，现在还要进一步说明"安人"的"人"这个字。我根据《论语集解》中孔安国注"人为朋

---

① 《论语·阳货》。

② 《大学·首章》。

③ 庶人有二义：一为专称，如"士有隶子弟，庶人工商各有分亲"（《左传·桓公二年》），这里把庶人作为士以下、工商以上地位的人的称谓；二为泛称，秦汉以后渐将庶人释为无官职平民的称谓。《大学》一书既成于西汉初年，故庶人作平民解。

友九族”[1]，把它解释为家庭成员和亲戚、朋友在内的总称，简称为“家”，这就是“安人”所以为“齐家”的根据。

西周春秋时期，封建社会中的家是当时社会政治、经济和宗法组织的基层单位（细胞），自天子以至农奴，不论尊卑贵贱，都有各自大小贫富不同的家，而孔子这里所说的家主要是指士以上的（包括各级领主在内的）家和家族而言。因为家是当时社会的基层组织，所以家和国就不得不紧密联系起来而称为国家。下面的例子更可以说明这一点。有一次，有人问孔子："先生为什么不出仕为政呢？"孔子作了如下回答："《尚书》里面说，'孝啊！既尽孝道于父母，又友爱兄弟，这种孝友精神就会对政治施加影响'，这不就是为政吗？为什么一定要出仕才算是为政呢！"[2]因为人人都有家，尤其是士以上的人，除特殊情况外，一般都有一个以血缘关系为基础、包括九族在内的、规模不同的家庭，再加上亲戚、朋友在内，是一个人数相当可观的、联系或密切或松散的群体。孔子把搞好这个群体的安定团结作为每一个士和君子必须完成的任务。这是孔子所主张的“安

① “九族”二字最初见于《尚书·尧典》，原文为“以亲九族”。孔颖达《疏》释为：“九族上至高祖，下至玄孙，凡九族。”“上至高祖”，即指父亲、祖父、曾祖、高祖；“下至玄孙”即指儿子、孙子、曾孙、玄孙；再加上自己即为九族。西汉时另有一说，即夏侯、欧阳二氏认为九族指的是“父族四，母族三，妻族二”，合为九族。一般以前说为主。美国史学家摩尔根（1818—1881）《古代社会》也曾谈到中国古代的“九族”，说："我自己的一代是一族，我父亲的一代、我祖父的一代、我曾祖父一代，以及我高祖父一代，各指一族，因此在我之上共有四族；我的儿子的一代是一族，我的孙一代、我的曾孙一代以及我的玄孙一代，也各指一族，因此在我之下也共有四族；包括我自己的一族在内，共有九族。……很明显，在中国亲属制中与在夏威夷亲属制中一样，是由世代将血亲归纳入各范畴之中的。所有同一范畴中旁系亲属，彼此都是兄弟姊妹。"（见该书第465—466页）

② 《论语·为政》原文为："或谓孔子曰：'子奚不为政？'子曰：'《书》云“孝乎唯孝，友于兄弟，施于有政”是亦为政，奚其为为政？'"其中所引《尚书》原话与原文略异，但义相同。《尚书》原文为："唯孝，友于兄弟，克施有政。"（见《尚书·君陈》）

人”（齐家）的目的，只要能做到这一点，也就是为政。这是孔子时代封建社会秩序赖以稳定巩固的必要条件。

根据以上说明，我们可以想象，在整个宗法制封建社会中，封建贵族统治阶级对广大被统治阶级的统治，主要是通过三个渠道来实现的：一是政治渠道，即各级贵族统治者通过各级官吏的渠道；二是经济渠道，即通过各种名目的赋税、摊派和勒索的渠道；三是宗法渠道，即通过大宗、小宗、宗子、庶子和辈分以及适用于这些名目的伦理道德及封建迷信等精神上的渠道。封建统治阶级通过这三种渠道的相互渗透、相互补充，使其像蛛网那样渗透到社会的各个方面，特别是渗透到各个家庭，以此来实施整个封建社会的统治，从而稳定和巩固封建社会的秩序。由于家庭是三个渠道的终端，既是政治统治的终端，又是经济剥削的终端，更是体现宗法制的终端，所以按照封建社会的需要，把家庭治理好，即“齐家”，就显得特别重要。正如《易经》上所说：“正家（即齐家——作者）而天下定矣。”[①] 孔子抓住这一点，把齐家（安人）提高到“是亦为政，奚其为为政”的高度，这对中国封建社会所以能够维持数千年之久不能不说是一个关键性的因素。至于现在和将来如何看待和解决好家庭问题，不仅是一个重要的现实问题，也是一个重要的理论问题，需要进一步加以探讨。

3. 治国平天下　治国、平天下本来可以分为两个层次，但因为治国和平天下之间的共同性多于差别性，放在一起讲似较合适。又因为这个问题在以下《政治思想》中要专门论述，这里只作简要说明。

首先，孔子心目中的“治国”是要治成什么样的国呢？看来，

---

① 《周易·家人卦》。

孔子理想中的国实际就是文武周公时代的西周国。我们这样讲是很有根据的。这个根据就是孔子自己所说的、前已多次提过的“周监于二代，郁郁乎文哉，吾从周”[①]。他一方面赞美西周是“郁郁乎文哉”，另一方面又明确表示“吾从周”，这不是很清楚了吗？至于西周社会的具体情况如何，在《孔子时代的社会背景》中已作了详细论述，这里不多谈了。但有一点必须再次强调指出的是，西周领主制农奴封建社会，在武王、成王、周公等这样一些较开明的统治者治理下，自有一番欣欣向荣、安定团结的气象。这是历史所公认的。但从西周王朝建立到孔子时代已历时五百余年，社会、经济、政治、文化都有了很大的发展和变化，特别是领主制封建社会正在向地主制封建社会过渡之中，在这样的情况下，孔子仍想用建立在领主制基础上的、已经摇摇欲坠的周天子作为大一统的统治者，并恢复西周初期的统治形式和措施（各种礼仪典章制度），显然是不切实际的。当然，孔子非常赞扬和提倡西周初期统治者“敬德”“裕民”和“爱民”的思想和政策，因为这些思想和政策既有利于封建统治阶级统治的稳定和巩固，也有利于被统治阶级的最低限度温饱的生活条件，这也是有道理的。这里还有一点要附带补充说明一下，即当时周天子既然是天下（包括各诸侯国在内）共主，治好西周国，自然也就是“平天下”了，即所谓“国治而后天下平”[②]。因此，孔子就把治国和平天下合起来说了。

其次，孔子思想中要治理好的以西周为典范的封建国家，要具备哪些主要条件呢？根据孔子在《论语》等书中的言论，要真正治理好一个像西周那样的国家，归纳起来主要有三个条件：一是明君，

---

① 《论语·八佾》。

② 《大学·经一章》。

二是贤臣，三是民心。

一是明君。要有一位像文王、武王那样的明君。《中庸》载：

> 哀公问政，子曰："文武之政，布在方策。其人存，则其政举；其人亡，则其政息。"

意思就是说文王、武王的政绩都记载在版条（方）、竹简（策）上（意为有案可查），他们人在，政绩就显现，他们人不在，政绩就息灭。接着又说："故为政在人。"意思就是说为政的好坏在于是否用人得当。《论语·尧曰》上也有一句话说：

> 周有大赉，善人是富。"虽有周亲，不如仁人。百姓有过，在予一人"。

意即周朝大封诸侯时，所有贤德的人（善人）都富贵起来，所以周武王说："虽然我有至亲近戚，终究不如有仁德的人好；如果百姓有过错，都应由我一个人来承担。"孔子认为只有这样对人民负责、任人唯贤、热爱人民的明君才能真正把国家治理好。孔子自己就以未遇到这样的明君为一生的遗憾。

二是贤臣。光有明君还不够，尚需有贤臣的辅助，所以《论语·泰伯》上有一段话说：

> "（孔子曰）[①] 舜有臣五人[②]，而天下治。"武王曰："予有乱

① 《论语》原无"孔子曰"三字，现据程树德《论语集释》引《榕树语录》曰"舜有臣二句亦是夫子语"，特在"舜"前用括号加"孔子曰"三字。

② "舜有臣五人"，即禹、稷、契、皋陶、伯益。（见朱熹《四书集注》）

（本作乿，古“治”字——作者）臣十人[①]。”

这就是说，舜的时代有五个贤臣，天下就得到治理；武王时代有十位贤臣，他的国家就得到治理。当然贤臣下面还必须有各级贤吏，事情才能办好。《论语·子路》上说：

> 仲弓为季氏宰，问政，子曰：“先有司，赦小过，举贤才。”曰：“焉知贤才而举之？”曰：“举尔所知，尔所不知，人其舍诸？”

意思是说，孔子弟子仲弓做了季氏的总管，问孔子如何为政，孔子说：“办事要给属员带头，不计较人家的小过，提拔优秀人才。”仲弓又问：“如何知道人才而加以提拔呢？”孔子回答说：“提拔你所知道的；你所不知道的，难道别人会埋没他而不推荐吗？”孔子把“为政在人”作为封建时代治理国家的一条重要原则，这是很有见识的，很值得我们参考。我们现在在领导工作中也特别强调，在正确的方针政策确定后，能否彻底贯彻，干部是否得力就成为决定因素。这难道和“为政在人”（任人唯贤）在一定程度上没有相似之处吗？

三是民心。有了明君、贤臣，还要得到人民的拥护，得到人民的信任，即得民心。一次，在子贡问政时，孔子提出“足食、足兵、民信”三条是为政的重要措施。子贡又问，在这三条中不得已而要舍去一条时，该去哪一条？孔子回答是“去兵”。子贡又问，在余下的两条中不得已再去掉一条时，该去哪一条？孔子说“去食”，接着

---

① “乱臣十人”为周公旦、召公奭、太公望、毕公、荣公、太颠、闳夭、散宜生、南宫适、邑姜（武王妻）。（见朱熹《四书集注》）

又说：“自古皆有死，民无信不立。”很显然，孔子把老百姓对政府是否有信心看成是国家能否存在（立）的最重要条件[①]。《中庸》上有几句话大体可以反映孔子的思想，即“上焉者，虽善无徵，无徵不信，不信民弗从。……故君子之道本诸身，徵诸庶民。”这就是说，有些统治者虽说还好，但无事实验证；没有事实验证就不可信，不可信，老百姓就不会心服。所以统治者（君子）为政之道应以修身为本，并使为政的结果得到老百姓的验证。所有这些论述都说明了一点，即治国必须得民心。孔子这一主张，到了孟子就发展为“民贵君轻”[②]的思想，这在一定程度上反映了中国封建时代伟大思想家开明民主思想的萌芽。以上三条就是孔子认为要治理好一个以西周为榜样的封建国家所必不可少的条件。

再其次，孔子认为治国的最好模式是什么呢？他纵观古代及当时治理国家的各种不同情况，把治国归纳为两种主要的不同模式。他描绘这两种不同模式的原话如下：

> 道之以政，齐之以刑，民免而无耻。道之以德，齐之以礼，有耻且格。[③]

前三句话描绘的是一种治国的模式，即法治的模式；后三句话描绘的是另一种治国的模式，即德治的模式。

第一种法治模式，根据孔子前三句话的含义，其主要内容有三点，即一、用政法禁令去引导和警诫人民，使人民不要触犯刑律；二、

---

① 见《论语·颜渊》。

② 孟子曰：“民为贵，社稷次之，君为轻，是故得乎丘民而为天子……”（《孟子·尽心下》）。

③《论语·为政》。

如果触犯刑律，则一律依法惩治；三、这样做的结果虽然使人民因畏惧惩治而不敢作恶犯法，表面上可以做到免于刑律，但思想深处并没有真正觉悟到为非作恶是可耻的行为。孔子对于这种用法治治国的模式并不完全赞同，例如，他说："听讼，吾犹人也，必也使无讼乎！"[①]意思是说，审理诉讼案件，他和别人差不多，问题在于必须使大家相安无事，不发生诉讼案件才好。怎样才能做到这一点呢？孔子寄希望于他提出的第二种模式。

第二种德治模式，根据前引孔子所说的后三句话的含义，其主要内容也有三点，即一、用统治者自己的道德行为去引导和熏陶人民；二、要求各种人的行为都一律遵守礼的习俗和规定；三、这样做的结果，不仅能使人民从思想深处认识到为非作恶是可耻行为，而且对上面的领导能真正心悦诚服[②]。显然，孔子对这一德治模式不仅完全赞同，而且心向往之。他认为，能够实现这一德治模式，就一定能达到"为政以德，譬如北辰，居其所而众星共之"[③]的"太平盛世"。

孔子虽然积极主张德治模式，但也不完全否定以法治作为可行的补充。孔子说过：

> 圣人之治化也，必刑政相参焉。太上以德教民，而以礼齐之；其次，以政导民，而以刑禁之。化之弗变，导之弗从，伤义

---

① 《论语·颜渊》。

② 原文"有耻且格"的"格"字，历来有各种解释。这里采用程树德《论语集释》中对"格"字的解释。原文如下："格，至也。言躬行以率之，则民固有所观感而兴起矣。而其浅深厚薄之不一者，又有礼以一之，则民耻于不善而又有以至于善也；一说格，正也。《书》曰格其非心。"根据"格"作"至"解（如"至于善"）和作"正"解（如"格其非心"，即正其非心），故综其义而意译为"心悦诚服"。

③ 《论语·为政》。

以败俗，于是乎用刑矣。[①]

可见孔子并不完全反对必要的用刑，只是反对完全依靠刑法来治理国家。所以，他又说：

> 古之刑省，今之刑繁。凡为教，古有礼，然后有刑，是以刑省。今无礼以教，而齐之以刑，刑是以繁。[②]

这难道不可以证明孔子认为治国最好的模式是德治，而又不完全反对法治，即赞成必要的用刑，仅反对“刑繁”吗！

（四）仁的实事求是精神

第一，“知之为知之，不知为不知”的实事求是精神

孔子对他的弟子子路说：“由！诲女知之乎！知之为知之，不知为不知，是知也。”[③]这种“知之为知之，不知为不知”的实事求是的认真态度，即反对不懂装懂的态度，是孔子教导他的学生并用以律己的一个很重要的思想原则。因此，他对自己不确切知道的事物，常常是不随意发表意见，常常是存而不论；只有对他确实了解的事情才发表意见，而且常常是主观上力图“言必有中”。现就这两方面的情况加以说明。

1. 存而不论。孔子是一个注重实际的人，在实际生活中还无法

---

① 《孔子家语·刑政》。

② 《孔丛子·刑论》。

③ 《论语·为政》。这段话是孔子在子路作其弟子后不久说的。此据《韩氏外传·卷三》所说：“为子路初改服入见时语。”

验证的事情，他常常采取既不轻易肯定、也不轻易否定的态度。例如，“子不语怪、力、乱、神”①。这里，他把“力”（暴力）、“乱”（叛乱）和怪、神连在一起，这固然不恰当，但是由于他一贯憎恨暴力和叛乱，因而把力、乱和怪、神放在一起，以表示他把暴力、叛乱和怪、神同等看待，这是可以理解的。那么，他为什么不谈怪异和鬼神呢？显然，他对当时流行的怪异和鬼神等迷信说法抱着怀疑因而采取既不肯定、又不否定的态度。又如：

> 季路问事鬼神，子曰：“未能事人，焉能事鬼？”曰：“敢问死？”子曰：“未知生，焉知死。”②
>
> 子贡问孔子：“死人有知，无知也？”孔子曰：“吾欲言死者有知也，恐孝子顺孙妨生以送死也；欲言无知，恐不孝子孙弃不葬也。赐，欲知死人有知将将无知也，死，徐自知之，犹未晚也。”③

这里对于鬼神问题和死的问题，孔子都采取回避态度。什么是死？如何事鬼神？在当时的科学水平下确实是难以回答的问题，因此孔子存而不论，不作正面回答。再如：

> 子贡曰：“夫子之文章，可得而闻也；夫子之言性与天道，不可得而闻也。”④

---

①《论语·述而》。

②《论语·先进》。

③《说苑·辨物》。

④《论语·公冶长》。

这里同样反映孔子对当时流行的有关“性”（天性）和“天道”的说法也是采取存而不论的态度。

以上三例所涉及的关于怪异、鬼神、死、天性、天道等等，在当时条件下，很自然地以各种迷信的奇谈怪论广为流传。孔子一方面对这些现象采取既不肯定、也不否定的态度，另一方面由于对鬼神举行的各种祭祀对维护封建宗法道德观念如孝亲、忠君等有某种实际效果，孔子认为利用这些祭祀对达到上述目的是有益的，故又表示积极支持。这就是《论语・八佾》所载孔子“祭如在，祭神如神在”说法的社会背景和他自己的思想背景。“如”字很妙，如果鬼神确实存在就无须用“如”；既用“如”，就说明对鬼神是否存在还处于尚不肯定的思想状态。又如：

> 樊迟问知，子曰：“务民之义，敬鬼神而远之，可谓知矣。”①

这里“远”字比上面的“如”字更妙。按常情说，如果肯定鬼神的存在，为什么既尊敬它又要疏远它，而且认为这样做是“知”（智慧）的表现呢？难道这不是对鬼神是否存在仍保持怀疑态度吗？难道这不是借敬鬼神来引起活人对鬼神的臆想的敬畏，以满足某种封建道德的需要吗？难道这不更可以说明孔子一方面对鬼神的存在采取既不肯定、又不否定的态度，另一方面又表露出他对祭祀予以积极支持的矛盾心理吗？总起来说，孔子对鬼神本身是否存在等问题所采取的既不肯定、又不否定的态度，以及由此而采取的存而不论的态度，都是符合孔子思想的二重性、矛盾性实际的。

2. 言必有中。由于孔子注重实际，所以本书《导论》中即已指

① 《论语・雍也》。

出，他是略于天道、详于人道的人。由于当时文化、科学水平的限制，人们对自然现象（“天道”）所知甚少，所以子产就曾说过：“天道远，人道迩。”[①] 这对主张“知之为知之，不知为不知”的孔子而言，采取略于天道、详于人道的态度是合乎当时情况和他自己思想实际的。孔子毕生精力都用于研究“人道”问题，他对于人之所以为人、如何为人、如何处理好人与人之间的关系，以及如何治国平天下等方面的见解，可以毫不夸大地说，在两千余年前的封建社会条件下，确已达到了博古通今、继往开来的地步。特别是他提纲挈领地以“仁”来对他的包括上述各方面的整个思想体系作了“一以贯之”的哲学概括，在当时来讲，是有划时代意义的。正因为这样，现存可以反映孔子思想的主要文献《论语》一书，绝大部分都是谈“人道”问题的言论，其中确有一些是经过抽象思维的哲学概括，是针对某一问题而提出的中肯言论。例如：

> 哀公问曰：“何为则民服？”孔子对曰：“举直错诸枉，则民服；举枉错诸直，则民不服。”[②]

鲁哀公向孔子提出了怎样使老百姓信服这样一个非常复杂、涉及面很广、很难回答的问题，其中包括为政是否清廉、赋税是否过重等诸多方面的内容。孔子根据自己“为政在人”的一贯主张，提纲挈领抓住问题要害，直截了当地告诉鲁哀公，只要能把正直的人提拔起来，放在那些不正直的人的上面，老百姓就服了，因为让正直的人掌权，许多政治上的弊端就能消除，老百姓就会满意了；如果把

---

① 《左传·昭公十七年》。

② 《论语·为政》。

不正直的人提拔起来，放在正直的人的上面，老百姓就不会服。你看，这个问题回答得多么中肯，多么干脆利落，是多么富有智慧的哲学概括！又如，在向什么人学习的问题上——

> 子曰："三人行，必有我师焉。择其善者而从之，其不善者而改之。"①

孔子认为，只要你有心学习，就不怕没有老师；即使只有几个人一道走路，其中也一定有可以做你老师的人。这个人身上有优点，你就学习他的优点；另一个人身上有缺点，你就把他的缺点作为自己内省和改正的借鉴。你看，他认为随处都有老师，这种思想境界多么宽广！另一方面，他用辩证的观点看待学习，善者可以学习，不善者作为反面教员，也可以学习。这里所显示出来的辩证思维多么深刻！再如，针对人与人之间如何正确相处的问题，孔子提出：

> 君子和而不同，小人同而不和。②

这是一个在日常生活和日常工作中除了小说里鲁宾逊那样的人以外，谁都不可避免的问题。对于人类社会这样一个带有普遍性的实际问题和原则问题，孔子只用了十二个字，便高度概括地，是非分明、原则分明地作了明确的分析和说明。一个"和"字，一个"同"字，看上去意思相近，却有原则区别，历史上也有许多不同的解释和争论。从孔子哲学思想的基本精神看，用现代语言来讲，"和"就是有

---

①《论语·述而》。

②《论语·子路》。

原则的和睦相处，“同”就是无原则的苟同或同流合污。孔子认为，有高尚道德的人（君子），应该既坚持有原则的和睦相处，又反对对不同的错误意见无原则的苟同或同流合污；只有缺乏道德的人（小人），才是只讲无原则的苟同或同流合污，而不讲有原则的和睦相处。这难道不是一个耐人寻味而含有深刻意义的、对人们都要面临的这个普遍性问题的哲学概括吗？！这个哲学概括难道现在不是仍保持着它的生命力吗?！

以上所举三例，可以充分证明孔子在“人道”方面确实发表了不少“言必有中”的言论。

第二，“三为”的区别和统一的知行一致精神

前已屡次提到，孔子是一个讲究实际的现实主义者，一个体现知行一致精神的人。他既不同于主张消极无为思想的老子，也不同于抱着消极厌世思想的长沮、桀溺之流[①]，而是主张改变当时“天下无道”为“天下有道”的“知其不可而为之”的、对人类抱积极态度的人。怎样才能养成和坚持这种积极有为的态度和高尚的风格呢?根据孔子散见各处的言论，我认为可以归结为三个问题：一是为学，二是为人，三是为政（工作）。因为一个人对人类社会能否做出贡献，贡献之大小，都取决于对这三个问题处理的结果如何。现就这三个问题分别简述如下：

1. 关于为学。孔子对学习，对治学是非常勤恳、非常认真的。他从十五岁立志一直到七十三岁逝世，不管在什么情况下，都坚持学习，并在学习过程中总结出三条原则。第一条是学习必须与思考相结合。他说：“学而不思则罔，思而不学则殆。”[②]这就是说，光读

---

① 长沮和桀溺为春秋时两个隐士，从事耕作，姓名不详。其思想点滴参见《论语·微子》。

② 《论语·为政》。

书不思考就会茫无头绪；只思考不读书就会想入非非。因此必须学、思结合，这才是为学的正道。第二条是学习必须与应用相结合，他说："诵《诗》三百，授之以政，不达；使于四方，不能专对；虽多，亦奚以为？"[①]这就是说，熟读《诗经》三百首，结果是既不能治理国家，出国又不能完成外交任务，这样读《诗》，虽然读得很多，又有什么用呢？读《诗》如此，读其他书也是如此，读了不能应用和没读一样！可见孔子非常重视学用结合的原则。第三条是必须以学习为乐。他说："知之者，不如好之者。好之者，不如乐之者。"[②]意思是说，做到好学还不够，还要做到以学为乐，所以《论语》一书的第一句就是"学而时习之，不亦说（悦）乎？"孔子对于为学确是到了学以为乐的地步。他所以那样博学多能，不能不说是得益于他一生坚持这种以学为乐的精神。

2. 关于为人。孔子仁的人生哲学和伦理道德思想，主要是围绕人和如何做人这个问题而展开的，本书很多章节都谈到这个问题，这里只要把孔子认为为人的几个主要标志提一下就可以了。一是"学而不厌，诲人不倦"[③]；二是"内省不疚，不忧不惧"[④]；三是"己所不欲，勿施于人"[⑤]；四是"发愤忘食，乐以忘忧，不知老之将至"[⑥]；五是"无求生以害仁，有杀身以成仁"[⑦]。只此五条就可以充分显示孔子心目中为人的道德风貌和品格情操是何等开朗、何等高尚了。他自己对这五条也确实是一贯身体力行的。根据实事求是和"举一

---

① 《论语·子路》。

② 《论语·雍也》。

③ 《论语·述而》。

④⑤ 《论语·颜渊》。

⑥ 《论语·述而》。

⑦ 《论语·卫灵公》。

反三”的精神，细加体会，就可以大体了解孔子为人之道的要领了。

3. 关于为政。前已说过，在孔子时代，知识分子的主要出路是“出仕”“为政”。因此，“为政”在一定意义上就相当于现在的“工作”和“就业”。对于做官（仕），当时显然存在着两种态度：一种是做官为了享受富贵，另一种是做官为了实现道义。孔子当然属于后者，子路说过的一句话可以确实地反映孔子的真实思想，就是“君子之仕也，行其义也”[①]。因此，孔子认为是否做官取决于出仕本身是否能实现他行义（仁政德治）的抱负。孔子对颜渊说：“用之则行，舍之则藏。”[②]意思就是说，如果给他出仕的机会（“用之”），他就把道义行之于世（意即兼善天下）；不能给他这个机会（“舍之”），他就把道义藏之于身（意即独善其身）。接着，他还用赞扬的口气说：“唯我与尔有是夫！”意思是说，只有他和颜渊能做到这一点。其实，这一点与其说是孔子的优点，倒不如说是他的缺点。他把行义的希望完全寄托在封建统治阶级身上，把统治阶级给他以出仕的机会作为行义的唯一可能，这是他维护封建统治秩序正统观念的必然结果，也是他一生碰壁的主要原因之一。当然，他能在对封建统治阶级不“助纣为虐”的情况下提出并坚持“仁政德治”的主张，这在一定程度上还是对人民有利的，对历史的发展是有促进作用的。可是历史的辩证法对此做了讽刺性的嘲弄。历代封建统治阶级一方面竭力利用孔子维护封建统治秩序的“正统封建思想”，另一方面却把孔子提出的“仁政德治”挂在口头上，作为掩饰他们横征暴敛和残暴统治的一块“冠冕堂皇”的遮羞布。在长达两千余年的封建社会中，孔子被统治阶级尊为“至圣先师”的秘密就在于此。但是，我们终究

---

① 《论语·微子》。

② 《论语·述而》。

只能用历史的眼光看待历史人物，孔子“仁政德治”的政治主张，只有封建社会历史上像孔子这样的伟大政治家才能提得出来。孔子一生栖栖惶惶，到处碰壁，他只有四五年的时间有过出仕的机会，但不论是在中都宰的任上，还是在小司空、大司寇等的任上，都作出了当时条件下能够作出的政绩，显示了他的政治品德和才能，表现出他的政治家风度。

以上关于孔子所谈为学、为人和为政的三个问题，既有区别而又统一。区别是在统一基础上的区别，统一是在区别相互联系、相互渗透上的统一。那么，这个统一的核心是什么呢？这个核心就是孔子所主张的“仁”，就是体现高尚的道德学问和完整的人格的“仁”，就是体现真理、人生观、世界观的“仁”，也就是体现作为孔子人生哲学思想核心的“仁”。在这个统一的“仁”的基础上，在理论密切联系实际（知行合一）的精神鼓舞下，表现在为学上就是以学习为乐，表现在为人上就是具有高尚的道德风貌和品格情操，表现在为政上就是主张和坚持“仁政德治”。分而言之，就是上述三个区别（为学、为人、为政）；合而言之，就是它们的统一（仁的人生哲学思想）。而其中的为学就是方法或手段，为人和为政（工作）是应用或目的。三者之中，为人又是根本，因为为学和为政在一定程度上由为人的品格如何所决定，而为人和为学的实质如何又集中地通过为政（工作）表现出来。如果认为为学很好，但是为人和为政（工作）却不好，或者认为为人很好，但为学和为政（工作）不好，以致认为为政（工作）很好，但为人和为学不好，这种现象在逻辑上和事实上都难以想象。这是由于在为学、为人和为政（工作）三者辩证的区别和统一上有了这样那样错误的结果。这是孔子常常告诫自己和别人的。

（五）仁的人生哲学思想的根源及其历史意义

上面已经把孔子仁的人生哲学思想的基本内容作了介绍，现在要问：这一思想究竟来自哪里？它的历史意义如何？现就这两个问题论述如下。

第一，仁的人生哲学思想的根源

要谈思想根源，特别是作为孔子这样庞大、复杂思想体系核心的仁的人生哲学思想的根源，决不是一个简单的问题，现从两个方面去探索和说明它。

1.历史的根源。孔子一再说他“信而好古”，“好古，敏以求之”[①]，这说明他对古代文化的爱好和追求已经达到多么深的程度。正因为如此，《中庸》中所说的“仲尼祖述尧舜，宪章文武”，是符合孔子好古、崇古的思想的。我们现在就从孔子这个思想实际出发，在尧舜和文武这两个历史时期中去探求和评析仁的人生哲学思想产生的历史根源。

（1）传说中尧舜时代的原始民主平等精神是孔子“祖述尧舜”的缘由。孔子崇拜尧舜，仰慕尧舜时代的治绩达到了《中庸》所说的“祖述尧舜”，即把尧舜当作人类“祖先”、把祖述“祖先”之道作为毕生任务的地步。孔子这样做是有道理的。尧舜距离孔子已有一千五六百年之久，尧舜以前的情况有一些传说，但已十分渺茫，传说中尧舜的情况虽也很模糊，但尚有端倪可寻[②]，因此，以尧舜为

---

① 《论语·述而》。

② 尧舜时还没有文字记载，现存《尚书》中《尧典》亦非尧时作品，估计最早也不过是周朝史官根据传闻而整理的记录，但此篇内容大致是远古遗留下来的传说，因此这就是研究尧舜时代的重要文献资料。

崇拜对象尚有一定的历史根据。同时，传说中的尧舜时代正是中国历史上原始公社氏族社会后期，阶级和国家尚处于萌芽状态，所以，这一时期的社会生活中还保留着一定程度的原始的朴素的民主平等精神和风尚，人与人之间都能和爱相处，亲如一家，即“黎民于变时雍”[①]，意思就是在尧的治理和影响下黎民百姓都能雍雍和爱，亲如一家。孔子对传说中尧舜时代的原始朴素的民主平等、和爱谐调的社会生活和风尚表示极大的爱慕与向往，因此，他对尧舜和禹做了热情洋溢的歌颂：

> 大哉！尧之为君也。巍巍乎！唯天为大，唯尧则之。荡荡乎！民无能名焉。巍巍乎！其有成功也。焕乎！其有文章。[②]
>
> 巍巍乎！舜禹之有天下也，而不与焉。[③]

这里有一点应特别引起注意，就是“有天下而不与焉”，意即他们虽然得了天下，但不以天下为私有，不传子而实行选贤禅让，即有名的“天下为公”。这正是孔子所向往的理想，特别是孔子仁的人生哲学思想的归宿。由于孔子对传说中尧舜时代的主要精神（天下为公、民主平等等）表示热烈向往，因而这种精神就不能不在孔子自己的仁的人生哲学思想中有所反映。例如：

> 泛爱众，而亲仁。[④]

---

① 《尚书·尧典》。

②③ 《论语·泰伯》。

④ 《论语·学而》。

老者安之，朋友信之，少者怀之。[1]

敏而好学，不耻下问。[2]

这些思想境界很高的言论，都在一定程度上反映出有关尧舜时代原始公社氏族社会某些风尚的传闻。当然，原始社会对“天命”、对祭祀等的一些原始迷信思想，孔子也接受了不少，前已谈过，这里不再多谈了。

（2）西周文武周公时代的仁政礼治精神是孔子“宪章文武”的缘由。如果说孔子非常仰慕尧舜的话，那么，他对文武周公的仰慕较之对尧舜的仰慕则有过之而无不及。这是因为孔子和尧舜相距一千五六百年，尧舜时代尚无文字记载，那时的情况来自传说，依稀隐约，既不明确，也不具体；而文武周公和孔子相距仅五六百年，有相当数量的文献资料，情况比较明确具体，可资查考，加上文武周公的治国之道（典章制度）已经相当完备，而且大多保存在鲁都曲阜，孔子有机会看到，所以如前所述，孔子曾以赞叹的口吻说：“周监于二代，郁郁乎文哉，吾从周。”[3]但两千余年前的孔子不可能真正掌握西周社会政治经济文化发展的本质和规律，他所说的“郁郁乎文哉”也只是对表面现象的描述，而没有也不可能接触到事物的本质。用现代化的历史科学观点看，正像本书《孔子时代的社会背景》中所论述的那样，西周在中国历史上是一个划时代变革的起点，其主要标志是：一、废除了殷商的奴隶制，结束了奴隶社会的历史，开创了领主制封建社会。二、从总体而言，解放了奴隶，使之成为有一定人身自由（人格）的农奴，大大提高了生产力（主要是农业）。

①② 《论语·公冶长》。

③ 《论语·八佾》。

三、按宗法等级制原则，将主要的生产资料的土地实行由天子对各级领主的层层分封，最后分到直接从事农业生产劳动的农奴之手，根据“劳役地租”的原则从事农业生产和剥削。四、相传周公以文王、武王建立起来的初具规模的治国的典章制度为基础，同时吸收了某些殷商遗制，建立了一套较完善的礼治典则，这一套礼治典则以突出尊重周天子和忠君尊王为主导思想，详细规定了等级森严的封建统治阶级内部协调关系的各种仪式（包括外交、内政和婚、丧、嫁、娶等）以及祭天、祭神和祭祖先等典礼在内。这实际上是一套力图维护和巩固封建统治秩序的完整的西周政治制度。五、西周统治者特别是周公吸收了夏商王朝灭亡的教训，总结出一套如何更好地统治人民的经验，集中起来主要是“敬德保民”四个字。文武周公等根据传说和当时的习俗认为民是天生的，他们自己则是天派下来保护民的，民的意见又代表天的意见，“天视自我民视，天听自我民听”①，因此，顺民心就是敬天命，就能保住自己的统治地位；而要顺民心、敬天命，自己则须有道德修养（“敬德”），这就首先要了解种田劳动的艰难，然后才能在安逸中知道种田人的疾苦，即如《尚书·无逸②》中所说的“先知稼穑之艰难，乃逸，则知小人之依”③。

上述五点，特别是后两点集中体现了西周文武周公的所谓“仁政礼治”的精神。一生以宣扬文武之道（即“宪章文武”）为己任并

① 《尚书·泰誓中》。

② 根据司马迁《史记·鲁周公世家》所载，武王的儿子成王年长后，周公担心成王“有所淫逸”，特写《无逸》一篇，告诫成王。

③ “依”同“衣”。据《白虎通义·衣裳篇》说：“衣者隐也。”这里的“隐”即隐痛、疾苦之意。

宣称“文王既没，文不在兹乎！”[①]的孔子，根据文武周公上述“仁政礼治”的精神，又吸收了尧舜时代原始民主平等精神，加以概括和提炼，形成了自己以文武之道为基调的仁的人生哲学思想，这是很自然的，是可以理解的。

2. 个人经历的根源。本书《生平概略》中已经说过，孔子虽系贵族后裔，但三岁丧父，幼少年时生活贫苦，曾从事过各种劳动，因而接触了较多的下层劳动人民，对他们的疾苦有所体会和同情。尽管他一心想恢复自己的贵族地位，为贵族统治阶级服务，但这一段经历对他往后同情劳动人民疾苦的思想不能不留有较深的影响。例如：“厩焚，子退朝，曰：‘伤人乎？’不问马。”[②]马厩失火，孔子关心的不是马，而是人。这里“伤人乎”的“人”，肯定指的是喂马之类的下层劳动者，没有将心比心同情劳动人民感情的人，一般是不会这样做的。又如，孔子主张“有教无类”，这里的“无类”显然没有贫富贵贱等的区别，即包括贫苦下层人民在内。孔子所有弟子也确实有不少是属于贫贱的人。正因为如此，他才能在自己的思想感情深处，把传统中尧舜时代的原始民主平等精神和文武周公“敬德保民”的思想吸收到仁的人生哲学思想中来，并将仁的哲学思想的政治实践大体上分为两个阶段：第一阶段为实现小康世界的西周之治；第二阶段为达到“天下为公”、世界“大同”的理想境界。前者是眼前奋斗目标，所以谈得较多；后者为遥远将来的目标，因为孔子是个不尚空谈的人，所以谈得很少。

第二，仁的人生哲学思想的历史意义

孔子生长在封建社会，特别是生长在由领主制封建社会向地主

① 《论语·子罕》。

② 《论语·乡党》。

制封建社会过渡的春秋时期，而他一生实际向往的又是他认为“郁郁乎文哉”的西周文武周公时期的“仁政礼治”，因此他的思想就必然会出现当时以致后来的人所难以理解的矛盾，即一方面他忠贞不贰地维护西周式领主制封建贵族统治阶级的统治秩序，另一方面对封建社会发展的必然趋势，即领主制封建社会必然要发展到地主制封建社会，以及伴随而来的不可避免的一些混乱现象（如周天子名存实亡、诸侯国之间频繁的兼并战争和礼崩乐坏等），他却感到极为愤懑和不理解。在这种情况下，他不是向前看，看到地主制封建社会必然到来，而是向后看，认为只有恢复西周文武周公的领主制封建社会贵族统治秩序才是最好的出路。历史的车轮当然不会按照他的主观意愿向后倒退（回到西周领主制封建社会），而是滚滚向前，向地主制封建社会前进。历史是无情的，而孔子也就不得不以一个保守的、倒退的形象出现了。

从某一段历史时期来看，在领主制向地主制急剧过渡时，他不是前进而是后退，因而他不得不被目为保守和倒退的人物；但从整个封建社会的历史看，在封建社会的第一代开明统治者文武周公治国之道的业绩中，除了某些局部的、临时起作用的、瞬间即逝的因素外，确实还有一些有利于巩固整个封建社会的普遍因素，如文武周公“敬德裕民”的开明的贵族统治方法、封建贵族统治阶级内部礼乐融融的和睦气象，以及刚得到解放的农民（农奴）高涨的生产热情、社会秩序的安定、人民安居乐业的生活，等等。这些因素的意义对整个封建社会（三千年）中各个时期、各个王朝的盛衰、兴亡都直接攸关。孔子正是抓住了这些，即前面所讲的“宪章文武”中宪章的就是这些内容。因此，虽然从某个历史时期看他有保守的一面，但从整个封建社会历史来看，他又是一位掌握维护封建社会普遍因素的开明的大思想家。

不仅如此，我们更应当看到，身处封建社会初期的孔子，已经论及到诸如人之所以为人、人生的价值和理想、人与人之间应当遵守的伦理道德以及人类社会发展前景（大同世界）等现代人生哲学和社会科学所研究的问题（所谓“人道”），并且在一定的程度上，在某些方面，已经越过封建社会的藩篱，发现和总结出一些对整个人类都具有普遍意义的人生哲理，如孔子所说的“三军可夺帅也，匹夫不可夺志也”[①]，“其身正，不令而行；其身不正，虽令不从”[②]，“志士仁人，无求生以害仁，有杀身以成仁”[③]，这些格言难道不都是可以当之无愧地称为有普遍意义的人生哲理吗！而孔子仁的人生哲学的主旨及其实践精神，在马克思主义基本原理指导下加以批判继承，难道对于社会主义建设事业中起决定作用的具有中国风格的人的培养上，不是很可以参考和借鉴的一份珍贵的遗产吗？答复是肯定的。

二、仁为核心礼为形式的仁礼观

（一）仁、礼关系

在孔子的思想体系中，礼是仅次于仁的重要观念，它要求人们以周礼为行为准则。

周礼是周族在长期社会实践中形成的传统的典章、制度、仪节、习俗的总称，它从生产、生活的各个方面，具体而详尽地反映了社

① 《论语·子罕》。

② 《论语·子路》。

③ 《论语·卫灵公》。

会成员相互之间、成员个人与集体之间关系的准则，在权利与义务方面的统一性、平等性和对所有成员共同的约束性是它的基本原则（据民族学、民俗学对史前社会形态的研究，这些基本方面在各个民族的民族社会阶段都大同小异）。由于它以氏族血缘关系作为维系的纽带，在其形成与世代沿袭过程中，周族在经济、政治、文化、心理素质等方面的特征就通过“周礼”的形式表现出来，成为区别周族与其他氏族的外在标志。

随着灭殷战争的胜利，本来是西方“小邦周”的统治者，一跃而为“诸夏”（黄河中下游广大地区）的“天下共主”，“周礼”也随着周族势力所及扩大到华夏族的各国（即所谓“诸夏”）。这就促使“周礼”在其社会作用和性质上起了根本的变化，即本来只是作为团结本氏族按一定传统秩序进行生产、生活的习俗，这时却成为周王朝建立领主制封建国家政治结构的组织原则。一些本来只是为了表达氏族全体成员共同的喜庆或哀悼之情，而在一定时节举行的祭献乐舞、进退揖让之礼，这时却成为区分上下贵贱等级差别的政治规范，成为贵族领主阶级才能享用的专利品。与此相应，各种日用器物，从车马服饰到钟鼎盂盘，也在大小、质地、形制、数量上都有明显的差别，为的是表明器物主人在社会地位上的“名分”高低。从西周到春秋，各种政治场面都要按“周礼”的规定严格区分“名器”，所谓“唯器与名，不可以假人，君之所司也”[①]，说的就是“器”与“名”的重要性。因为它在形式与实质两个方面都是“礼”的体现，保住了器与名，也就保住了贵族领主阶级的命根子，从根本上维护了周礼的尊严。

孔子认为，礼的意义十分重大。他说：

---

① 《左传·成公二年》载孔子语。

丘闻之，民之所由生，礼为大。非礼，无以节事天地之神也；非礼，无以辨君臣上下长幼之位也；非礼，无以别男女父子兄弟之亲，婚姻疏数之交也。①

这就是说，礼是社会政治生活中最重要的东西。没有礼，就无法敬礼天神地祇；没有礼，就不能把人分为君臣上下的不同等级；没有礼，就不能分别家庭、亲戚的亲疏远近。

按照孔子的历史观，礼适用于整个小康时代。虽然历史上各个阶段的礼有所不同，但其基本内容是一脉相承的。夏代最早进入小康社会，因此最先有了礼。继夏的殷，对夏礼进行损益，从而形成殷礼；继殷的周，对殷礼进行损益，从而形成周礼。三代之礼中，周礼晚出，自然更为严密，所以孔子对它尤为赞赏。传说中制礼作乐的周公，更是他无比敬佩的典范。

但是，礼并没有能实际地统治整个小康时代。在每个王朝的末叶，它都被人们周期性地破坏，因而形成礼崩乐坏的局面。春秋正是这样一个时代。孔子认为，要改变春秋天下大乱的政治状况，就要恢复周礼的权威，使上上下下均按周礼行动，人人安其位，守其分。这样，西周盛世可重建于天下。

仁与礼的关系如何？礼是宗法等级社会的制度、规范，它强调的是尊卑长幼之序，是具有不同名分的人之间的区别与对立。仁按其本义是一种人道主义思想，强调人们之间的仁爱、谅解、关怀、容忍，也强调广大人民物质生活的安定和提高（安、信、怀和庶、富、教）等等。从社会政治方面看，如果只有礼而没有仁，那就会加深

---

①《礼记·哀公问》。

对立，导致矛盾激化，造成社会危机。如果只有仁而没有礼，就会产生没有差等的仁爱，以致模糊上下尊卑的界限。这两极都是孔子所不希望出现的，于是他用中庸的办法（关于中庸问题，后面会专门讨论），执其两端而用其中，使仁和礼相互制约，相互辅佐，从而达到一种有等级但不过分对立，有仁爱但不无区别，亦即等级与仁爱对立与和谐的统一，和大家生活安定富裕的理想状态。这便是理想的小康社会。

从孔子伦理学角度去看，礼是人们的行为准则，体现了社会对人的外在约束；仁则是人的本质，是修己、爱人的内在自觉性。只有外在约束而无内在自觉，则人的行为完全成为强制的结果，失去人之所以为人的特点；只有内在自觉而无外在约束，则人人按自己标准行事，不能保持尊卑上下的秩序。因此外与内、礼与仁必须统一起来。以礼的准则行仁（修己爱人），以仁的自觉复礼（贵贱有序、亲疏有等）。

与仁结合的礼，由于有仁的制约，染上了人道主义的色彩。历史和现实中不合人道的事情，如杀人殉葬、贵畜贱人以及不合仁政的昏君独裁、横征暴敛等等，都被孔子认为是不合礼的东西予以摒弃。同时，由于得到仁作为自己的思想内容，礼便被建立在人们的人格自觉的基础之上。这样，礼又反转来成了人们的内在要求，而不仅仅是外部的强制，无形中提高了人们执行礼的自觉性。孔子说：

> “人而不仁，如礼何？人而不仁，如乐何？”①
>
> “礼云礼云，玉帛云乎哉？乐云乐云，钟鼓云乎哉？”②

---

① 《论语·八佾》。意为不仁的人是谈不上什么礼和乐的。

② 《论语·阳货》。意为礼乐不仅仅是形式，它们有自己的思想内容——仁。

这些话强调仁是礼的思想基础，认为没有仁的思想内容，光有玉帛、钟鼓等礼的形式，是不能称作礼的。还有一点值得注意的是，孔子把礼与德都当作治民的要道[①]，打破了礼不下庶人的旧制度。这一方面提高了庶人的地位，同时还促使周礼成为更带群众性的贵族领主或地主封建统治阶级的有力统治工具。

与礼结合的仁，由于受礼的制约，便不是无差别的人类之爱，而是以亲亲、尊尊为核心的、有差等的爱；其人格自觉也不是一般人的自觉，而是宗法、等级下的人的自觉。礼是仁的外在准则，离开了礼，就不可能有仁，犹之没有形式就不能表现内容一样。因此孔子说："克己复礼为仁。一日克己复礼，天下归仁焉。"[②]

总之，仁是礼的内在的主导因素，是孔子思想体系的核心，礼则是仁的外在表现形式，因此，在孔子思想体系中，仁与礼密切联系在一起。但是在《论语》中却有一位不知礼的仁人即管仲。这是不是意味着仁与礼可以分离呢？我们来看孔子的评价：

> 邦君树塞门，管氏亦树塞门。邦君为两君之好，有反坫，管氏亦有反坫。管氏而知礼，孰不知礼？[③]

在"树塞门""有反坫"的僭越行为上，管仲为不知礼，是违礼的人；但另一方面孔子又说：

---

① 《论语·为政》："道之以德，齐之以礼，有耻且格。"

② 《论语·颜渊》。意为克制自己，使自己服从于礼，这便是仁。

③ 《论语·八佾》。塞门，用以间隔内外视线的屏壁，类似现在的影壁。反坫，系周代诸侯宴会时的礼节。坫为土台，建于两楹之间，可以放器物。古礼两君相宴，主人酌酒进宾，宾在宴前受爵，饮毕，置空爵于坫上，乃名反坫。塞门、反坫均系国君之礼，管仲不该有而自设，故孔子讥为"不知礼"。

桓公九合诸侯，不以兵车，管仲力也。如其仁，如其仁。[①]

管仲相桓公，霸诸侯，一匡天下，民到于今受其赐。微管仲，吾其被发左衽矣。[②]

管仲帮助桓公以和平方式团结了诸侯，并且一道尊崇周天子，抗御蛮夷滑夏，捍卫了华夏族的独立与尊严。把这些功绩和上述两件违礼僭越行为相比，可说是功大于过，权衡轻重，孔子还是许管仲为仁人。可见孔子在大是大非的问题上，还是把仁放在礼之上，这是合乎他一贯以仁为中心的思想的。

在整个小康时代之内，仁与礼必然体现阶级与等级的差别。只有在孔子理想的“大同”世界，仁才成为无差别的真正平等的人类之爱，那时礼也就必然服从仁的内在要求而成为和仁相一致的仅仅表示相互敬爱亲密的平等礼貌了。形式有时在一定程度上可以制约内容，但决定形式的主要因素，归根到底，还是内容。这就是说，礼（形式）最终还是由仁（内容）决定的。这就是孔子以仁为核心、以礼为形式的仁礼观。

（二）尊尊、亲亲关系

孔子认为，周礼中最重要的原则就是尊尊与亲亲。尊尊即尊贵，是维护等级制的原则，它规定人民服从贵族特权。公元前 513 年，晋国铸刑鼎，受到孔子猛烈抨击，就是因为它破坏了尊尊原则。

---

① 《论语·宪问》。意为齐桓公多次以和平方式与诸侯会盟，这是管仲的功劳，这是他的仁。

② 同上书。管仲帮助桓公称霸诸侯，匡正天下，保卫了华夏族的利益，百姓至今还感谢他。如果没有管仲，我们可能都被夷狄制服了。

他以为晋国开国之君唐叔从周天子那里接受的法度是不能改变的。它使民尊贵、贵守业，贵贱关系严格而不乱。但铸刑鼎却破坏了这种状况，民可以依据鼎上的条文与贵者争。贱不尊贵，贵不守业，晋国快灭亡了[①]。孔子认为取消了贵贱等级，国将不成其为国。

尊尊，首先要尊君。孔子主张“事君尽礼”[②]，“事君，能致其身”[③]，“事君，敬其事而后其食”[④]。他自己很虔诚地执行了尊君的原则。君要召见他，他不等备好车子，马上步行前往。在君的宫殿里，他表现出谨慎小心的样子，生怕触犯了君威，甚至经过君坐的空位子，也像君坐在位子上一样恭敬。齐国陈恒杀君夺权，孔子虽早已去官，仍然斋戒沐浴，郑重其事地向鲁公和“三桓”禀报，请求讨伐陈恒。事实上，陈恒要比齐简公开明和能干得多，因而得到民众拥护，然而孔子还是认为杀君（即使是昏庸之君）就是违背忠君尊王原则，就该讨伐。这件事充分反映了孔子忠君尊王和等级名分的思想实质。

所谓亲亲，即心向着自己的亲族，这是宗法制的原则。亲亲首要的一条是孝悌。孔子说：“弟子入则孝，出则弟。”[⑤]“事父母，能竭其力。”[⑥]“三年无改于父之道，可谓孝矣。”[⑦]服从父母，服从兄长，不仅要顺从他们的意愿，还要包庇他们的罪过。如果父母偷了别人的羊，儿子不可以检举，而要帮助隐瞒。“父为子隐，子为父隐，直在其中矣。”[⑧]孟子继承了这种思想，当有人问到如果舜的父亲犯了

---

① 详见《左传·昭公二十九年》。

② 《论语·八佾》。

③ 《论语·学而》。

④ 《论语·卫灵公》。

⑤⑥⑦ 《论语·述而》。

⑧ 《论语·子路》。

罪，作为天子的舜应该怎样对待时，他回答说，舜应该背着父亲逃到海边隐藏起来。这种把家族的利益当作最高利益，并把它摆在真理、正义之上的作法，充分显示出宗法观念的狭隘和鄙陋。在宗法等级社会里，一个人的社会地位是由他在血缘上与天子、诸侯、卿、大夫等的关系的远近决定的，社会关系同时就是血缘关系。

尊尊亲亲是等级宗法制的领主制和地主制封建社会的基本政治原则，孔子为了维护这个原则，甚至不惜在政治上办蠢事（讨陈恒），在与人交往中说假话（为尊者、亲者讳）。这些是孔子思想的糟粕。今天，父子、兄弟、夫妻、朋友，特别是同志之间的亲密关系，下级尊重上级和上级同样尊重下级的上下级之间的友爱团结关系，是客观的而且是必须存在的、符合社会主义原则的平等友爱关系，这和封建社会的亲亲、尊尊思想有原则区别，决不可类比。为了发展这种新的人与人的关系，必须对亲亲、尊尊的封建残余影响加以不断地批判和肃清。但是应该认为，孔子维护周礼的理论与行动，在他那个时代是可以理解的，不然，那就不是历史上的孔子了。这和今天必须加以批判和肃清的，是两回事。这就是历史唯物主义的态度。

（三）正名的意义

为了维护周礼的尊严，为了贯彻亲亲尊尊的原则，孔子提出了“正名”的主张。他说：“名不正则言不顺，言不顺则事不成，事不成则礼乐不兴，礼乐不兴则刑罚不中，刑罚不中则民无所措手足。”[①]这里的“名”就是指按周礼规定了的人的身份地位，“正名”就是整

① 《论语·子路》。

顿有些人特别是在位的人与他的身份不相符合的言论和行动。所以他又说："君君，臣臣，父父，子子。"[①] 在"君君"之中，第一个"君"字指作为君的个人，第二个"君"字代表君的身份、地位、行为准则等等，一句话，代表君道，在这里作动词用。"君君"就是说凡为君者都要使自己的言论和行为符合于君道。同样，臣要符合臣道，父要符合父道，子要符合子道。从正名的要求出发，孔子对不按自己身份行事的人都进行批评，批评的重点主要是放在臣对君的僭越行为上。例如，身为鲁国大夫的季氏竟敢公然用天子才能用的"八佾"舞[②] 的仪式，所以孔子愤慨地说："八佾舞于庭，是可忍也，孰不可忍也！"[③] 鲁国的"三桓"（仲孙、叔孙、季孙三大夫）在祭祖结束时，唱起"相维辟公，天子穆穆"的《雍》诗来，孔子说，这首描写天子祭祀的诗歌"奚取于三家之堂"[④]？这些都是对鲁国大夫的指责，但对鲁国的国君非但不加指责，反而帮助掩饰。例如鲁昭公明知同姓结婚为非礼，却娶了同姓的吴姬为妻，孔子仍说昭公"知礼"[⑤]。可见孔子所谓的"正名""复礼"，最根本的目的是消灭下犯上

---

① 《论语·颜渊》。

② 八佾是古代的舞蹈（伴乐），八个人为一行叫一佾。周礼规定天子八佾（六十四人），诸侯六佾（四十八人），大夫四佾（三十二人）。季氏只该用四佾，现在竟敢用八佾，所以是僭礼。

③ 《论语·八佾》。

④ 《雍》是《诗·周颂》中的一首诗名。"相维辟公，天子穆穆"是说，天子在肃静地主祭，助祭的（相）是诸侯（辟公）。孔子指责道："这首诗怎么能用在三家之堂上呢？"

⑤ 《论语·述而》："陈司败问昭公知礼乎？孔子曰：'知礼。'孔子退，揖巫马期而进之，曰：'吾闻君子不党，君子亦党乎？君取于吴，为同姓，谓之吴孟子。君而知礼，孰不知礼？'巫马期以告。子曰：'丘也幸！苟有过，人必知之。'"鲁、吴二国都姓姬，同姓，按周礼同姓不能结婚。鲁昭公娶了一位吴国的夫人，本应称吴姬，却改称吴孟子，以便掩盖同姓结婚的事实。孔子本知此事底细，但因"为君讳"也是礼，所以故意把昭公不知礼说成是知礼，最后还是归过于自己。

的现象，而上者本身或上对下的损名、违礼的不道德行为，则在“为上者、尊者讳”的借口下，成为无关紧要的了。由此可见，孔子的正名是不彻底的，也是不可能彻底的。孔子的正名主张所依据的是周礼。周礼是上层建筑，是由社会的经济基础决定的，归根结底是由社会物质的生产和再生产决定的。到了春秋时代，周礼已渐渐脱离社会实践，而孔子仍企图用已不符合社会实践的周礼作为“正名”的依据，显然是行不通的。所以毛泽东同志对孔子的正名思想有这样的评论：

> 作为哲学的整个纲领来说是观念论……但如果作为哲学的部分，即作为实践论来说则是对的，这和“没有正确理论就没有正确实践”的意思差不多。如果孔子在“名不正”上面加了一句：“实不明则名不正”，而孔子又真正承认实为根本的话，那孔子就不是观念论了，然而事实上不是如此，所以孔子的体系是观念论；但作为片面真理则是对的，一切观念论都有其片面真理，孔子也是一样。……“正名”的工作，不但孔子，我们也在做，孔子是正封建秩序之名，我们是正革命秩序之名，孔子是名为主，我们则是实为主，分别就在这里。①

毛泽东同志认为孔子抓正名并不全错，错只错在他用已不合于当时社会实际的名（周礼）去正已发展变化了的当时的社会实际。如果名是符合于实际需要的话，那孔子的正名就成为既能做又做得到的合理措施了。毛泽东同志正是否定了孔子正名主张不对的方面，肯定了其对的方面。

---

① 毛泽东《致张闻天》，《毛泽东书信选集》，人民出版社 1983 年版，第 144—145 页。

这里还必须指出，孔子关于作为“正名”依据的礼的思想，在他的思想体系中是属于落后的、保守的东西。后来地主阶级虽然推翻了领主阶级的统治，并没有根本改变宗法、等级特权制度，因此孔子关于尊尊亲亲等礼的思想，仍被沿袭下来，稍作变通，又成了地主阶级的正宗思想。

三、作为仁的人生哲学方法论的中庸

（一）中庸的本义

中庸作为方法论，是孔子以仁为标志的人生哲学思想的必然产物。它们之间的关系，是一脉相承的。在《论语》中，提到中庸只有一次：“中庸之为德也，其至矣乎！民鲜久矣。”[①]但实际上，孔子在自己的理论与实践活动中始终贯彻了中庸思想。

在先秦时代，各派哲学家为建立自己的世界观、方法论，都曾研究过矛盾问题。道家强调对立的相对性，主张无条件的转化。老子说：“祸兮福所倚，福兮祸所伏。孰知其极？其无正？正复为奇，善复为妖。”[②]在祸福之间、奇正之间、善妖之间，无须一定的客观条件，可以反复转化。法家强调对立的绝对性，主张强凌弱、大制小。韩非子认为，君主应该用严刑峻法镇压臣民：“夫严刑者，民之所畏也；重罚者，民之所恶也。故圣人陈其所畏，以禁其邪，设其所恶，以防其奸，是以国安而暴乱不起。吾以是明仁义爱惠之不足用，而

---

① 《论语·雍也》。

② 《老子》五十八章。

严刑重罚之可以治国也。”[①]

孔子对矛盾的态度与老子、韩非都不同，他主张中庸，而保持矛盾的统一、平衡和长期稳定。

那么，什么是中庸呢？所谓中，即中正，中和[②]。所谓庸，即用也，常也[③]。因此中庸即是“用中为常道也”[④]。《礼记·中庸》是发挥孔子中庸思想的著作，它说：“执其两端，用其中于民。”这句话颇能说明中庸的实质。中庸要求“允执其中”[⑤]，然而要坚持中，必须把握“两端”，即矛盾的对立面；离开两端即无所谓中——对立面的统一、联结、协调、平衡等等。不过执“两”，不是要用“两”而是要用它们的中。这样就可以避免偏于一个极端的危险，站在中的立场上，使矛盾的统一协调地保持下去。

我们知道，矛盾双方的斗争推动事物的发展，这个发展可以分为两个阶段。当矛盾双方处在一个统一体之中的时候，事物处在量变阶段，而当矛盾破裂，一方向另一方转化的时候，事物处在质变或飞跃阶段。唯物辩证法既研究量变，也研究质变，既研究矛盾的统一，也研究它的转化，并且对质变、转化给予更大的注意。孔子在政治上主张仁政德治，各安其分，各得其所，“事取其中”，希望在和平中损益（改良），惧怕革命，因此在方法论上只强调矛盾的统一、调和，不谈矛盾的斗争、转化。这是他的学说的严重缺陷。但

---

① 《韩非子·奸劫弑臣》。

② 朱骏声《说文通训定声》：“著侯（箭靶）之正为中，故中即训正。”《白虎通义·五行》：“中，和也。”《论语·雍也》：“中庸之为德也。”皇侃疏曰：“中，中和也。”

③ 《说文》：“庸，用也。”《尔雅·释诂》：“庸，常也。”《孟子·告子上》：“庸敬在兄。”赵岐注：“庸，常也，常敬在兄。”

④ 《礼记·中庸》：“君子中庸。”郑玄注：“庸，常也，用中为常道也。”郑氏《中庸》解题曰：“名曰中庸者，以其记中和之为用也。”

⑤ 《论语·尧曰》。

他对矛盾的统一以中庸为名进行比较深入的探讨，在这一方面对辩证法做出了贡献。

（二）中庸的主要特征

作为孔子方法论的中庸思想，它的主要特征是：

第一，“过犹不及”

有一次，子贡问孔子：“子张与子夏，哪一个更好一些？”孔子说：“子张有些过头（过分），而子夏显得不及（赶不上）。”子贡说：“那么，子张好一些吗？”孔子说：“过犹不及。”就是说，过头和不及同样不好[①]。用现代语说，就是左和右都不好。很明显，在孔子心目中，唯有无过无不及的中正是好的。

过与不及都是相对于一定的标准来说的，它们是在相反方向上脱离标准的对立倾向，构成名副其实的两端。按照中庸思想，只有把握两端，才能更好地坚持中，并且运用中，因此孔子的“过犹不及”的思想，或无过无不及的思想，正是中庸原则的具体应用。中是过与不及的联结点和分界点。中既有过的因素，也有不及的因素，正因为如此，它既不是过，也不是不及，而是它们的否定。

可以认为，“过犹不及”的思想，或者说无过无不及的思想，在一定程度上揭示了质与量的辩证关系，亦即度量的观念。这就是说，一定的质是与一定的量联系在一起的，量的过与不及都会改变事物的质。为了保证事物具有一定的质，必须既反对过，又反对不及。毛泽东同志说：

---

① 《论语·先进》：“子贡问师（颛孙师，字子张）与商（卜商，字子夏）也孰贤？子曰：‘师也过，商也不及。’曰：‘然则师愈与？’子曰：‘过犹不及。’”

> “过犹不及”是两条战线斗争的方法，是重要思想方法之一。一切哲学，一切思想，一切日常生活，都要做两条战线斗争，去肯定事物与概念的相对安定的质。①
>
> 孔子的中庸观念……是孔子的一大发现，一大功绩，是哲学的重要范畴，值得很好地解释一番。②

这个评价是中肯的。中庸确是一个重要哲学范畴，应该给予恰如其分的说明和评价。

有人认为“执其两端，用其中于民”，无过无不及，是折中主义。其实不然。折中主义是在原则对立的观点之间采取的无原则的迁就态度，既承认这一个，又承认那一个，没有原则，没有是非。然而执两用中、无过无不及却不是这样，它是有原则的，这个原则就是在人与人之间各种关系上都必须遵守的礼。具体讲，在孔子心目中即周礼。

> 子曰：“师尔过，而商也不及。……”子贡越席而对曰：“敢问将何以为此中者也？”子曰：“礼乎礼！夫礼所以制中也。”③

这就是说，礼既是仁的形式，因而可以作为决定中的标准。因为有了礼这个标准才能明确什么是过和不及，什么是无过无不及的中。孔子以礼制中，当然有其落后的一面，我们可以批评其以周礼

---

① 《毛泽东书信选集》第145—146页。

② 毛泽东《致张闻天》，《毛泽东书信选集》第147页。

③ 《礼记·仲尼燕居》。

为原则的落后性，但不能说他是无原则的。

事实上，孔子不但不搞折中主义，反而十分痛恨搞折中主义的人。有一种人，见人说人话，见鬼说鬼话，“同乎流俗，合乎污世”[①]，到哪里都受欢迎。孔子把这种人叫做“乡愿”。他说：“过我门而不入我室，我不憾焉者，其惟乡原乎！乡原，德之贼也！”[②]宋末诸儒认为中是含糊苟且、不分善恶的意思，如果这样，无原则即是中庸，而乡愿正是中庸的模范，孔子为什么还要猛烈抨击乡愿呢？其实，中庸与乡愿的区别就在于前者有原则，后者无原则，孔子痛恨乡愿，原因就在这里。

第二，“和而不同”

如果说过头和不及是贯彻中庸思想（执两用中）必须加以反对的错误倾向的话，那么“和而不同”则是贯彻中庸思想（执两用中）必须加以提倡的正确作法。前者以各执一端的形态出现，后者则以兼容两端中的合理因素而融会贯通之的形态出现，即在对待人与人相处的问题时以有原则的和睦相处的形态出现。

那么，什么是和？什么是同？在先秦时代，人们把保持矛盾对立面的和谐叫做和，把取消矛盾对立面的差异叫做同，和与同有原则区别。以君臣为例，和是君臣不同看法的协调。君说可行的，其中有不可行的东西，臣指出其不可行之处，而使其可行的更加完备。君说不可行的，其中有可行的东西，臣指出其可行之处，而去掉其不可行的，这样就可达到政治平稳、民无争心的状况。所谓同，就是君说可，臣亦曰可，君说不可，臣亦曰不可。取消矛盾，造成君主一言堂，结果是使君主犯政治错误，而且愈演愈烈。[③]孔子认为，

---

①② 《孟子·尽心下》。

③ 见《左传·昭公二十年》。

只有和是可行的，而同是要不得的。所以他说：“君子和而不同，小人同而不和。”[1]这就是说，君子坚持有原则的和睦相处，反对无原则的苟同；小人只喜欢无原则的苟同，而不喜欢有原则的和睦相处。

“和而不同”包含着这样的思想内容：凡无关原则的小事，要讲协调，重和睦，不要小题大做，闹不团结；凡事关原则性的大问题，就要坚持原则，不应苟同。

然而矛盾的和谐或统一、平衡等等，仅仅是矛盾斗争的一种状态，是事物发展的量变阶段。量变阶段也会结束，出现渐进性的中断，即飞跃或质变阶段。可是孔子对破坏和谐的激烈斗争和质变，采取否定态度，不承认它们是发展的常规，因此春秋时代的巨变，他无论如何不能接受，斥之为“天下无道”。像前面所说的那样，他一心要恢复不可能恢复的远远落在社会发展后面的西周初年领主制封建社会那样的和谐、安定的状态，这当然是做不到的，只能以碰壁而告终。

第三，“时中”与“权”

孔子看到，所谓中并不是一成不变的东西，它将随着时间和条件的不同而不同。他说：“君子之中庸也，君子而时中。”[2]时中即在不同的时机上用中。在某种条件下是中的行为，在另一种条件下就不是中。要时时得中，便要审时度势，灵活处置。孟子说：“可以仕则仕，可以止则止，可以久则久，可以速则速，孔子也。”[3]这是在出仕与不出仕问题上的时中。在教育人上也有时中。子路问：“闻斯行诸？”孔子说：“有父兄在，如之何其闻斯行之？”后来冉有问：

---

① 《论语·子路》。

② 《礼记·中庸》。

③《孟子·公孙丑上》。

“闻斯行诸？”孔子答道：“闻斯行之。”为什么给两个人的回答不同呢？孔子说：“求也退，故进之；由也兼人，故退之。”[①]同样一个道理，冒进的人去做会过分，所以要泄泄火，促退一点；保守的人去做会不及，所以要鼓鼓劲，促进一点。对不同的人有不同的教法，这便是时中。

孔子又说：“可与共学，未可与适道；可与适道，未可与立；可与立，未可与权。”[②]这里的“可与立，未可权”中的“权”字，其基本含义也与“时中”相似，即通权达变，也就是说凡事要审时度势，讲究灵活性。

以上三点，大体上可以概括中庸思想的主要特征。

如果礼是仁的形式，仁是礼的内核，那么中庸就是使内容（仁）与形式（礼）相统一的方法论。所谓“过犹不及”，所谓“和而不同”，所谓“时中”，所谓“权”等等，都是中庸这一方法论运用上的不同形式，其最终目的是达到仁与礼的高度统一，达到仁作为人与人之间各种关系的哲学概括这一思想，在现实社会生活中得到完美的表现和贯彻。

毛泽东同志认为中庸思想是“孔子的一大发现，一大功绩”，大概指的就是这些。其积极方面的意义，现在仍值得很好地加以论证和阐发，做到“古为今用”。

---

① 《论语·先进》。

② 《论语·子罕》。

第四章 伦理思想

仁是孔子伦理思想的总纲，这在前面已作了论述，本章专就伦理思想本身再进一步作些探讨。

孔子统观先民人与人之间长期相处的经验教训，加上自己的研究和体会，提出了自己的伦理思想。所谓伦理思想，是指人类[①]在人与人之间合理相处而应共同遵守的道德规范。孟子讲的“人之所以异于禽兽者几希”[②]，这个“几希”主要就是指人的伦理道德。人而无德，就像禽兽或衣冠禽兽那样，不成其为人了。孔子时代是领主制宗法封建社会，人与人之间等级森严，在这种情况下，儒家尚敢于根据孔子伦理思想提出“自天子以至于庶人，壹是皆以修身为本”[③]即一视同仁的伦理修养，不管是否能够完全做到，特别是以天子为代表的各级贵族是否能够做到固然是个问题，但要求像人之所以为人那样，都要有伦理道德，在两千余年前能提出这个见解，精神是好的。尤其孔子在政治上主张“仁政德治”，这样就把伦理道德和政

① “伦，犹类也”，见郑玄在《礼记·曲礼下》关于“伦”字的注。

② 《孟子·离娄下》。

③ 《大学》。

治密切结合，合而为一了。孔子说的“修己以敬，修己以安人，修己以安百姓”[1]就说明了当时封建时代政治与伦理道德的统一性。

一、孔子的伦理思想及其与当时各家伦理思想的异同和论争

（一）孔子伦理思想的主旨

孔子是一位封建社会的开明思想家，他既希望贵族统治阶级的统治能够长治久安，又希望被统治的广大劳动人民也能够安居乐业，这就是他的所谓小康世界（西周社会）的理想。他认为，这个社会能否安定富裕，关键在于操纵国家命运的贵族统治阶级是否具有高尚的伦理道德，是否能够“敬德保民”，因此他对于当时贵族统治阶级的伦理道德修养寄予殷切希望。他认为，春秋时代的社会政治动乱，最重要的原因就在于各级贵族缺乏伦理道德的高尚修养，因而在处理国家事务时就背离了伦理道德的准则，于是纲纪不正逐步泛滥成为天下大乱。要挽救这种局面，首先就需要贵族统治者临危而惧、醒悟过来，自觉地提高道德修养，端正品格，身体力行，只有这样才能用道德规范指导国家事务，教民化俗，实现“其身正不令而行”[2]的良好政治。孔子认为，作为贵族统治阶级的治人者，都应该成为德高望重的仁人君子。而要做到这一点，关键是自觉修己，以德治身，丰富自己的道德学问修养，只有这样才能凭丰富的内在道德学问修养之力，立光辉灿烂的富国安民之功。孔子的殷切希望，

---

① 《论语·宪问》。

② 《论语·子路》。

面对着的却是当时贵族实际生活的腐败和堕落，因此，他深为忧虑地发出感叹道：

> 德之不修，学之不讲，闻义不能徙，不善不能改，是吾忧也。[①]

孔子对当时许多诸侯、卿、大夫单靠严刑峻法、阴谋欺骗等手法治理国家的情况甚为不满。他主张把政治和伦理道德密切结合，这样才能真正管好国家。因为用严刑峻法、阴谋欺骗办法管理国家，最多只能使老百姓畏祸惧法，不能使他们心悦诚服、守法遵礼。而只有把政治、教育和伦理道德融为一体来治理人民才能使他们心悦诚服地守法遵礼，知耻从善。

孔子认为，仁和礼不仅适用于贵族的内部，在一定程度上也可以适用于广大劳动群众，他明确提出“泛爱众而亲仁”[②]的要求，就说明了这一点。在当时等级森严的条件下，能提出“泛爱众”的要求是很有胆略的。因为只有“泛爱众”，才能推己及人，才能做到“恕”，也只有“恕”才能把所有人都当人看，而孔子正认为“恕”是“可以终身行之”[③]的美德。周初的统治者提出“敬德保民”的口号，这比殷代奴隶主把奴隶当作牲畜看，自然有了进步，但还没有把庶民看作和自己一样的人，没有推己及人的观念。恕的观念把孔子和他们区分开来，这个差别反映了历史的巨大进步。

在等级森严的封建社会中，把不同等级的人包括农奴以至奴隶在内都当人看，这已是仁在实践上发挥了很大的进步作用了。但是

---

① 《论语·述而》。

② 《论语·学而》。

③ 《论语·卫灵公》。

仁与礼是相互制约的，礼既然是封建宗法等级制的典则，因此，必须与礼相适应的仁就不可能是无差别的人类之爱，而只能是以各级贵族为重点的有差等之爱。于是，作为“为仁之方”推己及人的恕道，也只能按照人们在宗法等级制的不同地位去推行，这个矛盾充分显示了孔子伦理思想中内在的“二重性”。就是说，承认爱人，但强调爱有差等，主张在突出君父地位的前提下给人以一定的照顾，但是决不允许有脱离或超越君父统治的权利。总而言之，孔子伦理思想的主旨便是通过规定家庭、邻里、社会、国家中各种成员之间一定的以仁为核心的不同道德规范，在礼的按等级制的约束即“正名”的约束下，用“中庸”的方法实现全社会以领主制贵族统治阶级天子为代表的，各个等级、各行各业都可以达到的和谐，即实现所谓国泰民安的小康世界（西周社会）。

（二）孔子和墨、老二家伦理思想的异同和论争

春秋战国是百家争鸣时期，各家阶级地位不同，政治立场不同，伦理观念也不相同。墨子是城市手工业行会师傅的代表。手工业者反对旧的宗法制度，反对国与国、家与家、人与人之间的战争与争夺，要求建立一个能代表普天下所有人利益的集权政府。墨子适应这种政治倾向，在伦理学中提出“兼爱”的主张。他认为，天下大乱的根源在于不相爱，诸侯只爱己国不爱别人之国，家主只爱自家不爱别人之家，个人只爱己身不爱别人之身，因而出现了诸侯之间的战争、家族之间的掠夺、个人之间的残害。要改变这种状况，必须实行“兼相爱交相利”，使所有的人都能够在思想上消除国与国、家与家、人与人之间的界限，实现博爱。他们心目中的大禹，就是一位为天下人的利益长年辛勤治水的人。墨子自己也为抵御侵略战争，实行自己政治主张，解救天下百姓而奔走一生。他教导他的学

生们“以裘褐为衣，以跂蹻为服，日夜不休，以自苦为极”[①]。这些都表现了墨者的自我牺牲精神。

道家是隐者，是从旧贵族转化而来的小生产者的思想代表。他们仇恨使自己遭到没落命运的宗法、等级制度，对反映这个制度的道德观念展开激烈的攻击。老子说：“绝圣弃智，民利百倍；绝仁弃义，民复孝慈。”[②]他认为大道流行的时代，不存在什么仁、义、忠、孝、礼、乐等等，所有儒家心爱的这些东西全是大道既隐、世风浇漓时代的产物，是天下大乱的根源。他希望回到小国寡民、老死不相往来的原始时代去。道家的另外两位代表人物庄子和杨朱，由于反对宗法等级制度，在伦理观上走向利己主义。庄子认为，学道的目的在于全生保真、长生久视；杨朱则“取为我，拔一毛而利天下，不为也”[③]。庄子宁愿挨饿也不肯做官为君主效劳。他理想的圣人是古代隐者许由，传说这位许由为了自由自在地生活，拒绝接受天子职位。

从孔子儒家的观点看，墨家的兼爱把爱人发展到无差等的地步，违反了亲亲；道家把自爱发展到无尊无贵的地步，违反了尊尊。两者各取或过或不及的立场，远离了中庸。而孔子的中庸在某种意义说正是取“兼爱”与“为我”之“中”，更确切些说，是既不兼爱又不为我的“中”。孟子坚持孔子的思想，猛烈反击杨朱、墨子的主张，他说：“杨氏为我，是无君也；墨氏兼爱，是无父也。无父无君，是禽兽也。”[④]这种说法符合孔子思想，代表了儒家对这两个学派的批评和论争。孔子胜利了，这是历史条件的必然结果。其实三家之说，各有长短。我们应从社会主义的要求出发，评三家之得失而吸取其

---

① 《庄子·天下》。

② 《老子·十九章》。

③ 《孟子·尽心上》。

④ 《孟子·滕文公下》。

长，用以丰富社会主义伦理道德内容，使之臻于完美。

二、孔子以仁为核心的道德规范体系

孔子认为，伦理道德是合理处理人与人之间正常关系的准则，人不论何时、何地、何事都有伦理道德的约束与影响。因为即使只有自己一个人在，也还有个“慎独”的要求，而慎独正是伦理道德的一个重要内容。孔子曾经说过“君子无终食之间违仁”[①]，就是说，一个君子在任何时刻都不应违背以仁为核心的伦理道德，因为它是人类精神文明的支柱，是人类区别于其他动物的标志。孔子在观察、体验、研究和总结过程中，建立了一个庞大的道德规范体系，前已说过。现在将孔子庞大的以仁为核心、以礼为形式的道德规范体系，举几个主要例子说明如下。

（一）孝　悌

人一出生，首先接触的人，就是父、母、兄弟等，这是古今中外，直到如今，凡有人的地方，没有例外的。所以孔子在他的伦理思想中首先着重强调了父子、兄弟之间相处的道德准则，这就是孝悌。孝指尊敬父母，悌指尊重兄长，它们是维护家长、族长地位，巩固宗法制度的必要德目。孔子说：“弟子入则孝，出则弟。”[②]“出则事公卿，入则事父兄。”[③]由于当时的家族组织与行政组织是一致的，在家

---

① 《论语·里仁》。

② 《论语·学而》。

③ 《论语·子罕》。

能孝悌者，在政治上必能敬重君主、公卿，所以，“其为人也孝弟，而好犯上者，鲜矣。”[①]同时因为对于各种人的仁爱都是由孝悌这种父子兄弟之爱推衍出来的，所以有子说：“君子务本，本立而道生。孝弟也者，其为人之本与！”[②]因为孝悌是仁的根本，所以我们首先提出孝悌来作考察。

在孝悌两者中间，孔子更重视孝。但是，怎样做才算是孝呢？首先是合礼。孔子说：“生，事之以礼；死，葬之以礼，祭之以礼。”[③]但是这里的礼决不是形式主义的虚应故事，要有与之相应的真情实感。孔子说：“今之孝者，是谓能养。至于犬马，皆能有养。不敬，何以别乎？”[④]子夏问孝，孔子回答说：“色难。”[⑤]这就是说，赡养父母要抱着敬重的心情，要有愉悦而又谨慎的表情。没有这些，即使是形式上做到了“有事弟子服其劳，有酒食，先生馔”，也不能看作孝。

孔子不是把孝单纯地解释为服从礼的强制，他很重视亲子之间的情感因素，认为孝是由父母对子女的爱引起的子女对父母的爱。在这种爱的基础上产生的尊敬的心情、愉悦的颜色，乃至奉养的行动，必然是纯真无伪的情感的流露。可是孔子的这个观点，却又和他强调父子之间的等级森严的统治与被统治的关系即子必服从父，甚至在父死后也要求儿子“三年无改于父之道”的思想联系在一起，以致这种消极因素发展而成为后世所谓“吃人的礼教”。这也是“二重性”的表现。孔子没有也不可能使父子关系摆脱宗法制度的束缚。但他在孝的观念中注入和强调亲子之爱这个新因素，却是有光彩的。几千年来在中华民族的许多家庭里发扬了这种积极因素，做到了少

---

①② 《论语·学而》。

③④⑤ 《论语·为政》。

有所长，老有所终，形成中华民族所特有的父慈子孝的正常习俗和美好的道德风尚。这就是说，孝悌德目排除其封建性糟粕，在社会主义社会仍可发挥一定的积极作用。

（二）忠　信

孔子的忠是指对人，特别是对上竭心尽力、诚实负责的态度。他要求“与人忠”①，他的弟子曾子经常检查自己是否“为人谋而不忠”②。然而对普通人的忠具有平等的因素，人们可以相互尽忠。对君——天子、诸侯的忠具有不平等因素。孔子主张“君使臣以礼，臣事君以忠”③，“事君尽礼”④，“事君，能致其身”⑤。一个“使”，一个“事”，已经分明地道出了君臣关系的不平等。臣为君可以拼出性命，君为臣决不要求如此。事君以忠也可以说就是事君尽礼。这是下对上之礼，与“君使臣以礼”即上对下的礼不同。但孔子的忠君与后儒的忠君还有相当大的差别。后儒为适应专制主义中央集权制度的需要，吸收法家思想，把忠君解释为君对臣的绝对统治与臣对君的绝对服从。韩愈认为，即使是暴君纣王要处死周文王，文王也不应该有怨怒，要依旧忠心耿耿地对纣王说：“臣罪当诛兮，天王圣明。”孔子的“臣事君以忠”，是以“君使臣以礼”为前提的。君无礼，臣也就无忠，也就可以离去不干。孟子把这个思想发挥得淋漓尽致：“君之视臣如手足，则臣视君如腹心；君之视臣如犬马，则臣视君如国人；君之视臣如土芥，则臣视君如寇仇。”⑥而且孔子主

①《论语·子路》。

②⑤《论语·学而》。

③④《论语·八佾》。

⑥《孟子·离娄下》。

张，君主有过错，臣应犯颜直谏（《论语·宪问》："勿欺也，而犯之。"）君主坚持错误，臣子可以抛弃他，另投明君。他自己正是这样离开鲁国的。但孔子的开明到此为止了，不管君主如何昏愦荒淫，他也不主张推翻君主。他对周武王稍有不满，就是因为武王用武力推翻了殷纣王。由于孔子忠君思想中有这类消极的不合理因素，所以后儒才能把它与法家思想结合起来。但是对后儒所提倡的忠君也应有所分析。君是封建国家和民族的代表或象征。当外族进犯的时候，人们的爱国主义思想往往与忠君连在一起，并且以忠君为旗号。在这种情况下，忠君思想往往具有某种积极因素。但是君的利益与国家、民族的利益是不同的，君主为一己私利常常破坏抗战，因此忠君思想常常限制一些民族英雄发挥其爱国热情，使他们的事业半途而废。

信即诚实无欺。孔子认为，作为一个君子，一个有道德的正派人，必须"主忠信"[①]，"敬事而信"[②]，"谨而信"[③]，"言而有信"[④]。他指出，一个人有信这种品德，才能得到别人的任用——"信则人任焉"[⑤]；执政者诚信，才能使民众诚信——"上好信，则民莫敢不用情"[⑥]。因此信不仅是普通人与人之间的交友之道，也是仕进和治国之道。但孔子不赞成无原则地守信用。他说："言必信，行必果，硁硁然小人哉。"[⑦] 因为只知重然诺而不知分辨是非善恶，有言必信，有行必果，就往往会犯错误。所以有若说："信近于义，言可复也。"[⑧] 即是说只要守信本身是合于道义的，如发现已说过的话有不对之处

①②③④《论语·学而》。

⑤《论语·阳货》。

⑥⑦《论语·子路》。

⑧《论语·学而》。

（不合义），对这种话即使不履行也是可以的[①]。也就是说，合于义的言才是应该兑现的，而不合于义的言就不应该兑现。

（三）恭　敬

恭即对己庄重严肃，对人谦虚和平。孔子主张“居处恭”[②]，“貌思恭”[③]，认为恭是做一个君子的必要条件。但他反对过分的做作的恭顺：“巧言、令色、足恭，左丘明耻之，丘亦耻之。”[④]这种不正当的恭顺让人感到可耻。所以要做到恭，也必须依礼而行。有若说：“恭近于礼，远耻辱也。”[⑤]所谓敬即对事业严肃认真，对人真诚地以礼相待。在工作上，孔子要求弟子们“执事敬”[⑥]，“事思敬”[⑦]，这恐怕是我国最早的职业道德理论。在对人的方面，孔子主张敬父母，认为只

① “信近于义，言可复也”有二解。一是根据朱熹《论语集注》所说：“信，约信也。义者，事之宜也。复，践言也。……言约信而合其宜，则言必可践矣。”据此译成现代语，则为：“与人约信，必先求近义，始可践守。”（钱穆《论语新解》）或为：“所守的约言符合义，说的话就兑现。”（杨伯峻《论语译注》）二是根据程树德《论语集释》“信近于义”条《集注》所说：“复犹覆也。义不必信，信不必义也。以言可反覆，故曰近义。……郑注云：‘复覆也。言语之信可反覆。’……《尔雅·释言》：‘复，返也，返与反同。’《说文》：‘复，往来也。往来即反覆之义。’……复训反覆，汉唐以来旧说如是，从无‘践言’之训。《集注》（即上述朱熹《论语集注》——引者）失之。”据此译成现代语，则为：“只要守信本身是合于道义的，不履行说过的（已不合于时宜的）话，是可以的。”这里主要是因为“复”字本身有二义，一为“践言”“履行”“兑现”；一为“反覆”“不履行”。从孔子认为“言必信，行必果，硁硁然小人哉”的一贯思想看，后释较合孔子本义。此从后释。

② 《论语·子路》。

③ 《论语·季氏》。

④ 《论语·公冶长》。

⑤ 《论语·学而》。

⑥ 《论语·子路》。

⑦ 《论语·季氏》。

养不敬即是不孝；敬上级，赞扬子产“事上也敬”[①]；敬朋友，赞扬晏子“善与人交，久而敬之”[②]，晏子受别人尊敬是因为他首先尊敬别人。孔子的恭敬都是与礼相符合的，因此不可避免地具有宗法等级制的色彩。孔子反对“足恭”，然而他对君主的恭敬，因为是依礼而行的，譬如“入公门，鞠躬如也，如不容”，“过位，色勃如也，足躩如也，其言似不足者”[③]等等，岂不也有“足恭”之嫌吗？他叹息说：“事君尽礼，人以为谄也。”[④]在当时许多人的心目中，周礼已经过时，孔子事君的恭敬已被视为谄媚。但是另一方面，恭敬毕竟指出人与人相互交往中必须遵守的彼此尊重、礼貌相待的原则，如果除去其等级制的污垢，把它建立在社会主义原则和平等的同志式的人与人关系的基础上，恭敬应成为社会主义道德的组成部分。

（四）智　勇

孔子说：“君子道者三……仁者不忧，知者不惑，勇者不惧。”[⑤]这就是说知（同智）勇和仁一样是君子之道的一个方面。孔子说：“仁者安仁，知者利仁。”[⑥]智者由于他们的智慧，认识到行仁有利，他便行仁。这与仁人的不行仁便不安比起来虽然还逊一等，已属难能可贵。智者能知人，能知言，因而可以通权达变。要成为仁人，只有仁没有智是不行的。勇即果敢，主要指道德实践方面的勇气。孔子说：“见义不为，无勇也。”[⑦]所以勇即见义勇为，包括勇于行仁、

①② 《论语·公冶长》。

③ 《论语·乡党》。

④ 《论语·八佾》。

⑤ 《论语·宪问》。

⑥ 《论语·里仁》。

⑦ 《论语·为政》。

勇于改过等等。如果不在义的指导下发挥勇，那就不是美德，而是恶德了。孔子说“君子有勇而无义为乱”[①]，因而必须“义以为上”[②]，使勇受义统率。孔子所论智勇，一般侧重于道德方面，没有能够展示智勇的丰富内容。但就智勇与道德的关系说，孔子的论说不无见地。

此外还有：宽——待人厚道，惠——给人以照顾，敏——工作灵活勤勉，让——谦逊，俭——节俭，直——正直，贞——诚信，温——温和，良——善良，知耻——有羞耻心，好学——刻苦学习，周而不比——讲团结而不搞小圈子，和而不同——敢于提出批评意见而不无原则苟且顺从；以及三戒——戒色、戒斗、戒得；九思——视思明，听思聪，色思温，貌思恭，言思忠，事思敬，疑思问，忿思难，见得思义；等等。这些道德规范，经过分析批判，其中很多可以用社会主义原则加以改造，从而成为我们今天的有利于工作学习修养的社会主义美德。

三、孔子的义利观和中国历史上的义利之辨

（一）孔子的义利观

义利是孔子伦理思想中的一个主要矛盾。可以说，全部孔子伦理思想及其道德规范体系，都是围绕这个矛盾和试图协调解决这个矛盾的，因为人类的存在首先而且主要靠衣、食、住、行，靠物质财富，靠利。因此，利的分配予取就成为社会决定性的重大问题。解决这个重大的利的分配问题需要有个标准，虽然不能使社会所有

---

①② 《论语·阳货》。

成员都满意，但大体上总应使他们能够活下去。这个标准用孔子的语言讲就是义，“义者宜也”[①]，用现在的话讲就是公平合理。孔子非常重视这个问题，并建立了自己的义利观。

1. 义、利问题的提出。中国历史上在孔子以前很早就有“义”和“利”这两个字。“义”（作“公平合理”解）表示人们行为的伦理范畴，“利”表示人们生活的物质范畴。这两个范畴虽有区别，但当初使用时区别不是那么明显。例如《周易·乾卦·文言》就说“利者义之和也”，又说“利物足以和义”，这里讲的利和义主要是强调它们的和谐和统一的一面。孔子一方面突出义和利的区别与矛盾的一面，而另一方面，其目的则是为了通过伦理道德的制约达到它们之间的和谐与统一。孔子的最高理想是“大同世界”，由于孔子认为实现“大同世界”一时难以做到，因而他毕生为之奋斗的则是他的低于“大同世界”的以西周为模式的小康社会。他理想中的所谓“大同世界”的主要特点是“天下为公”和“货，恶其弃于地也，不必藏于己；力，恶其不出于身也，不必为己。”[②]这就从社会制度和物质条件上保证了促成义利的和谐和统一的可能性。而小康社会的特点则是“天下为家”“货力为己”和“谋用是作”。这就形成了相互争权夺利和义利矛盾的局面，为了达到在这种局面下社会的安定，就要强调“礼义以为纪”[③]，就是说要力求用伦理道德的力量，即公平合理的义的力量，去抑制人们争权夺利的欲望而达到义和利的和谐和统一，达到贫富不均、难以安宁的社会的相对安宁。

2. 孔子时代不可能真正实现“公平合理”（义）的原则。如前所述，孔子所处的时代是领主制封建社会向地主制封建社会过渡的

---

① 《中庸》。

②③ 《礼记·礼运》。

春秋时代，是礼崩乐溃的时代，是等级森严、贫富不均、战争频繁的动乱时代，这个时代的社会情况离开孔子所希望达到的低级理想——西周式小康社会又有很大距离，在这种动乱社会中要真正实现“公平合理”（义）的原则是不可能的。各级贵族统治阶级横征暴敛，过着花天酒地的豪华生活，而一般庶民特别是广大从事农业劳动的农奴和农民则过着饥寒交迫难以为生的苦难生活，加上战争频繁不得安宁。在这种情况下正是顾了利就顾不了义，顾了义就顾不了利，在财富分配（利）中根本谈不上公平合理（义）。因为从整个社会而言，各级贵族统治阶级采用各种名义、各种形式向广大劳动人民（主要是农民）横征暴敛，把别人的劳动成果作为自己享受的财富，这还有什么“公平合理”（义）可言！而对于广大劳动人民来说，自己的劳动成果绝大部分被掠夺剥削，过着饥寒交迫的生活，更有什么义和利可讲！前者是不劳而得（富且贵），后者是劳而无得或所得甚少（贫且贱）。在这种情况下，孔子又提出富贵是天命决定的，不是人力可求的（“死生有命，富贵在天”[①]），“富而可求也，虽执鞭之士，吾亦为之。如不可求，从吾所好”[②]。这样就把义和天命相结合，也就是义体现了天命[③]。于是孔子提出所谓“义然后取”[④]和“见利思义”[⑤]等就等于虚晃一枪，既维护了封建贵族的利益（他们的富贵是天命决定的，是合乎义的），又安抚了劳动人民（他们的贫贱也是天命决定，非人力所能改变）。在这种情况下，孔子又进一步提出“贫而乐，富而好礼”，对贫富不均的不义的社会，在义的名义下，

① 《论语·颜渊》。

② 《论语·述而》。

③ 孔子有时强调“天命”，这种思想上的矛盾现象，是屡见不鲜的。有时又强调主观能动性，如“知其不可而为之”。

④⑤ 《论语·宪问》。

求得“乐天安命”而又极不稳定的安宁。其实，即使在孔子所向往的“小康社会”（实质上是西周文武周公时期的社会）中，仍然存在着等级森严、贫富不均的制度，在经济生活和财富分配中实现真正的公平合理（义）也是不可能的。要真正地完全地实现经济生活和财富分配（利）中的公平合理（义），只有进入“大同世界”，用现代语言讲就是以公有制财富的大大丰裕，人的文化水平、品德素养大大提高和生产上各尽所能、分配上按需分配为前提的共产主义社会才可能。

3. 孔子义利观的消极作用和积极作用。就整个社会历史而言，孔子的义利观既有消极作用的一面，又有积极作用的一面。二者有时在一定不同情况下又可相互转化。

义作为公平合理的伦理道德，本来是无可非议的，但如前所述把义和天命结合起来，成为体现天命的宿命论的一种行为准则，情况就完全不同了。封建社会秩序和贵族统治阶级既然是天命决定的，于是，要触动它、改变它、推翻它就成为“犯上”“作乱”[①]的不义行为。孔子对于舜得天下毫无意见，而对武王伐纣建立西周稍有微词，这些都通过对两支古乐的评价表现出来。对歌颂舜的“韶”乐，他认为“尽美矣又尽善也”，而对歌颂武王的“武”乐则说“尽美矣未尽善也”[②]。为什么说“韶”乐尽善尽美，而“武”乐则尽美而不尽善呢？因为舜得天下是尧的禅让，而武王则是通过武力推翻纣王（伐纣）而取得天下的，意思就是说即使纣王无道，也不该用武力推翻它，用武力推翻一个王朝总不免带有“犯上作乱”的嫌疑。既然推翻一个王朝总是不义的行为，那么取得天下（得利）也就是不义的

① 《论语·学而》。

② 《论语·八佾》。

了。这样，义利观就成为维护封建社会秩序和贵族统治阶级利益的精神上的“护身符”，同时又成为强制广大庶民安于被奴役的精神上的“紧箍咒”。这个“护身符”和“紧箍咒”就成为尔后两千余年长期维持封建社会的精神力量之一。这正是这个义利观在中国社会历史上所起的消极作用。

把义和天命的联系区别开来，还它的本来面目，那义就成为公平合理的伦理标准了。孔子在多数场合下，正是在这个意义上使用“义”这个字的。例如，他劝告贵族统治阶级对待广大被统治阶级的庶民要实行“施取其厚、事举其中、敛从其薄”[①]的政策，这无疑既可抑制贵族统治阶级横征暴敛的贪欲，在一定程度上也可以起到为政清廉的作用，减轻人民的负担，改善人民的生活。又如孔子说“见利思义，见危授命”[②]，又说“义然后取，人不厌其取”[③]，这在一定程度上有利于形成敦厚的民风和良好的社会秩序与经济秩序。又如前已引过的孔子的话“士志于道而耻恶衣恶食者，未足与议也”[④]，这种把追求道义放在追求物质享受之上的刻苦好学的精神，鼓舞了中国历史上一批又一批学习上、事业上有成就的知识分子（士）。以上数例可以说明孔子的义利观在中国漫长的历史中又起了很大的积极作用。由于社会历史和阶级的复杂性，有时会产生消极作用和积极作用相互转化的情况。例如“未若贫而乐，富而好礼者也”[⑤]这句话，在贫富距离特别大、等级特别严的孔子时代，前面曾指出了它的消极作用；然而在另一种情况下，这句话就又可以起到促进社会安定团结的积极作用。

---

① 《左传·哀公十一年》。

②③ 《论语·宪问》。

④ 《论语·里仁》。

⑤ 《论语·学而》。

4. 义利观积极作用的现代意义。孔子义利观的积极作用的核心是义和利的统一和谐，即既重视义也不轻视利，只有在义利之间不能兼顾而只能取其一的情况下，他才毫不犹豫地选择前者（义），他曾经说过的“富与贵，是人之所欲也，不以其道得之不处也”[①] 和“不义而富且贵，于我如浮云”[②]，就是讲的这种情况。“富与贵”是利，“不以其道得之”，就宁可要义不要利，反过来，如果“富与贵”（利）“以其道得之”（义），那利和义就统一和谐了，富与贵就可以心安理得地处之了。所以孔子的义利观并不是只讲义不讲利，他只是强调利应该“以其道得之”，强调“公平合理”的利，这和汉儒董仲舒提倡的“正其谊，不谋其利”和宋儒二程提倡的“存天理，灭人欲”是意义迥然不同的（这在后面还要说到）。前者合于情理，后者逆于情理。难道我们现在不也正是反对既不合理又不合法的唯利是图的不正之风，而且对其情节严重的还必须绳之以法吗！难道我们能允许不讲义利统一和谐的不正之风合法存在吗！难道我们可以忽视孔子义利观的积极作用的现代意义吗！

义利观是贯穿在孔子思想各个领域特别是经济领域中的一条主线。当然，义利观中的“义”的具体内容是随着时代社会的不同而不同的，永远不变的永恒内容是不存在的。但有一点是肯定的，如果义作为公平合理的行为准则，那么，它不过是各个时期人类社会在以往不断积累损益中形成的人与人之间应该遵循的共同准则而已。由此可见，孔子的义利观像前面所指出的那样，虽然带有某些过时的时代局限性（如将义和天命相结合），但确实也有我们值得借鉴、损益而用之的现代仍有生命力的积极因素。

---

① 《论语·里仁》。

② 《论语·述而》。

（二）中国历史上的义利之辨

义利问题是人类社会关于物质财富和精神财富分配的一个重大问题，因此，中国历史上曾有过以不同方式对此进行的不同讨论，这就是有名的义利之辨。现略举数例如下，以见一斑。

1. 墨子的“兼相爱，交相利”[①]。孔子主张爱人，墨子也主张爱人，但孔子主张爱有差等，墨子主张爱无差等；孔子主张仁，墨子也主张仁，但孔子的仁是爱有差等的仁，而墨子则主张兼爱的仁。这是他们思想上原则性的区别。墨子不赞成孔子的推己及人，而主张爱人如己，主张利他，主张公利，反对私利。他认为，义就是利，义利是一致的，都是为天下人所享受的。墨子说“义，利也”[②]，这个利就是“国家百姓人民之利”[③]，而不是私人之利，所以他主张：“仁人之所以为事者，必兴天下之利，除去天下之害，以此为事者也。”[④]他认为爱不是空的，爱的实际内容就是利。仁者爱人，主要就表现在为天下人谋利，不做妨害人民利益的事。他特别反对浪费，主张节约，而节约又不是寡欲，主要是为了能经常满足基本生活的需要。可见墨子的思想境界很高，可惜曲高和寡，不是当时社会一般人所能接受的。

2. 荀子的“义与利者，人之所两有也”[⑤]。荀子既重视义，也重视

① 《墨子·兼爱》。

② 《墨经上》。

③ 《墨子·非命上》。

④ 《墨子·兼爱中》。

⑤ 《荀子·大略》。

利，认为义利二者乃人之不可或缺的常情。但在实行中，对义利二者，荀子也是把义放在第一位，所以他说："好利恶害，是君子小人之所同也；若其所以求之之道则异矣。"[①] 那么"其所以求之之道"异在哪里呢？异就异在君子以义在先，小人以利在先。所以，荀子又说："不学问无正义，以富利为隆，是俗人者也。"[②] 上面讲的是个人，大而至于就一个国家而言，亦然，那就是"义胜利者为治世，利克义者为乱世"[③]。以上继承了孔子儒家思想并在唯物主义方面有所发展的思想家荀卿关于义利的观点和孔子的观点大体相同，且更为明确。

3. 孟子的"王何必曰利，亦有仁义而已矣"[④]。孟子继承了孔子的义利观，但更发展了孔子重义的思想，甚至回避言利，有点过头。梁惠王问孟子："叟，不远千里而来，亦将有以利吾国乎？"孟子听到利字很反感，立刻回答说："王何必曰利，亦有仁义而已矣！"孟子尖锐地用"仁""义"把梁惠王提出的"利"顶回去，表面上看似乎孟子只要仁义，不要利，很迂腐。对当时社会政治的实际情况作些了解，也许可以帮助我们知道孟子并非"无的放矢"，也不能说是迂腐。当时朝政腐败，国与国之间相互争夺，战争频繁，田园荒芜，民不聊生，正像孟子所说的那样：

> 庖有肥肉，厩有肥马，民有饥色，野有饿莩，此率兽而食人也。兽相食，且人恶之；为民父母，行政不免于率兽而食人，恶在其为民父母也？[⑤]

---

① 《荀子·荣辱》。

② 《荀子·儒效》。

③ 《荀子·大略》。

④⑤ 《孟子·梁惠王上》。

又说：

> 狗彘食人食而不知检，途有饿莩而不知发；人死，则曰："非我也，岁也。"是何异于刺人而杀之，曰："非我也，兵也。"……①

这是一幅多么凄惨的民不聊生、饥寒交迫、死亡相继的、令人目不忍睹的暴政图啊！在这种惨痛的情景前，孟子大声疾呼行仁义，有何可厚非呢？孟子讲的仁义不是空话，而是有内容的，用现在的话讲，孟子说的仁义实相当于实行开明政治以解救人民于苦难。孟子提倡的仁义的实际内容，就是仁爱的（仁）、公平合理的（义）、对人民有实际利益的行政措施。这个措施，且看孟子自己是怎样说的：

> 不违农时，谷不可胜食也。数罟不入洿池，鱼鳖不可胜食也。斧斤以时入山林，材木不可胜用也。谷与鱼鳖不可胜食，材木不可胜用，是使民养生丧死无憾也。养生丧死无憾，王道之始也。五亩之宅，树之以桑，五十者可以衣帛矣。鸡豚狗彘之畜，无失其时，七十者可以食肉矣。百亩之田，勿夺其时，数口之家可以无饥矣。谨庠序之教，申之以孝悌之义，颁白者不负戴于道路矣。七十者衣帛食肉，黎民不饥不寒，然而不王者，未之有也。②

这又是一幅多么令人兴奋的古代民乐图啊！这幅图就是孟子提出的仁义措施的结果。孟子这里反对的利是指什么呢？这个利就是指的"王何必曰利"的利，其内容和结果就是孟子说的"庖有肥肉，厩有肥马，民有饥色，野有饿莩"，就是"上下交争利，而国危矣"。孟

---

①② 《孟子·梁惠王上》。

子在这里根据当时具体情况，用对比的方法，一面用造福于民的“仁义”，一面用反对残害人民的所谓“利”，来告诫政治上不清醒的梁惠王，望他改过，从历史的观点来看他这样讲是有道理的。可见孟子对梁惠王的告诫，思想很清楚，实现起来才真有利，并非空话。这就是孟子关于义利之辨的见解。

4. 董仲舒的“正其谊（义）不谋其利，明其道不计其功”[①]。谁也不能否认人要吃饭才能活下去，别的可以说谎话、空话，只有吃饭问题总得说实话。因此毫不奇怪，即使信神信鬼的董仲舒也不得不说：“天之生人也，使人生义与利。利以养其体，义以养其心。心不得义不能乐，体不得利不能安。”[②] 在最实际的吃饭问题上，他就不得不承认“利以养其体”“体不得利不能安”，但涉及抽象思维问题（例如仁义道德等），他就信口开河、语实“疏阔”了，“正其谊（义）不谋其利，明其道不计其功”就是明证。且看南宋的叶适是怎样批评这句话的。他说：

> 仁人正谊不谋利，明道不计功，此语初看极好，细看全疏阔。古人以利与人，而不自居其功，故道义光明。后世儒者行仲舒之论，既无功利，则道义者乃无用之虚语耳。[③]

再看清朝颜元对此的评论，他说：

> 世有耕种而不谋收获者乎？世有荷网持钩而不计得鱼者乎？……这不谋不计两不字，便是“老无”“释空”之根。……

---

① 《前汉书·董仲舒传》。

② 董仲舒《春秋繁露·身之养莫重于义》。

③ 叶适《习学记言》卷二十三。

盖正谊便谋利，明道便计功，是欲速，是助长，全不谋利计功，是空寂，是腐儒。[1]

叶适、颜元对董仲舒义利之辨的批评可谓一针见血，打中了董仲舒这位儒家虚玄浮空的要害。董仲舒关于义利之辨的思想不仅大大落后于孔子，而且大大篡改了孔子本义。

5. 宋明理学派的“出义则入利，出利则入义”。为简约计，特把宋明理学派放在一起谈，虽然其中有程朱理学派、陆王心学派等之分，但在义利问题上实属大同小异。

宋明理学派的主要特点就是把义利完全隔离、对立起来，例如程颢说：

大凡出义则入利，出利则入义，天下之事惟义利而已。[2]

义利本来是统一的、密不可分的，没有利也就没有义，没有义也就没有利。按程颢的意见，义利则水火不相容，有利则无义，有义则无利，这既悖理，也不符合事实。朱熹学了董仲舒的手法，表示“口鼻耳目四支之欲，虽人之所不能无，然多而不节，未有不失其本心者”[3]。这是在不吃饭就活不下去的事实前面，不得不讲这句过门话，接着他就道貌岸然地大讲其所谓理学了。他说：

人之一心，天理存则人欲亡，人欲胜则天理灭。[4]

---

① 《颜习斋先生言行录》卷下。

② 《河南程氏遗本》卷十一。

③ 朱熹《四书集注·孟子》。

④ 《朱子语类》卷十三。

又说：

> 学者须是革尽人欲，复尽天理，方始是学。[①]

王守仁也说：

> 学者学圣人，不过是去人欲而存天理耳。[②]

朱熹、王守仁这里讲的“天理”就是“义”，讲的“人欲”就是“利”。他们二人所讲的话无论从内容上、文字上、口气上都如出一辙，实际上和程颢一样，都认为义和利两者不能并存，好像一个人只要讲天理就可以不要人欲也能生活了。其实，没有人欲，不满足一定的人欲，人也就不存在了；没有人，还有天理吗？这难道不是普通人都能明白的道理吗？

人类社会的发展就在于不断发展和改善人们的物质生活（包括精神生活），而现在理学派居然想出一个理学，说是要灭人欲，这不显然和社会发展历程背道而驰吗？

理学派的人很多，因为是大同小异，其他人的话就不一一列举了。

6. 颜元的“义中之利，君子所贵也”。清朝思想家颜元（1635—1704）对孔子以来两千余年间关于义利之辨提出了一个较全面、较合理的见解，似乎这也可以说是整个中国封建社会和半殖民地半封建社会对此问题讨论的一个“小结”。

---

① 《朱子语类》卷十三。

② 王守仁《传习录上》。

颜元兼顾义利，而又强调“义以为利”，这比孔子的义利观又前进了一步。他说：

……利者义之和也……义中之利，君子所贵也。[①]

颜元根据“利者义之和也”的精神，为孟子批驳“王何必曰利”的“利”字作了合理的解释。他说：“孟子极驳利字，恶夫掊克聚敛者耳，其实，义中之利，君子所贵也。”意思就是说，孟子在梁惠王面前大声疾呼反对“王何必曰利”的“利”字，其原因和目的是厌恶朝政腐败和贪官污吏（掊克聚敛者），而不是反对合乎义的利。前已讲过，孟子仁义的实际内容就是实利和实惠。可见颜元的态度是公正的。

颜元斥责董仲舒，认为他提出的“正其谊不谋其利”和“明其道不计其功”为“空寂”“腐儒”之见。故“予尝矫其偏，改云‘正其谊而谋其利，明其道而计其功’”[②]。他的弟子李塨对董仲舒的“正谊”“明道”，也驳斥说：“……事不求可，将任其不可乎？功不求成，将任其不成乎？……‘世有持弓挟矢而甘心于空返者乎？’……”[③]

颜元对二程、朱熹等宋代理学家的义利观尤为不满，说他们拾起董仲舒“正其谊不谋其利，明其道不计其功”的衣钵，空谈心性（他们以为这就是义），不讲实事、实利，以至“误人才，败天下事……”[④]。他们只要人读书“静坐”，“……必欲人读天下许多书，是将道全看在书上，将学全看在读上”，于是“读书愈多愈惑，审事

①② 颜元《四书正误》卷一。

③ 李塨《论语传注问上》。

④ 《习斋年谱》。

机愈无识，办经济愈无力”[①]。又说：“千余年来，率天下入故纸堆中，耗尽身心气力，作弱人、病人、无用人者，皆晦庵（即朱熹）为之。”[②]宋明两个王朝的覆灭，不能不说是与宋明理学特别是关于义利之辨的空疏荒谬有关的。

以上颜元着重批判和纠正了董仲舒和二程、朱熹宋明理学家对于义利之辨的空疏之谈，澄清了义利问题上的错误观点，把义利两者融合一起而统一起来。用现在的语言讲，就是用公平合理的准则（义）来分配物质财富和精神财富（利）。颜元作为封建社会的学者，能在封建社会的义利问题上提出这个意见，是很可贵的，是可以和孔子、荀子等提出的义利观综合起来，在马克思主义指导下，加以继承和发扬，注入新血液，为新社会服务的。

四、好学是促进品德修养的关键

前已说过，孔子认为，人必须好学，只有好学，才能不断提高自己的道德水平，才能对道德观念特别是仁有正确的认识。他要他的弟子们学文、学诗、学礼、学道，其最后的目的，都是为了达到仁，树立起行仁的自觉性。孔子主张“下学而上达”[③]，即由浅入深，循序渐进，要求从洒扫应对、进退周旋这些日常礼仪中，体会其精神，从而上达于仁，认清什么是仁的本质、仁的表现，确立道德修养的方向。

然而只有对仁、礼的知识，还远远不够，还必须培养好仁好礼

①② 《朱子语类评》。

③ 《论语·宪问》。

的道德情感。孔子说："知之者不如好之者，好之者不如乐之者。"[①]又说："仁者安仁。"[②]作为一个有道德的人不能限于知仁，更要好仁、乐仁、安仁。这就是说把仁作为自己的人生观，行仁则安宁，不行仁则不安乐。能做到这点，仁对于人来说就不是外在的东西，而是内在的东西了，求仁就不再是一种手段（譬如说达到名利）而是最终目的了。这样，即使终身困苦也不会离开仁了。

孔子还看到，要做到在任何情况下都坚持仁、礼，乃至终生坚持仁、礼，必须树立坚定的意志，"三军可夺帅也，匹夫不可夺志也"[③]。一个普通的人只要树立了道德意志，那就是任何力量也不能动摇的。他可以做到富贵不能淫、贫贱不能移、威武不能屈，"无求生以害仁，有杀身以成仁"[④]。

道德水平的提高，离不开学习和实践。孔子说："好仁不好学，其蔽也愚；好知不好学，其蔽也荡；好信不好学，其蔽也贼；好直不好学，其蔽也绞；好勇不好学，其蔽也乱；好刚不好学，其蔽也狂。"[⑤]仁、知、信、直、勇、刚等都是美德，但如果不通过学习把握它们的实质、度量，一味地讲仁爱，重然诺，逞果敢……那就是走到事情的反面，变善为恶，变好为坏。孔子在实践封建道德规范上，一生都在努力。十五岁有志于学，三十岁有了对仁的认识和坚守仁的信心，因而能"立"；四十岁知道了仁的丰富内容，坚信不疑；五十岁知道仁乃是天赋使命；六十岁能随时辨别事物是否合乎仁的原则；七十岁以后心仁合一，因而"从心所欲，不逾矩"。孔子之所

---

① 《论语·雍也》。

② 《论语·里仁》。

③ 《论语·子罕》。

④ 《论语·卫灵公》。

⑤ 《论语·阳货》。

以能达到这样高的道德境界，能坚定不移地确立了仁的人生观，就是因为他不断学习，不断实践。

孔子所谓学，本身即包括实践——行的内容。他说："君子食无求饱，居无求安；敏于事而慎于言；就有道而正焉，可谓好学也已。"[①] 可以说学不仅指理解、研讨的功夫，诸如博学、审问、慎思、明辨，而且指实践的功夫，即所谓笃行。一个人如果只学、问、思、辨而不行，决不能被看作好学的人，有道德的人。

孔子提倡修身，不仅是要使自己及弟子们独善其身，更重要的是为了治国平天下。所以他决不要求弟子们只是"一心只读圣贤书，两耳不闻窗外事"，或者低头拱手空谈仁义，像宋明时代一些理学家所做的那样，而是让他们在修身的同时联系政治，学习治国之道。他把修身与治国统一起来，把它们看作同一过程的不同阶段、不同层次或不同方面。因此他的学生们在具有较高道德水准的同时，学会了多方面的才能，有的能做行政长官，有的能管赋税，有的能带兵打仗，有的能办外交，有的能做典礼司仪。这一点应该说是孔子理论与实践（学与行）相结合的伦理思想的高明之处。

在修养的功夫中，孔子很重视自我省察。因为孔子不光看重行为的效果，更看重行为的动机，而动机的好坏，主要是依靠行为者自己去检查。孔子说："见贤思齐焉，见不贤而内自省也。"[②] 又说："已矣乎，吾未见能见其过而内自讼者也。"[③] 又说："内省不疚，夫何忧何惧？"[④] 他主张看见不好的人和事，要检查自己是否也有同样错误；

---

① 《论语·学而》。

② 《论语·里仁》。

③ 《论语·公冶长》。

④ 《论语·颜渊》。

自己有了过错要进行自我批评（“内省”“内自讼”）；经过自我检查，感到自己的行为无愧于心，才会有真正的快乐。在他的教育之下，弟子曾参每天都做自我省察，他的名言是：“吾日三省吾身——为人谋而不忠乎？与朋友交而不信乎？传不习乎？”[①]

孔子认为朋友之间的相互影响，对于修养也有重要意义。他主张“里仁”——与仁人住在一起；择友——认为“友直，友谅，友多闻，益矣”[②]；“朋友切切偲偲”[③]——朋友之间相互批评；特别是“就有道而正焉”[④]——到道德高尚的人那里去求得匡正。

总之，孔子的好学精神和学行一致精神，是值得借鉴和学习的。

---

① 《论语·学而》。

② 《论语·季氏》。

③ 《论语·子路》。

④ 《论语·学而》。

第五章　政治思想

孔子生活的春秋时代是我国古代领主制封建社会向地主制封建社会过渡的一个大动荡时期。动荡混乱表现为子杀父、臣杀君、兄弟相残、权臣僭越，加之国人暴动、列国兼并、夷狄交侵，作为天下共主的周天子名存实亡。面对这样的社会现实，孔子力图用和平手段消除纷乱，重整秩序，使整个社会按照以仁为内容、礼为形式的轨道运行，在政治上达到“仁政德治”、经济上达到人民富裕的天下安乐的理想境界。在孔子心目中，这个理想境界便是西周文武周公之治。孔子认为，政治上无道，经济上就不可能发展；只要政治有道（仁政德治），经济就理所当然地会发展繁荣起来。在政治与经济的关系上，他是把经济从属于政治的。所以他首先担心的是政治上是否有道，而不是经济上是否贫穷（“君子忧道不忧贫”）[①]。孔子时代还没有严格科学意义上的政治经济学思想，还不可能理解政治与经济的正确关系，即经济是基础，政治则是建立在经济基础上的上层建筑。但在当时生产力很不发达的以小农经济为主的封建社会里，在经济力量还没有发展到可以影响和决定政治方向，而政治力量可

① 《论语·卫灵公》。

以影响、决定经济的盛衰的情况下，孔子首先强调政治，然后谈到经济的思想，在一定程度上反映了当时社会的实际情况，是有道理的，可以理解的。因此，本书也就按照孔子先政治、后经济这个序列，将经济思想放在下一章论述。

一、政治思想

孔子政治思想的特点是从仁的人生哲学思想出发，以怀古的方式憧憬未来。他把古代社会加以美化，称尧舜时代为“大同”，文、武、周公时代为“小康”，并用当时普遍流行的、逆转历史的仿佛越古越好的好古眼光，把“大同”作为最高理想，把“小康”作为近期的目标。

（一）关于大同思想

大同思想渊源于先民对于远古无阶级社会的怀念，先秦诸子思想中都以不同的形式曲折地反映了劳动群众的这种思绪，提出了各有特色的政治理想和主张。孔子的大同思想是与他仁的人生哲学密切联系在一起的，就是说大同是彻底实现了仁的美好社会。

“大同”的蓝图见于《礼记·礼运》，原文是：

> 大道之行也，天下为公，选贤与（“举”之借字）能，讲信修睦，故人不独亲其亲，不独子其子，使老有所终，壮有所用，幼有所长，矜（读“鳏”——作者注）寡孤独废疾者皆有所养。男有分，女有归。货，恶其弃于地也，不必藏于己；力，恶其不出于身也，不必为己。是故谋闭而不兴，盗窃乱贼而不作，故外

户而不闭。是谓大同。

这是一幅理想化了的传说中的尧舜时代的原始社会图景，也是孔子政治理想的最高境界。

（二）关于小康思想

前面已经讲过，孔子是一个注重现实的思想家，他虽憧憬大同世界，但作为近期目标，当前要力促其实现的则是小康世界。小康的蓝图亦见于《礼记·礼运》，原文如下：

> 今大道既隐，天下为家，各亲其亲，各子其子，货力为己。大人世及以为礼，城郭沟池以为固，礼义以为纪，以正君臣，以笃父子，以睦兄弟，以和夫妇，以设制度，以立田里，以贤勇智，以功为己。故谋用是作，而兵由此起。禹、汤、文、武、成王、周公，由此其选也。此六君子者，未有不谨于礼者也；以著其义，以考其信，著有过，刑（型）仁讲让，示民有常，如有不由此者，在势者去，众以为殃。是谓小康。

这里所描述的实际上是继原始社会之后相继而起的阶级社会特别是西周文武时代夏、商、周三代的“盛世”景象（孔子心目中的小康时代）。这时已经是“天下为家”，为了适应于“家天下”的要求，产生了一系列的典章制度、伦理道德。为了保卫和争夺这个“家天下”，又不得不出现了城郭、沟池、阴谋、兵战。这样的社会当然不如“大同”世界那么和谐美满和道德高尚。但是，这个社会毕竟还有“礼”，还有“信”“义”“仁”“让”，还有正常秩序，所以也还是“小康”。在孔子看来，“大同”以尧舜时代为典型，“小康”以西周为典型。但尧舜时代毕竟遥远，典章制度无可稽考，只能根据传说把它当作最高理想加以宣传，一旦条件成熟再去实现；而西周时代毕竟切近，典章文物、礼乐制度，基本保存，尤其在鲁国，更是看得见、摸得着的东西，所以孔子把重建西周“小康”社会（“吾从周”）作为他一生为之奋斗的近期政治理想。所以，孔子的“小康”世界实际上就是西周初年的领主制封建社会。因此，孔子对西周社会及其主要人物文、武、周、召都是极其仰慕的。

（三）关于《礼记·礼运》是否反映了孔子政治理想的问题

《礼记·礼运》篇出现的时代，诚然后于孔子，但却包含了先秦儒家一脉相承的传统观点，本质上反映了孔子的政治理想。我们作这样论断的理由是：

首先，对古代历史发展阶段的看法，《礼记·礼运》篇的观点大体与孔子相同。《礼运》篇所说的“大同”实际上相当于传说中的尧舜时代，所谓“小康”实际上相当于西周初年的领主制封建社会。《礼记·中庸》明确指出：“仲尼祖述尧舜，宪章文武。”可见孔子也把历史分为尧舜和文武两个不同的阶段。对于第一个阶段的历史，孔子只是作为最高理想来进行宣传（“祖述”）；而对于第二阶段的历史就要具体效法，努力实行（“宪章”）了。这就表明，用“祖述”对尧舜，用“宪章”对文武，是有区别、有分寸、有一定不同含义的。

其次，孔子论“道”的部分政治内容大体上与《礼记·礼运》中讲的“大道”一致。

《礼记·礼运》中的“道”，主要内容是“天下为公”“选贤举能”，这恰与孔子理解的尧舜之道是一个意思。《论语·泰伯》:“大哉，尧之为君也，……唯天为大，唯尧则之。”意思是说尧作为国君风格高尚，能以天（自然）为法则。天是大公无私的，尧也和天一样大公无私，把国家当作公产。到了舜的时代，舜也能“有天下也而不与焉”[①]，即治理天下，毫不为己。“舜有臣五人而天下治。……孔子曰：‘才难！不其然乎？唐虞之际于斯为盛……’”[②]舜用五个大臣就能把天下治好的原因，在于他举用了贤才。所以这与孔子举贤才的思想一致。孔子高度赞扬的“博施于民而能济众”[③]，实际上是“天下为公”的具体化，因为只有博施济众，才能够实行“天下为公”，否则“各亲其亲，各子其子”，何以谈公呢？《礼记·礼运》主张“老有所终，壮有所用，幼有所长”，而孔子提倡“老者安之，朋友信之，少者怀之”，几乎如出一辙。由此可知，孔子的“道”与“大道之行也”的“大道”具有基本相同的内容。

有人认为《礼运》篇晚出，两段文字虽都标明“孔子曰”，但不能代表孔子思想。我们认为什么书可以作为孔子思想资料，不能单从时间上判定，更重要的是看思想实质是否一致。否则，连《论语》也将成为不可信的资料，因为它并不是孔子亲手所著，而是弟子或再传弟子根据记录追记整理而成的。何况《礼运》篇出于汉初儒家之手，离孔子还不很远，因此无论从内容上还是时间上，都可以确定《礼运》篇所载“大同”“小康”思想是可以反映孔子以仁为人生哲学的真实思想的。

---

①② 《论语·泰伯》。

③ 《论语·雍也》。

（四）关于小康时代文、武、周公之治的主要特征和正确对待大同思想的问题

孔子之所以仰慕西周初年的文、武、周、召之治，把它作为自己为之奋斗的政治理想的近期目标，是因为西周初年确实出现了封建社会初期所能出现的“仁政德治”的繁荣安定景象，主要表现在：

1. 敬德保民　周公总结殷王朝灭亡的教训，主张贵族对己要实行“敬德”，亦即敬守道德准则；同时要求贵族对下要实行“保民”政策。敬德的具体内容是提倡孝友、勤劳和教育为主的方针，禁止逸豫、酗酒、滥施刑罚。“保民”，除实行井田制，使民有田可耕之外，还包括省赋税等内容。孔子的仁政德治等思想，恰是这种政治理论的发展。由于贯彻敬德保民的原则，“成康之际，天下安宁，刑错（措）四十余年不用。”[①]“民和睦”，“颂声兴”[②]。这样的社会秩序，这样的政治局面，当然是孔子一心向往的。

2. 礼治　“礼”是建立封建宗法领主制统治秩序的基本原则，它具有包罗万象的性质，大至各级领主贵族的爵位、嫡长子继承制和列国间的征伐、盟聘，小至车马服饰、进退揖让，都有礼可循。有了“礼”，一切依礼而行，社会秩序就井然不紊；失掉礼，封建宗法领主制的这种社会秩序就不能维持。

孔子弟子有若说：“礼之用，和为贵。先王之道，斯为美。”[③]由于西周时代礼制达到了较前完备的程度，而礼的制定者是周公，所以，有子说的“先王之道”实际上就是文、武、周公之道。“先王之道”以

①② 《史记·周本纪》。

③ 《论语·学而》。

"礼"为最美，是因为用礼建立秩序，能使人人按不同等级"和睦相处"。礼治因而就是仁政的必然表现形式，当然也就是孔子一心向往的了。

3. 任贤　孔子认为西周正是贤人在位之世。"周有大赉，善人是富。""虽有周亲，不如仁人。"[①]（后两句话据刘宝楠《论语正义》引宋翔凤说，"是周武王封诸侯之辞"）前两句话的意思是说，周朝有大的封赐时，善人得赏而富有起来。这就是说周朝总是奖励善人。后两句话的意思是说，虽有至亲，却不如仁人，也就是说亲人不如仁人重要。既然在西周初年是"善人"和"仁人"当权，那么周初的辅弼大臣乃至一般官吏自然都是贤才了，正如《论语》所说：

> 武王曰："予有乱（治）臣十人，"孔子曰："才难。"[②]
>
> 周有八士，伯达、伯适、仲突、仲忽、叔夜、叔夏、季随、季騧。[③]

以上三点大概就是"先王之道"的主要内容，也就是孔子"小康"政治理想的主要特征。孔子终生为之奋斗的"小康"社会应该说是一个经济发展、人民安定的社会。孔子不想彻底革新，而要"从周"，表现了很浓的保守色彩。然而他也不是照搬西周旧制，乃是在"从周"的名义下建设一个他所理想的封建社会，以复古之名（复西周之古）行改制之实。孔子的"大同"思想，不管它是多么天真和不切实际，确在一定程度上反映了人民的愿望和要求，朦胧地指明了人类未来发展的方向。

---

① 《论语·尧曰》。

② 《论语·泰伯》。

③ 《论语·微子》。

二、政治主张

先秦诸子的政治主张，反映着不同阶级、阶层、社会集团的利益，因而具有不同的内容和特点。孔子坚持开明的贵族政治，他一方面极力维护封建宗法等级特权，另一方面又照顾到了人民的利益。他要改变社会现状，但不愿去进行周武王那样的革命，而是希望依靠统治阶级自身的“克己复礼”和对被统治者的“道（导）之以德”“齐之以礼”的办法去恢复仁政德治，这是孔子政治主张的核心和基本特征。同孔子的其他思想一样，孔子的政治主张也具有多面性，既有许多封建性的糟粕，也确实提出了许多带普遍意义的、今天看来仍然是非常可贵的远见卓识，值得认真研究。孔子的政治主张主要有以下五个方面的内容。

（一）忠君尊王

忠君尊王是孔子政治主张的突出内容，也是孔子自己一贯的政治表现。孔子一生恪守周礼，尤其是君、臣关系方面，没有丝毫越轨的行为。他认为，君之所以为君，是因为他地位尊贵，据此，臣子和庶民一定要对君尽忠遵礼，否则就不是仁人。他特别强调“君使臣以礼，臣事君以忠”[①]和“唯天子受命于天，士受命于君”[②]。《论语·乡党》篇生动地记述了孔子对于君的敬畏。他走过君位，虽然君不在那里，他仍然毕恭毕敬，面色矜庄，屏着气好像不能呼吸一

① 《论语·八佾》。

② 《礼记·表记》。

样，大有在公门内无容身之地的样子；一直到走出公堂，降下一级台阶，面色才稍微轻松一点，足见其恪守君臣之礼的程度。孔子对不守礼的行为一概进行抨击。管仲“树塞门”“有反坫”，孔子说他“焉得俭”“不知礼”；季氏八佾舞于庭，他深恶痛绝，气愤地说：“是可忍也，孰不可忍也！”①

孔子非常重视尊王，亦即尊崇周天子。他在《春秋》中尽量维护周王的绝对权威。虽然周天子早已成了空架子，但孔子仍旧大书什么“春王正月”之类的话。什么是“王正月”呢？《公羊传》说：“曷为先言王而后言正月？王正月也。何言乎王正月？大一统也。”这是说，先说王，后说正月，是因为正月是由周天子确定的。所以要说王正月，是为了强调周天子以建正月而总统天下政教。又如践土之会，本来是晋国非常不礼貌地把周天子叫去，但如果照实写，就会损害周天子的尊严，孔子只好改笔“天王狩于河阳”，说成是去打猎。孔子主张行道要通权达变，但是在“忠君尊王”这个大的原则问题上，他十分谨慎，宁肯犯不通权达变的错误，也不能允许因权变而损害“忠君尊王”的原则。季氏家臣公山弗扰据费邑叛季氏，召孔子参加；晋国大夫范氏家臣佛肸以中牟叛，也召孔子参加。孔子对这两次招聘都曾打算去，他想利用他们与季氏这类私家的矛盾来削弱私家势力，以达到“张公室”的目的。尽管孔子有这个念头，但是无论如何，支持公山弗扰和佛肸对季氏等人的背叛，就是支持了臣对君的背叛。虽然这对于公室是有利的，但是毕竟破坏了君臣之义。所以，他最终还是放弃了原来想去的念头。这两件事，深刻地反映了孔子传统的旧等级名分观念。

---

①《论语·八佾》。

忠君尊王思想是孔子思想中糟粕的主要表现，对后世的影响是很大的。历代封建统治阶级都曾经对这一思想极力加以宣扬，欺骗愚弄人民，以图借助孔子的影响来巩固自己的统治地位。

（二）仁政德治

“敬德保民”思想在西周初年已经十分强调，周初的统治者用“有德”和“失德”来解释自己获得“天命”、殷人失去“天命”的原因，这是周人从殷代统治者灭亡的教训中所总结出来的一条“重人事”的思想路线。《诗经》中有不少对文王等统治者盛德的歌颂，《尚书》中也有不少对周人后代统治者要“敬德”“明德”“重德”的反复告诫的篇章，但是后来统治者失德违礼的现象却日趋严重。到了春秋末年，礼崩乐坏，“天下无道”，面对这样一种局面，孔子继承了西周的“敬德保民”思想，提出了仁政德治的政治主张。孔子的这种主张大体上有三个方面的内容，即“为政以德”“克己复礼”“齐之以礼”。

1. 为政以德　《论语·为政》篇记录着孔子的这样一段话：“为政以德，譬如北辰，居其所而众星共之。”意思是说，君主如果实行仁政德治，就会像北斗受到众星拱卫一样，受到人民的拥戴。

孔子又说：“泰伯其可谓至德也已矣！三以天下让，民无得而称焉。”[①] 泰伯让位于其弟王季，孔子赞为“至德”。因为统治集团内部都能像泰伯那样礼让，自然就能团结一致，决不至于演成互相残杀的局面。

---

① 《论语·泰伯》。

孔子一贯主张重教化、省刑罚、薄税赋、厚施予，企图使封建社会各色人等都能过上安居乐业的生活，这些都属于“为政以德”的内容。

2. 克己复礼　在孔子看来，统治者不能自我克制生活上的侈靡、政治上的僭越，要实行仁政是不可能的。所以孔子主张“克己复礼”。“克己”就是克制自己的欲望，恪守周礼，不能越轨。当时季氏“八佾舞于庭”，是违礼行为，孔子严加斥责。克己是复礼的前提，不克制生活上的侈靡、政治上的僭越，就无法恢复到礼乐有序、天下有道的局面。“克己复礼”主要是对统治阶级说的，即要求统治阶级提高遵周礼、行仁政的道德自觉性。孔子和先秦儒家这种对统治阶级“上说”的传统，为后世儒家所继承。“上说”与“下教”结合，使得儒生士大夫阶层在长期中国封建社会的政治结构中一直能够起到某种缓冲和调节作用，这是中国封建社会政治生活中一个重要特色。

3. 齐之以礼　如果说“克己复礼”主要是对统治阶级的“上说”，那么“道之以德，齐之以礼”则主要是对庶民阶层的“下教”。孔子反对传统的“道之以政，齐之以刑”，主张“道之以德，齐之以礼”[①]。孔子还指出前者的结果是“民免而无耻”，后者则是“有耻且格”[②]。把“德”“礼”与“政”“刑”明确地对立起来，指出两种作法会导致两种结果，这是孔子在治国治民方面的一个大的创见。只强调政、刑，单纯地把庶民置于残暴奴役之下，必然导致阶级矛盾尖锐化。而强调“德”“礼”，这是孔子仁政思想的具体展开，即承认庶民也和贵族一样，是能够“知耻”的人，只要统治者以自身的德行去“示范”，被统治者就会像草随风倒一样跟上来。而“齐之以礼”则是使庶民产生羞耻之心的条件，从而改变了传统的“礼不下庶人”的作

①② 《论语·为政》。

法，把原来作为贵族专利品的“礼”推广到群众之中，使每一个社会成员都纳入礼的规范之中，以道德礼仪上的平等冲淡掩饰阶级地位上的不平等。以后《大学》中的“自天子以至于庶人，壹是皆以修身为本”的观点即渊源于此。从“民免而无耻”到“有耻且格”，也就是使被统治者从单纯“不敢”违礼犯上到不愿违礼犯上，变强制性的约束为内在的心理自觉，这当然是十分高明的统治方法。“齐之以礼”也就是礼下庶人，从表面上讲，似乎提高了庶人的地位，使得他们有享受礼的资格，实质上却是在被统治者的脖子上增加了一副道德枷锁，把被统治者的肉体和精神全部交给统治阶级支配，最终成为统治者驱使奴役的牛马。可见，孔子“德”“礼”结合的“仁政”，虽然比“暴政”对被统治者有利得多，但归根到底，从一定意义上说也是为历代的封建统治者提供了一套十分精巧的对庶民进行“攻心”的方术，为森严的等级秩序裹上一层带有浓厚民族伦理色彩的温情脉脉的纱幕，这当然是孔子本人所始料不及的。

（三）明“夷狄”“诸夏”之别

孔子一生以维护、恢复“周礼”为己任，他的各项政治主张都是从这一总目标出发而提出的。明“夷狄”“诸夏”之别，就是其中之一。孔子在这方面的言论虽不甚多，但牵涉“民族意识自觉”的大问题，对后世的影响也极为深远，所以有予以论述的必要。

“周礼”成为周王朝建立领主制封建国家政治机构的组织原则之后，其作为周族的典章、制度、仪节、习俗的总称的意义不仅依然存在，而且被扩大、推广到整个华夏族的势力范围。在当时，用不用“周礼”，已成为区分“夷狄”与“诸夏”的主要标志。如秦国僻处西方，与戎狄杂处，代表宗法传统的周礼的影响很弱（战国末年，荀卿西入秦发现“秦无儒”就是证明)，也很少参加诸侯的会盟，“诸夏”各国对秦也就以“戎狄视之”。又如楚是南方大国，文化发展程度并不低于周族的姬姓各国，只因为不用“周礼”，也被“诸夏”各国视为“蛮夷”。齐桓公建立霸业时，还专门以“包茅不贡”为借口对楚进行讨伐。可见“周礼”在区分“夷狄”与“诸夏”时的重要意义。由于当时在“夷狄”与“诸夏”之间还存在着严重的民族斗争，这种区分就有着十分重要的现实意义。从西周到春秋末，尽管华夏族在黄河中下游地区已居主导地位，但并未从根本上改变华夏诸国与少数民族杂处的局面，如成周（今洛阳）是周天子的“王畿”，可是附近就有伊雒之戎、陆浑之戎。又如卫国为康叔之后，地处殷之故都，本为周初分封时的诸侯大国，但在卫懿公时，和邢国一起被狄人“残破”。救卫存邢、南伐荆楚、北伐山戎，是管仲辅佐齐桓公所建立的重要霸业。所以，尽管孔子对管仲僭越违礼颇为不满，但对其“相桓公，九合诸侯，一匡天下”还是十分称许的，并且特别指出它在“夷狄”与“诸夏”斗争中的意义，说“微管仲，吾其被发左衽矣”[①]。孔子觉察和意识到当时民族斗争的严重性，从维护周礼到自觉地维护“诸夏”的团结统一，充分肯定管仲在这方面的功绩，这说明孔子自觉地把维护民族利益作为第一位的大义，把管仲的贡献提到“如其仁，如其仁”的高度。比起第一位的“民族大义”来，管仲在其他方面的不足，在孔子看来，都是可以原谅的。这可以说是最早的体现了某种朦胧状态的民族意识的自觉，这种民族意识的自觉的继承和发扬，就成为一种民族的向心力与凝聚力。中华民族的文化传统几千年来绵延不绝，从未中断，是世界文明发展史上的奇迹，它的出现应当说与孔子所开始的民族意识的自觉有着一定的思想渊源

---

① 《论语·宪问》。

关系。

关于区别“诸夏”与“夷狄”，孔子还有一段著名的议论，即“夷狄之有君，不如诸夏之亡也”[①]。意思是说，当时“夷狄”虽然“有君”，却并不行“周礼”，君臣上下的名分有等于无；而“诸夏”哪怕无君，但君臣上下、尊卑贵贱的等级秩序照样存在。可见孔子以明“夷狄”“诸夏”之别表现出来的朦胧的“民族意识”的自觉不是孤立的，而是和他的君臣等级观念纠缠在一起的，因此决不能给以过高的、违反历史真实的估计。

孔子的明“夷狄”“诸夏”之别的政治主张，到秦汉以后逐渐以“明华夷之辨”的命题为历代儒家所继承和发扬。其历史作用也有二重性。从积极方面看，每当民族危亡之际，总有一批民族英雄以此为思想武器和精神支柱，不顾个人生死安危，挺身而出，伸张民族大义。从消极方面看，也总有些人以此为借口，对内实行民族歧视，欺压少数民族，变成大汉族主义；对外则闭关锁国，以天朝大国自居，僵化保守，流于狭隘的民族主义。这是需要作具体的历史分析，而不宜作笼统一般评论的。

（四）举贤才

孔子认为，自古以来政治上大有作为的君主，其成功的秘密之一，就是举用贤才。所以孔子说“其人存，则其政举；其人亡，则其政息。……故为政在人。……”[②]这是说，政是依赖人去推行的，贤人在位就会有好的政治，否则就不会有好的政治。因此，孔子弟

---

① 《论语·八佾》。

② 《礼记·中庸》。

子、做季氏家臣的仲弓问如何为政时，孔子便告诉他："先有司，赦小过，举贤才。"[①] 他去看望做武城宰的子游，劈头便问："你发现人才了吗？"（"女得人焉尔乎？"[②]）

孔子弟子子贡谈到贤才的时候，说过如下的话："文、武之道，未坠于地，在人。贤者识其大者，不贤者识其小者。……"[③] 可知贤才必须在大的原则上掌握文、武之道，而孔子心目中的文、武之道，实际上就是他自己的仁与礼相结合的儒者之道。孔子强调君子应该既有仁德，又知礼义，能够从政的贤才当然也应该是这样。

孔子强调贤才必须德才兼备又要以德为主。《说苑・尊贤》记载了孔子如下一段话："人必忠信重厚，然后求其知能焉。……是故，先其仁信之诚者，然后亲之，于是有知能者，然后任之。故曰亲仁而使能。"这一段话很好地阐发了重德的思想。

但是，孔子与后世那些认为有德即有了一切，不必培养才能的儒者不同，他主张贤者必须有才。他说"君子不器"[④]，就是说他们应该具有多方面的才能。他在教学活动中，除了以仁、礼熏陶弟子并以文献资料充实其知识之外，还教他们处理政务、管理赋税、主持典礼、接待宾客等，使他的许多弟子成为干练的贤才。他重视全才，但对人（即使是贤才）并不求全责备，主张充分发挥他们在某一方面的特长。

孔子举贤才思想的最根本之点，在于冲破宗法制度任人唯亲的禁锢，从贵族之外的各等级中选拔贤才，给贵族政治注入新鲜血液，使之恢复生机。因此孔子认为，用人应看他本人是不是德才兼备的贤才，而不是看他出身的尊卑贵贱。他在谈论仲弓时说："犁牛之子骍且角，

---

① 《论语・子路》。

② 《论语・雍也》。

③ 《论语・子张》。

④ 《论语・为政》。

虽欲勿用，山川其舍诸？”[①] 仲弓出身贫贱，但很有才干，这样的人能不能做官呢？孔子用比喻回答了这个问题。耕牛是低贱的，祭祀用的牛是高贵的，耕牛不可用于祭祀。但是孔子说耕牛的儿子，生着赤色的毛、周正的角，虽然不想用它来祭祀，但山川之神是绝不会拒绝它的。这就是说，起作用的是牛本身确实具有“骍且角”的条件，是否“犁牛之子”则无关紧要。因此，仲弓的出身当然不应该影响他的政治前途。

孔子还说过，“先进于礼乐，野人也；后进于礼乐，君子也。如用之，则吾从先进。”[②] 这里君子与野人对举，君子指贵族，野人指非贵族的其他各等级的人。孔子说，野人是先学礼乐后做官，君子是先做官后学礼乐。如果选用人才，他要选先学礼乐的野人。可见他看重的是什么人更好地掌握了礼乐，而不是看出身高低贵贱。

经过孔子的倡导，举贤才的舆论越来越受到重视。春秋战国时期，儒、墨、法等各家代表人物都鼓吹尚贤、尊贤、举贤，历代开明的贵族统治阶级也有崇贤、养贤之风，这固然是时代的需要，与孔子的影响也不无关系。

（五）庶、富、教

前已指出，孔子最高政治理想是大同，但他一生为之实际奋斗的，则是他的近期目标小康。而庶、富、教就是达到小康境界的三个重要目标。

孔子访问列国诸侯的第一站是卫国。在去卫国的路上，弟子冉有给他驾车。孔子和冉有曾有一段关于“庶”（人口兴旺）、“富”（生

---

① 《论语·雍也》。

② 《论语·先进》。

活富裕）、“教”（教育发达）的很重要的谈话[①]，这在前面虽已谈到，这里还须从另一个角度再作必要评述。人口众多、生活富裕、教育发达，这三个方面是孔子仁政德治的重要组成内容。

春秋时代，有识之士都认识到，人是一种十分宝贵的资源，有了人就能多辟草莱，多产食粮，使国家富强起来。当时人少地多，不存在人口过剩问题，人多的确是国家兴旺的标志。诸侯与卿、大夫要使人口多起来，有两条途径：其一为徕远人，即使其他地方的民众来到自己的邦国或采邑，为自己劳动；其二是自然增殖。要使这两条途径畅通，必须实行起码的惠民政策，使自己治下的人民能生活下去，而且尽可能生活得好些，能生儿育女，这样自然对远人就有吸引力。孔子赞美卫国人多，不仅因为这是卫国富强之资，也因为这表明卫国执政者能施惠政于民。

如果说在庶的问题上，孔子与当时有识之士乃至一般统治者看法基本一致的话，那么在富的问题上，孔子就超过了他们。一般统治者的惠民政策，只考虑让民众能生活下去，就可以为自己多生产、多缴赋税、多服徭役等。一句话，在予求关系上，予仅是手段，真正目的是求，而且求得的东西越多越好。孔子则不同。他认为惠民的主要目的是使民众的生活不断得到改善和富起来（予），而求则是相应的结果。因此，必须采取的办法是“节用而爱人，使民以时”[②]，“择可劳而劳之”[③]，“薄赋敛则民富”[④]，总之是反对苛政，“因民之所利而利之”[⑤]。他认为，这样做才能使人民安居乐业并且逐步富

---

① 见《论语·子路》。

② 《论语·学而》。

③⑤ 《论语·尧曰》。

④ 《说苑·政理》。

裕起来。孔子坚持封建的等级制度，按照这一制度，不同等级的人应该具有不同的生活水平。但是孔子不希望等级之间过分对立，主张限制对人民的剥削、压迫，使他们也在一定程度上过富裕的生活，也就是用仁民、富民的办法建设一个和谐的等级社会。

但是，孔子并不满足于“富之”，还要在富的基础上发展对民众的教育。在这一点上，孔子极大地超过了当时的有识之士。孔子一生从事教育事业，非常重视教育的作用。他反对“不教而杀”“不戒视成”，这也就是主张统治者应该把法律、法令所禁止和所要求的，广泛进行宣传教育，使人民知道，以使免触刑律。他说:“善人教民七年，亦可以即戎矣。”[①]“以不教民战，是谓弃之。”[②]据此可知，孔子虽然反对君主穷兵黩武，但看到战争不可避免时还是主张以军旅之事教民，使他们不至于在战争中白白牺牲。但上述各项并不是孔子教育民众的根本内容，其根本内容是德与礼。孔子对民众要“道之以德，齐之以礼”[③]，企图把贵族的专用品德与礼中可施于民而有利于巩固贵族统治秩序的部分，传播推广到民众之中，加强对民众的思想教化。孔子推行德、礼的教化，可以使民众和贵族的关系和缓一些，使封建文化多少向下层普及一些，毕竟是很有积极意义的。

从上述五个方面考察了孔子的政治主张之后，我们可以总括起来说，以忠君尊王为主导的孔子的政治思想，其基调虽然对当时整个封建社会来说是只能如此的、合理的，但随着封建君王的日益专制独裁，残民以逞，而还要强调忠君尊王，就更加显示其落后性与反动性了。但其中举贤才、庶富教等政治主张，则充分显示了它的人民性，至今仍有借鉴价值。这两方面是符合历史唯物主义发展规

---

①② 《论语·子路》。

③《论语·为政》。

律的孔子思想内在二重性的必然的产物。

三、孔子的政治品格和才略

孔子一生从政的时间不长（详见《生平概略》章），但是他的言论、行动都突出地表现了他作为一个大政治家所特有的品格和才略。

在政治上，孔子最杰出的品格即是坚定的原则性。他自己的政治目标、政治原则在深思熟虑的基础上形成之后，从来没有动摇过。孟子所说的“富贵不能淫，贫贱不能移，威武不能屈”[①]，可以作为孔子的写照。孔子一度得到过鲁国执政季桓子的信任，做过鲁国大司寇，但他没有因此改变自己的初衷去为“三桓”谋利，而是坚决贯彻弱私门、张公室的原则，发动了震动鲁国的削弱“三桓”势力的“堕三都”的政治斗争。

“堕三都”受挫之后，季桓子不仅迷于声色，生活上更加腐化，而且开始疑忌和怠慢孔子。当时孔子有两条路可走：一是贪恋高官厚禄，放弃原则，与季氏沆瀣一气；一是坚持原则，丢掉荣华富贵。“不义而富且贵，于我如浮云”[②]。他坚定地选择了后者，弃大司寇之位如弃敝屣，开始了漫长的颠沛流离的生活。在去留问题上，孔子的气节为后世树立了楷模。

孔子在奔走于列国之间的年代里，曾多次受到暴力威胁，每次他都以坚定的信心克服了困难。他经过匡，被匡人甲士包围，弟子们很害怕。孔子说：“文王既没，文不在兹乎？天之将丧斯文也，后

① 《孟子·滕文公下》。

② 《论语·述而》。

死者不得与于斯文也。天之未丧斯文也，匡人其如予何！”[①]孔子到宋国去，与弟子在大树下习礼，宋司马桓魋想杀孔子，拔了那棵树以便给他颜色看。弟子们都劝孔子快走，孔子说：“天生德于予，桓魋其如予何！”[②]在生死关头不惊恐，在武力面前不低头，对自己的德行能力以及政治使命充满信心，加上得当的措施，终于化险为夷。孔子说过：“志士仁人，无求生以害仁，有杀身以成仁。”[③]他自己是实践了这个道德信条的。

尤其难能可贵的是，孔子在多次碰壁之后已知自己的主张、抱负不能实现，仍然坚定地为之奋斗，被称为“知其不可而为之”的人。有不少隐者，也都对孔子的行动持否定态度。对别人的不理解，孔子感到悲凉，但绝不动摇。当他与弟子被困于陈蔡之间没有粮吃的时候，他曾经征求三位弟子对行道的意见和看法。子路持怀疑态度，认为孔子也许还没有达到仁、智。子贡肯定孔子之道极大，但因天下不能容，希望孔子修改一下。颜渊则说：“夫子之道至大，故天下莫能容。虽然，夫子推而行之！不容何病？不容然后见君子！”[④]天下不容只证明天下人见识浅，天下不容，于孔子无损，反倒恰好显示孔子的仁人君子的高尚品格。这话表达了孔子的心声，孔子最为满意。他之所以“知其不可而为之”，就是坚信自己的事业是合于仁道（真理）的，即使生前不能实现，也要给后人树立一个典范，启发他们沿着他的足迹前进。

孔子的优良政治品格还包括许多方面，如作风正派、光明磊落、襟怀坦荡、疾恶如仇、积极乐观、主动灵活，等等。这里就不一一

---

① 《论语·子罕》。

② 《论语·述而》。

③ 《论语·卫灵公》。

④ 司马迁《史记·孔子世家》。

详述了。

表现孔子具有政治家才略的事例是历史上有名的齐鲁“夹谷之会”（事见《生平概略》章）。这次盟会，齐国失了面子，鲁国得了实惠。在这里，孔子审时度势，充分利用了各国之间的矛盾。当时，齐晋之间矛盾比较突出，鲁在齐、晋之中居于举足轻重的地位。齐如不能妥善处理与鲁的关系，容易促成晋、鲁联合抗齐的形势。这样，齐国便会受到两面夹击。这一点，孔子和齐国的当政者都是清楚的。因此，齐非但不敢轻易得罪鲁，还想从多方面争取鲁国的友好。估计到这种形势，孔子对齐在原则上持比较强硬的态度。

夹谷之会是一次成功的外交斗争，孔子在这场斗争中表现了政治家的大智大勇，因此不承认他是一位封建时代的伟大政治家，那是不实事求是的。

第六章　中国历史上第一个伟大的教育家

孔子是中华民族历史上第一个伟大的教育家，在一定意义上说，他也是全人类历史上一个伟大的教育家。孔子首创平民教育，继承、发展和传播了古代文化。他的教育思想、教学方法、治学态度，以及所倡导的互敬互爱的师生关系，直到今天仍然值得我们学习和借鉴。

一、成效卓著的教育实践

（一）创办私学聚徒讲学的业绩

在孔子之前和孔子当时，中国古代封建贵族垄断了文化教育权。所谓“学在官府”，就是说学校为贵族子弟而设，平民没有受教育的可能。由于社会生产力的发展和阶级的分化，有些有一定文化教养的没落贵族，特别是士一级的贵族，也利用自己的文化修养（《诗》

《书》《礼》《乐》等方面的知识），收徒设教，称为村塾[①]；这种私塾在春秋时期已经有了，但影响不大。孔子所创设的私学则完全不同，它是中国教育史上跟"学在官府"相对立的"学移民间"的划时代的标志。

孔子创办私学的影响之广之深，是空前的；从他个人收徒讲学的成绩而言，在古今中外的历史上也是不多的。孔子在"三十而立"的时候，由于学业德行的广博深厚，已渐为社会所承认。他既无从政（仕）的机会，乃开始收徒讲学[②]。从此，聚集到他门下的弟子一天天多起来，先后达到传说的总数三千，身通"六艺"者七十二人（一说七十七人）。这些学生大多数出身贫贱，来自贵族的学生只有鲁国的孟懿子、南宫敬叔兄弟和宋国的司马牛等几个人。学生中后来有的从政（仕），有的从教（师），很多成为有政绩、有名望的人。由平民通过学习而能参与贵族政治的新情况，是从孔子创立私学后才开始兴盛起来的[③]。西周以来的世卿制度，由于春秋时代阶级关系的变动，已经摇摇欲坠。孔子一生用了四五十年"学而不厌，诲人不倦"的持久努力收徒讲学，培养了一批人才，对于进一步打破贵族垄断文化教育和贵族世袭政治官职的局面，起了重要作用，在当时的历史条件下，是有不应低估的改革政绩的。

---

① 《礼记·学记》："古之教者家有塾。"郑玄注："古者仕焉而已者，归教于闾里。朝夕坐于门，门侧之堂谓之塾。"意即古代做官退休的贵族，回到家乡，就在家乡做教育工作。办法是：他朝夕坐在门口，门旁房间就是学生受教育的地方（塾）。所谓私塾，即源于此。但那时能来受教的还是乡间（闾里）有身份人家的子弟，不能跟孔子所办平民教育的私学相比。

② 孔子何年始收弟子，历来有不同的说法，一说十七岁（司马迁《史记·孔子世家》），一说二十二岁（胡仔《孔子编年》），一说三十五岁（司马贞《史记索隐》）。现根据孔子自己所说"三十而立"及其他旁证，定孔子收徒讲学为三十岁左右。

③ 钱穆："平民以学术进身而预贵族之位，自儒而始盛也。"（《先秦诸子系年考辨》）

（二）从事教育活动的三个主要时期

孔子一生的教育实践活动，主要分三个时期：

第一个时期，在孔子“三十而立”前后，大约是在他三十岁至三十五岁期间。这时他开始收徒讲学，第一批学生中有比他小六岁的颜由（颜回之父），有比他小九岁的子路。孔子办学的名声很好，吸引了许多民间子弟来就学。他三十四岁那年，连贵族孟僖子的两个儿子孟懿子和南宫敬叔也拜他为师。就在这一年中，他曾带着南宫敬叔“适周问礼”，向东周王室的史官学习周礼。

孔子之所以三十岁左右就能够收徒讲学，一方面是他生长在保存了丰富的古代文物典籍的鲁国，客观上具有较好的学习条件。他从小在母亲颜徵在的熏陶教养下，就对《诗》《书》《礼》《乐》饶有兴趣，五六岁便学着“陈俎豆，设礼容”了。另一方面，孔子不仅聪颖过人，而且勤奋好学，十五岁而志于学，到三十岁就已经打下了学业和品德修养上的坚实基础。他通晓古今文献，立仁知礼，为从政、施教创造了足够的条件。他自己说“三十而立”，决非虚夸（详见《生平概略》章）。

第二个时期，孔子在鲁昭公二十七年自齐返鲁之后到仕鲁之前，也就是他三十七岁到五十岁这段时间。当时鲁国的政治形势是政不在君而在大夫，大夫之政在士（即陪臣，当时是阳货），“陪臣执国命”。孔子不愿意与这种权臣同流合污，所以不仕，“退而修《诗》《书》《礼》《乐》，弟子弥众，至自远方，莫不受业焉”[①]。这时，孔子的弟子除来自今山东境内的齐、鲁外，还有从楚（湖北）、晋（山西）、

① 司马迁《史记·孔子世家》。

秦（陕西）、陈（河南）、吴（江苏）所属各地慕名而来的，几乎遍及当时主要的诸侯国。这十几年是孔子教育思想、教育事业的大发展时期，并越来越引起全社会（包括上层贵族和下层庶民）的广泛注意。当时有许多青年师事孔子，从年龄上来推算，像颜回（少孔子三十岁）、子贡（少孔子三十一岁）、冉求（少孔子二十九岁）、仲弓（少孔子二十九岁）等，大概都是在这一时期成为孔门的学生的。

第三个时期，孔子晚年。鲁哀公十一年（前 484 年），孔子结束了长达十四年之久的流浪生活，自卫国回到鲁国。这一年他已六十八岁，距他七十三岁去世还有整整五年时间。孔子经历了几十年的坎坷生活，即使访问列国诸侯，到处碰壁，终不得志，但始终没有停止教学工作，始终“诲人不倦”地把希望寄托在未来。至此他更集中精力把晚年的全部余热献给了教育事业，又培养出了一大批像子夏、子张、曾参等才华出众的弟子。与此同时，他还对以往教学中用的《诗》《书》《礼》《乐》《易》《春秋》等文化典籍进行整理、删定，使之成为定型的教本。孔子的教学经验也在这一时期得到了进一步的系统化，从而最终形成了完整的孔子教育思想体系。

孔子弟子号称三千，盖指孔子一生中教授学生的总数，并非指同时在学的人数就有这么多。孔子的学生中既有走读生，也有寄宿生；学生的宿舍称为“内”，教室称为“堂”。他招收学生的手续很简单，只要“自行束脩以上，吾未尝无诲焉”[①]，只一束干肉（束修），象征性地表示对老师的敬意就可以了。

孔子从三十岁左右开始，一直到去世为止，即使在鲁国从政（任大司寇等职）和访问列国诸侯的时候，他都坚持不懈地克服各种困

---

① 《论语·述而》。

难和阻力，发展自己创设的私学，用自己的心血和生命谱写了成效卓著的教育事业的胜利凯歌，在中华民族以至全人类历史上作出了巨大贡献。

二、“有教无类”和“诲人不倦”

孔子的教育思想是和他的世界观、政治观密切相关的，并为他的世界观和政治观服务的。“仁”是孔子世界观和真理观的核心，孔子的教育工作是以仁的人生哲学思想为基础，也是为“仁政德治”的政治服务的。所以在一定意义上说，孔子的教育工作也就是政治工作；孔子是教育家，同时也是政治家。

（一）人人应受教育

在孔子的教育思想中，最光辉的一点便是具有政治远见的“有教无类”[①]，即人人应受教育的主张。这充分表现了孔子教育思想中的人民性和民主性的因素，开创了通向文化下移和普及教育的新道路，是中国教育史上划时代的革命创举。

“有教无类”是“泛爱众，而亲仁”的具体化。孔子从“仁”的观念出发，对一切可能施教的人，只要“自行束脩以上”，都不拒绝进行教育，使其享有均等的受教机会。关于“类”，历来有不同的解释，梁代皇侃说得好：“人乃有贵贱，宜同资教，不可因其种类庶鄙而不教之也。教之则善，本无类也。”[②]至于“有教无类”是否包括

① 《论语·卫灵公》。

② 皇侃《论语义疏》。

奴隶，我们认为，从孔子“仁者爱人”的一贯主张来看，把农奴以至奴隶排除在“有教无类”之外，既无文献资料可证，逻辑上也难说得通。因此，比较确切地说，有教无类应当是不分宗族贵贱，不分阶级，都是可以施教的。这在人类教育史上是一项很有革命意义的政治突破，至今值得称颂。但遗憾的是，孔子竟然把人类二分之一的妇女排除在教育对象之外。孔子陷于重男轻女、男尊女卑的传统观念而不能自拔。例如周武王自己说，他有十位能辅助他治理国家的臣子，这十人中相传包括武王自己的妻子邑姜在内，但孔子却说，辅助武王的十人中有一个是妇女，所以只能算作九人[①]。这无疑损害了孔子自己的“有教无类”的思想原则。这就可以理解为什么他没有一个女弟子了。所以，他的“有教无类”只包括了人群的一半，只有男人，女子不在内。清代乾隆年间的思想家、文学家袁枚（1716—1798），在对待妇女的问题上，就和孔子以来的传统观念不同。袁枚根据孔子的“泛爱众，而亲仁”和“有教无类”的思想，不顾当时封建舆论界的责难，招收了一批女弟子[②]，这就比孔子高明多了。今天，我们指出孔子在这个问题上的错误，对全面评价孔子“有教无类”的思想是必要的。

孔子提出了“有教无类”的主张，并且实践了这个主张。他招

---

① 《论语·泰伯》："武王曰：'予有乱臣十人。'孔子曰：'……有妇人焉，九人而已。'"十人指周公旦、召公奭、太公望、毕公、荣公、太颠、闳夭、散宜生、南宫适和一位妇女。这位妇女或说是文王之妻太姒，或说是武王之妻邑姜（姜太公之女），看来指邑姜更近情理。是太姒还是邑姜，那是次要的问题，主要的问题是孔子认为女子不该和男子并立。他顽固地站在男尊女卑的立场上，只承认武王有九个治理国家的能臣。这是他思想中保守落后的地方。

② 我和张闻天、侯绍裘、李平心等同志先后在苏州乐益女子中学教书时，曾选编了一本《随园女弟子诗选》（上海光华书局出版），以表彰袁枚不轻视妇女的卓识。

收学生兼收并蓄，不受贵贱、贫富、老幼、国籍等条件限制，其中大多数出身于贫贱之家，兹略举六例如下：

颜回：“一箪食，一瓢饮，在陋巷。人不堪其忧，回也不改其乐。”[①]

仲弓：其父为“贱人”，家“无置锥之地”[②]。

子路：“卞之野人”[③]，子路事亲，“尝食藜藿之实，而为亲，负米百里之外”[④]。

原宪：“居鲁，环堵之室，茨以生草；蓬户不完，桑以为枢；而瓮牖二室，褐以为塞；上漏下湿，匡坐而弦歌。”[⑤]意思是说，原宪在鲁国住的是茅草盖顶的方丈小屋，门户是蓬蒿编成的，而且还不完整。户枢是桑树条做的，窗口是用破瓮做成的，并以粗布隔为两间。屋顶漏雨，地下潮湿，他却端坐而弦歌。

曾参：穷居卫国，絮衣破烂，面色虚肿。因为经常干粗活，手足生出了老茧。往往是三天不煮饭，十年不添制新衣[⑥]。

闵子骞：冬天没有御寒的衣服，“以芦花衣之”——以芦苇花当棉絮用[⑦]。

针对这样的情况，南郭惠子曾经发出疑问：“夫子之门何其杂也？”子贡回答说，君子端正品行以等待四方之士，而且一定要做

---

① 《论语·雍也》。

② 《荀子·非十二子》。

③ 《史记·仲尼弟子列传》集解，引徐广话。

④ 《说苑·建本》。

⑤ 《庄子·让王》。

⑥ 见《庄子·让王》。

⑦ 见《说苑》。

到来者不拒，正如良医之门多病人一样。所以夫子门下的人品十分复杂，各种各样的人物都有[①]。这段记载正好确切地剖明了孔子“有教无类”“来者不拒”的矢志于教育事业的崇高精神。

孔子关于人人都应受教育的思想和实践，对于普及教育、传播中原地区的先进文化、促进各民族之间的文化交流，都是起了积极作用的。

（二）人人可以通过教育革新自我

承认人可以通过教育得到改造和提高，是教育思想上的一个重大突破。对于这个问题，孔子已有了明确的认识，他说:“性相近也，习相远也。”[②] 所谓“性”是指人的共同本性，“习”是指后天的环境影响，主要是教育、习染。正如王夫之所说:“性者天道，习者人道。”[③] 这句话的意思是说，人的本性是相近的，差不多的，人在道德和知识上的重大差异，是后天教育、学习的结果。所以孔子说人的本性相近，是符合实际情况的。在实际生活中，孔子更重视后天的习染对人的意识起的作用，认为人的实际的思想状况是由习染决定的，而不是先天决定的。这里就有着可贵的唯物主义的因素。这个观点是孔子对先秦哲学和心理学的重大贡献，对于他的伦理、政治、教育理论具有重大意义，是他的教育学说的认识论基础。根据这个理论，孔子认为每一个人都可以通过教育接受良好影响，在道德、知识上得到改造和提高，即使是受到不良习染的人也有可能变好。他的学生中有素质较好的，也有素质较差的，经孔子循循善诱

---

① 见《荀子·法行》。

② 《论语·阳货》。

③ 王夫之《俟解》。

的教导，不少变成著名的贤才。

孔子在两千多年以前提出的教育可以革新人的“性习说”，强调和承认人的后天习染的作用，亦即教育的重要作用，这对于运用教育手段来改变人，提高人的道德、知识水平，对于教育可以缩小以至基本消灭人类社会普通的人与人之间在道德、知识水平上的差距，是具有重大意义的。

（三）教育家的义务和职责

孔子在教育实践中曾经提出一个著名的论点，叫作“诲人不倦”，这是跟他的世界观和政治理想分不开的。孔子是把教育和政治的关系紧密地结合在一起来看待的，教育给政治提供思想基础和合格的人才，政治给教育提供实践机会和发展的条件。在孔子的心目中，教育是为促进政治改革（孔子心目中的改革）创造条件，政治又反转过来为促进教育的发展创造条件。所以孔子“诲人不倦”的教学态度，其出发点首先是来自他企图改革贵族政治、实施所谓“仁政”“德治”的积极的政治要求，其次是来自他自己“学而不厌”的好学精神，再次是来自他对求知者认真负责的态度。他曾谦逊地说：“说我圣，说我仁，我都不敢当！我只是永不自满地学习，永不疲倦地教诲弟子而已。”[①] 孔子对待学习知识的态度也一贯是实事求是、老老实实的，这充分表现在他对子路的一段谈话中，他说：“由！诲女，

① 《论语·述而》：“若圣与仁，则吾岂敢！抑为之不厌，诲人不倦，则可谓云尔已矣。”

知之乎（我教导你的话你懂了吗）？知之为知之，不知为不知，是知也。”[①] 知道的才能说知道，不知道的只能说不知道，这才是真正聪明的求知者。——孔子一生就是以这种认真严肃、踏实负责的教学态度，忠诚地、百折不挠地履行一个教师、一个教育家的义务和职责的。

三、培养实现仁政德治的优秀人才

（一）政治理想与教育目的

孔子开创私学的目的，是为实现其政治理想服务的。他的政治主张如前所说，就是“仁政”“德治”；实现这个政治主张的力量，则是“国君”“贤臣”和“良民”。他认为一国的国君是既定的、神圣不可侮的，即使君王无道，推翻他取而代之，也是不忠、无礼的表现。他认为良民人数虽多，但只是施政的对象。只有“贤臣”是孔子认为可以经过自己主观努力加以改善或培养的决定环节。有了上事君以忠、下使民以惠（庶之，富之，教之）的贤臣，就可以使国家达到“太平盛世”，实现“小康”社会了。

谁可以担当“贤臣”呢？一般而言是士（知识分子），特殊而言是君子（德才兼备的知识分子）。士是君子的初级阶段，君子是士发展提高的优秀者。有了合格的君子和士，就可以从中选出胜任的贤臣、贤宰和贤吏，上忠于国君，下惠于良民，仁政和德治就可以实现，封建宗法等级制的国家就可以太平富强、长治久安了。孔子办学的目的，就是培养这样的士和君子，就是希望通过这些士、君子的从政（仕）而影响和掌握国家的命运，实现仁政、德治，达到小

① 《论语·为政》。

康境界。在孔子的学生中，除了许多平民和“鄙人”“鄙夫”“贱人”外，确也有少数贵族和富人，如孟懿子、南宫敬叔是鲁国贵族，冉有、子贡是鲁、卫富人。从各类不同学生的情况看，孔子的“有教无类”的主张，确是说到做到的。问题是从平民中吸收学生固然是革命的进步措施，但教育的目的和要求，归根到底是把他们培养成能够进入贵族统治阶级的合格人才，即维护和巩固等级森严的封建宗法制社会秩序的士和君子。孔子的想法是通过输送这些品德高尚的治世能人，造成尊卑贵贱各阶级的人都能平安过日子的开明的贵族统治局面。但这当然只能是必然破灭、到处碰壁的幻想。所以，如《导论》中所说过的那样，在孔子向下看的时候，能看到平民，想到“泛爱众，而亲仁”，想到“博施于民而能济众”，是有进步的革命精神的，是伟大的思想家。但在他的眼睛向上看的时候，就只看到贵族的统治力量，他把希望寄托在“圣君明王”身上，想的是“忠君尊王”，维护贵族等级制的尊严，和黑格尔那样思想进步而政治上拥护德国皇权以至于变成了平庸保守的人物一样，在强大的历史传统习惯势力面前，他只能是历史条件下的人物，而我们也只能在吸取历史经验教训的意义上去估量他。

（二）培养政治改革的人才

孔子的教育，是实现其政治理想的方法和手段，其目的是“学而优则仕”，最终是想通过这样一种教育，造就齐家、治国、平天下的优秀人才，使他们能参与政治改革，从而改变春秋时期所谓“天下无道”的混乱局面，以期能够实现“老安”“少怀”“友信”的理想社会。为了达到这个目的，孔子对弟子的教育并不仅仅停留在书本知识如《诗》《书》《礼》《乐》等传习上，更重要的是放在弟子的品德修养和办事能力的提高上。美国有一位汉学家G.克里尔说得对：孔子“不是仅仅培养学者，而是训练治世能人，他不是教书，而是教人”[①]。教人就是训练治世能人，治世能人首先要具有士、君子的品格。孔子心目中的君子，是品德高尚而又精通“六艺”的德才兼备的人才，用他自己的话说，就是“君子不器”[②]；“不器”的含义就是不局限于一才一艺，而应具有德行超群、统筹兼顾、照应全局的本领，是杰出的通才。其次是应该胸怀坦荡（“君子坦荡荡”[③]），说到做到，先做后说，对人对事都很公正，不讲私情（“先行其言而后从之”，“君子周而不比”[④]），尤其是像他回答子路问君子时所说的那样：“敬诚地修养提高自己，使周围的人（亲属邻里）安居乐业，使全国的老百姓安居乐业。”说到这里，他又特别加重语气地说：“要使全国老百姓都安居乐业，这恐怕连尧舜也很难做到呢！”[⑤]尧舜是孔子心目中的仁者、圣人，孔子讲的君子应该做的事连圣人尧舜也难以完全做到，这说明孔子对君子的要求极高。大概圣人是君子的提高，君子则是圣人的基坯，他们之间是相互渗透而难以分割的。这里讲的君子，实际上已具备了仁德即圣人的基本气质了。孔子还认为“君子不器”，是通才。孔子寄予希望的是“可以托六尺之孤，可以寄百里之命，临大节而不可夺也”[⑥]、“邦有道则仕，邦无道则可卷而怀之”[⑦]的多能善政的人。孔子认为这样的人不是天上掉下

---

① G.Greel: Confucius and the Chinese Way（《孔子与中国之道》），Harper & Row Publishers，New York and Evanston，1960年版，第79页。

②④ 《论语·为政》。

③ 《论语·述而》。

⑤ 《论语·宪问》“子路问君子。子曰：‘修己以敬。’曰：‘如斯而已乎？’曰：‘修己以安人。’曰：‘如斯而已乎？’曰：‘修己以安百姓。修己以安百姓，尧舜其犹病诸！’”

⑥ 《论语·泰伯》。

⑦ 《论语·卫灵公》。

来的，而是教育培养出来的。孔子的办学目的也正是如此。

孔子心目中的士、君子，不管其品德多么好，才能多么高，出仕时充其量只能是“卿”“大夫”，即君王的臣仆，而不能做君、王。做君王他是想也不敢想的，因为他认为这是“犯上”思想，是违背他的不可动摇的“忠君尊王”的原则的。而且，君王继承制的原则同样也不可动摇。他认为只有世卿制（即卿大夫的世袭制）要改变，也能改变。事实上，在他生活的时代已经开始发生变化，已经由世袭制开始向选任制过渡了。他认为，这种改变可以给君王提供选贤的机缘，使君王找到称职的贤臣，而通过贤臣得到君王的充分信任来改革政治，就可以实现仁政德治。其实，问题的关键不在贤能辅佐，而是在于君王自身。但君王是中国长期封建社会之所以为封建社会（包括孔子也很向往的西周小康社会）的“权力象征”，而孔子之所以成为封建社会的思想家，并且为历代封建统治阶级（君王）所欢迎、所赞赏，其重要原因之一，就是孔子坚持“忠君尊王”的原则和坚持君王世袭制。但君王是世袭的、独尊的，历代君王能合于孔子所希望的“圣君明王”的要求的是极少的，大多数都是专制暴虐或安富尊荣的昏王庸君，所以孔子企图培养士、君子出任君王的贤能辅臣而实现仁政德治，就是很不现实的了！事实证明，整个封建社会历朝历代的士、君子出仕者，虽也不同程度地有过一些循吏清官，但绝大多数只能成为历代君王的帮闲和帮凶，这就是孔子所受贵族阶级立场的限制，这就是孔子思想二重性的悲剧。

四、文质彬彬与德才并重

孔子办学的教育内容当然是服从于他的教育目的的，即服从于培养什么样的人的问题。如前所述，孔子培养的主要对象是士和君子，即为实现仁政德治培养人才，实际上是为封建贵族统治阶级培养合格的后备官吏。他很注重人品的内在素质和外在表现，曾提出“文质彬彬（外表形态和思想品质配合恰当），然后君子”[①]的主张，认为表里一致才能算是大雅君子。因此，他的教育内容是德才并重，道德教育和知识教育并重。《论语·述而》所说“子以四教，文、行、忠、信”的提法在概念上不够确切[②]，所以这里讲的孔子的教育内容，不以“四教”分。现按照实际情况从三个方面论述如下。

（一）品德修养

孔子最基本的教育内容是德育，即加强弟子们的品德修养。关于孔子的道德观念，已在《伦理思想》一章中作了评述，这里只阐述其运用到教育实践中去的情况。

孔子对道德的认识做过很大的努力，其道德总概念是“仁”。孔子对“仁”有许多解释，但从伦理道德的角度说，不外是“爱人”这个总原则。为了使弟子们准确地把握仁、理解仁，孔子曾多次详尽地回答过弟子们提出的问题。例如“刚毅木讷，近仁”[③]，意思是指刚强正直、果断朴实、言语谨慎，都可以说是接近于仁的。他还更具体地提出了孝、悌、忠、信、勤，义、勇、敬、诚、恕，温、良、恭、俭、让，谦、和、宽、敏、惠等一系列具体的概念，丰富并发展了品德修养的内容。这些内容作为封建道德来说，在一定程度上是符合当时封建社会的需要的，现在则必须加以批判、分析和清理，严格区分糟粕

---

① 《论语·雍也》。

② 程树德《论语集释》关于“子以四教，文、行、忠、信”条下引王滹南的话说：“夫文与行，固为二物，至于忠、信，特行中之两端耳，又何别为二教乎！”指出忠信二者实已含于行中，何必另立“二教”，所论极当。

③ 《论语·子路》。

与精华，然后决定取舍，决不能囫囵吞枣地含糊过去。

孔子很重视学生的道德情操。他说："贫而无怨难，富而无骄易。"[①] 富而不骄，贫而无怨，这里面带有一个抑制感情的问题。他又说："《关雎》乐而不淫，哀而不伤。"[②] 这说明一个人的喜怒哀乐应有一定的限度，不要过分。另外，"仁者爱人"也不是无原则地什么都爱，"君子亦有恶"[③]，"唯仁者能好人，能恶人"[④]。这又说明仁德之中又包含了"好"与"恶"一对相反的情愫。他要求弟子们能分清善恶，"行己有耻"[⑤]，"好仁"与"恶不仁"，有所为，有所不为。这种好恶的感情表现就是"知耻"。孔子又认识到人的感情是容易冲动的，那就需要有所抑制，掌握分寸。为此，孔子便提出了"中庸"的主张，作为平衡道德感情的准绳，以防止"爱之欲其生，恶之欲其死"的片面性，防止感情用事或极端化，做到不偏颇，适可而止。

孔子认为，一个人在道德感情上要克制那些不合于"仁"的邪念，那就需要确立合于"仁"的道德观念。他认为仁人必须立志，"三军可夺帅也，匹夫不可夺志也"[⑥]。一个人如果具备了求仁的意志，就可以求仁而达仁："我欲仁，斯仁至矣。"[⑦]"志士仁人，无求生以害仁，有杀身以成仁。"[⑧] 意思是，宁可牺牲生命来保卫仁的原则，不可贪生怕死而损害仁的原则。这就是孔子对树立道德观念的明确要求。

立志的同时便是力行，也就是个人的表现和实践。孔子认为，

---

① 《论语·宪问》。

② 《论语·八佾》。

③ 《论语·阳货》。

④ 《论语·里仁》。

⑤ 《论语·子路》。

⑥ 《论语·子罕》。

⑦ 《论语·述而》。

⑧ 《论语·卫灵公》。

体现“仁”的外在形式是“礼”。他说“克己复礼为仁”[①]，“不学礼，无以立”[②]。“克己”是一种“自省”功夫，就是能约束自己，自我克制，使自己的日常行动都合于礼，做到“彬彬有礼”。克己的手段是“四勿”：“非礼勿视，非礼勿听，非礼勿言，非礼勿动。”[③]那么，什么是“礼”呢？在孔子的时代，主要是指周礼，即传统的西周的典章制度和风俗习惯，包括人与人交往中的礼貌、礼节、礼仪，以及冠、婚、丧、祭等一切生活行动中的规则。有了这些明确的规则，道德行为就有了标准。《庄子·天下》篇关于儒家“以礼为行”（以礼来规范行为）的提法，就是指的这个方面。

道德行为是检验道德认识是否明确、道德情操是否高尚、道德观念是否坚定的试金石，是品德修养进入躬行实践的最重要的环节。所以孔子强调“听其言而观其行”[④]，主张“文质彬彬”，有了“质”还要看表现（“文”）。只有这样，才能养成有操行的君子。

孔子强调个人品德修养，不仅在当时是对的，今日也要强调。当然，品德修养的具体内容和要求，必然随着时代的不同而有所变化、有所发展。

（二）文献知识

孔子传授知识的范围主要限于人道方面，即专讲做人和从政的道理，而这些又都是通过教习典籍去完成的。从文献方面来说，就是传授“六经”：《诗》《书》《礼》《乐》《易》《春秋》。“六经”或“六

①③《论语·颜渊》。

②《论语·季氏》。

④《论语·公冶长》。

艺”的基本内容，在孔子以前时代早就有了，而且早就列为贵族教育的主要内容了，孔子不过是再一次加以选用和肯定而已。为什么孔子选用这些典籍来作为教材呢？《礼记·经解》引孔子的话说：“其为人也，温柔敦厚，《诗》教也；疏通致远，《书》教也；广博易良，《乐》教也；絜静精微，《易》教也；恭俭庄敬，《礼》教也；属辞比事，《春秋》教也。”这说明了“六经”的教育意义和教育价值，并表明了寓德育于智育之中的作用。因此，它们就成了孔子的六种文献材料。“六经”的由来、形成、内容及其与孔子的关系，在后面将详细论述，这里仅就孔子在教育实践中的应用方面略作阐发。

《诗》在当时主要是用于典礼、讽谏、言语和赋诗言志等方面。孔子认为，学《诗》可以锻炼语言表达能力，“不学《诗》，无以言”[①]。宋人邢昺《论语注疏》说：“以古者会同皆赋诗见意，若不学之，何以为言也？”《左传》上记载各国君臣赋诗引诗共达二百五十一次之多。当时的士大夫如果不能赋诗，就要被人瞧不起。例如《左传·昭公十二年》记载：“宋华定来聘[②]，通嗣君也，享之，为赋《蓼萧》（《诗·小雅》中的一章），弗知，又不答赋。昭子（鲁大夫孙婼）曰：‘必亡！宴语之不怀，宠光之不宣，令德之不知，同福之不受，将何以在？’”华定因为不能以《诗》答赋，当场出丑，并受到昭子的一番奚落。由此可见，孔子强调学《诗》的目的，实质上还是为了从政：“诵《诗》三百，授之以政，不达；使于四方，不能专对；虽多，亦奚以为！”[③]这指出学了《诗》要能随机应变地应用，如果单是死记硬背，而不能据以处理国政，又不能独立地运用去办外交，即使背

① 《论语·季氏》。

② 华定，宋国大夫，宋元公新即位，派他出使鲁国以通聘问。

③ 《论语·子路》。

得再多，那又有什么用呢？孔门弟子中最善于外交活动的子贡，就是学《诗》能用的代表人物，因此曾受到孔子的称赞（见《论语·学而》)。

孔子很重视《诗》教，把它当成了修养道德、陶冶性情、齐家治国的重要手段。有一次，他对弟子们讲解《诗》教的重要意义时说："小子何莫学夫《诗》?《诗》可以兴，可以观，可以群，可以怨，迩之事父，远之事君，多识于鸟兽草木之名。"[①]这可以说是孔子对《诗》的最精辟的论述。照他看来，读《诗》不仅可以鼓舞情绪，可以观察风俗民情的盛衰，可以建立相互间的谅解，可以讽谕或批评时政的得失，甚至还可以运用其中的道理来侍奉父母，以至从政事君，认识自然界中的鸟兽草木。这种诗学观，使《诗》对后世产生了巨大的影响。

《乐》也是教育中的一项重要教材。乐教不仅指学习音乐的基本功，同时也包括学习音乐理论和审美等内容。孔子是把《诗》《礼》《乐》融为一体的："兴于诗，立于礼，成于乐"[②]，"志之所至，诗亦至焉；诗之所至，礼亦至焉；礼之所至，乐亦至焉"[③]。在孔子的心目中，立志而后学诗，学诗而后知礼，知礼以后才能从音乐的启迪中自觉地陶冶性情。同对待诗一样，孔子把习乐也作为修身的一种手段，并付诸实践。孔子善于欣赏和评论乐曲："子在齐闻《韶》，三月不知肉味，曰：'不图为乐之至于斯也。'"[④]"子谓《韶》尽美矣，又

① 《论语·阳货》。

② 《论语·泰伯》。

③ 《礼记·孔子闲居》。

④ 《论语·述而》。

尽善也；谓《武》尽美矣，未尽善也。”[①]“子曰：‘吾自卫反鲁，然后乐正，《雅》《颂》各得其所。’”[②]他整理《诗》时，就是按乐曲的性质编为《风》《雅》《颂》三个部分的。他教弟子们唱歌时，自己也和着唱，而且还指点他们演奏乐器[③]。他主张“以乐治国”，理由是“致乐以治心”，“生则乐，乐则安，安则久，久则天，天则神，天则不言而信，神则不怒而威，致乐以治心者也。”[④]可见他是一个乐治主义者，乐教的最终目的仍是为从政服务。

《书》 是孔子当作政治教材和历史教材来用的。《论语》中记录孔子三次引《书》，都是以古喻今，讲解如何从政、行道的。

《礼》 一是作为文献教材进行讲解，二是学习礼的仪式技能。孔子进行的礼教，重在实习。因为礼是立身处世的行动准则，所以他告诫自己的儿子孔鲤说：“不学礼，无以立。”[⑤]关于《礼》的具体内容，在《仁的人生哲学思想》一章中已有评述，这里就不重复了。

《易》 分《经》《传》两部分。《经》的内容在孔子以前就已经有了，《传》的内容则是后儒完成的。在孔子当时，《易》是一部讲阴阳八卦的占卜之书，内容神秘庞杂，在鲁国保存得比较完整。据《史记·孔子世家》记载，“孔子晚而喜《易》”，“读《易》，韦编三绝”，可见他曾进行深入的研究。孔子曾吸取书中朴素的辩证法思想来教育弟子。

《春秋》 成书于孔子去世前二年，是他亲自编著的。但作为教材用的《春秋》，大致有两种可能：其一，当时有《百国春秋》，即

---

① 《论语·八佾》。

② 《论语·子罕》。

③ 见《论语·述而》和《论语·先进》。

④ 《礼记·乐记》。

⑤ 《论语·季氏》。

各诸侯国的“史记”，内容无非是关于国家政绩、兴废的记载，孔子教学生用的可能就是这种《百国春秋》；其二，由于《百国春秋》卷帙浩繁，材料繁杂，孔子便以《鲁春秋》为蓝本，将各国“史记”中的主要大事统于一体，先作为教材用，后来才整理成现今的传本。《春秋》中包含了孔子的社会政治理论，定名分，寓褒贬，微言大义，是孔子对学生们进行政治和历史教育的教科书。

（三）体育锻炼和美育陶冶

除“六经”外，孔子还有没有其他教材呢？从礼、乐、射、御、书、数的初级“六艺”来看，是还有一些技艺方面的教育内容的。孔子那个时代还没有“体育”这个名称，但“射”和“御”是属于现代体育的范畴的，孔子是注意到这方面的内容并身体力行地贯彻到教学中去的。孔子本人并非一个衰弱的老夫子，他志趣广泛，身体健壮，长得很高大[①]。春秋时期，人们的平均寿命比现在短，他活到七十三岁，是很少的高寿者之一，这与他注意身体的锻炼是很有关系的。郭沫若在《十批判书》中曾据《淮南子》说他“劲杓门之关”，解为孔子是“千斤大力士”，是有一定事实根据的。他经常带着弟子们到泗河岸边郊游。他喜欢爬山，“登泰山而小天下”，至今泰山顶上还留有孔子登临处的遗迹。孔子对射箭和驾驭马车是非常内行的，弟子们大都继承了他善射的传统。《史记·孔子世家》记载：“鲁世世相传，以岁时奉祠孔子家，而诸儒亦讲礼乡饮大射于孔子冢。”司马迁曾亲临考察，观孔子乡射之遗风。清代学者颜元对孔子的体育

---

① 据司马迁《史记·孔子世家》记载，孔子身高九尺有六寸，“人皆谓之长人而异之”。按周尺一尺折合现代公制为 19.91 厘米，则孔子身高约为 1.91 米。

教育思想曾作出客观的评价说：“孔门司行礼、乐、射、御之学，健人筋骨，和人血气，调人情性。”[①]可见孔子体育教育的意义，除了强身健体以外，还有陶冶性情的作用，这是和礼、乐的美育教养结合在一起的。

孔子注重的美育，包括“文”与“质”两方面，具体的是指礼乐修养的外在美和内在美。他主张“君子成人之美”[②]，美即美德，其标准则是“博学于文，约之以礼”。他称赞《韶》乐“尽美矣，又尽善也”，是因为这种音乐表现了虞舜谦让平和的美德，可以熏陶人的性情。孔子既然是伦理道德的理论家和实践家，就必然把美育和道德观念密切结合在一起。于是，美也就成了孔子的一个德目了。所以孔子注重的美，实际上多少也包含了我们现在所讲的语言美、行为美、心灵美和环境美的某些内容。例如他的诗教是结合语言美的，他说的“文质彬彬”是结合行为美的，他提出的“智、仁、勇”是结合心灵美的，他主张“席不正不坐”是结合环境美的。孔子把美的观点与道德观点联系起来的教育实践，无疑是意义深远的。

以上讲的加强品德修养，掌握文献知识，注重体育的锻炼和美育的陶冶，其目的是培养治世能人（士、君子）。从孔子的这些教育内容看来，其中不少合理的因素至今仍闪耀着光彩。但必须指出，孔子教学所使用的教材（“六经”），即使在两千多年前的春秋时期，也是远远不能反映当时社会发展所已取得的成就的。当时工农业生产工具和战争用的武器，已由青铜器发展到铁器，农业上已使用牛耕，手工业制品从武器到精美的绢、帛、绨、缟以及钟、鼎等宫廷用品和民间用品，无论在农艺、园艺、工艺和商业上，无论在天文、

① 《颜习斋先生言行录》。

② 《论语·颜渊》。

地理、历法、医学和烹调上，也无论在军事的战略战术上，都有了很大发展和进步。这些在孔子的教材（“六经”）中几乎很少甚至没有反映。我们在承认孔子在两千多年前那样的社会条件下不愧为一位伟大的思想家、政治家和教育家的同时，还必须指出他的很大的保守性和局限性，尽管孔子以后的、在封建社会束缚下的、中国停滞不前的局面，其中包括哲学社会科学上关于物质和精神孰先、真理能否被认识和社会发展规律的探索和论证，以及自然科学方面理论和实验应用（特别是工农业生产方面）等停滞不前的情况，固然由多方面原因所造成，但毕竟也是和孔子思想及其在教学内容上的保守性、局限性的影响分不开的。不了解这一点，就不能真正理解孔子，就不能正确评价孔子的教育成就，就可能陷于很大的片面性。

五、灵活多样的教学方法

作为一位伟大的教育家，孔子在一生的教学实践活动中，积累了一套极有价值的教学方法，在许多方面反映了朴素的辩证法和唯物主义观点。这是孔子教育思想中最精华的部分，是一份珍贵的遗产，至今仍有一定的借鉴作用。

（一）学、思结合的辩证原理

孔子认为一个人要增长知识，必须认真学习并进行思考。他研究了学与思的辩证法，提出了“学而不思则罔，思而不学则殆”[①]的精辟见解。“学”是占有知识材料，“思”是思考分析问题。一个人

①《论语·为政》。

如果不好好学习，只是整天苦思空想，那就会陷入瞎猜的境地，无论如何也不会有什么好处。他曾说：“吾尝终日不食，终夜不寝，以思，无益，不如学也。”[①] 他提倡“学而时习之”“温故而知新”，认为“三人行必有我师焉”，关键是要放下架子，“不耻下问”，甘当小学生。他提倡“好学”“学而不厌”，向人学，向事学，向书本学。

但是，只学习而不思考也会陷入茫然无所适从的地步。一个人在占有文献材料（知识材料）以后，还一定要进行分析思考，才能消化理解。所以学和思是缺一不可的。孔子特别提倡独立思考，切问近思，追根求源，遇到事情要多问几个为什么，他说：“遇事不问几个‘为什么，为什么’的人，我对这种人就无可奈何了！”[②] 他批评那种“饱食终日，无所用心”的思想懒汉，而教导学生要“多闻阙疑”，敢于发现问题，以便培养思考能力。关于孔子学思结合的教学方法，清初王夫之曾有透辟的解析：“致知之道有二：曰学，曰思，……学非有碍于思，而学愈博则思愈远，思正有助于学。”[③] 这说明了学思一致、相得益彰的道理。

（二）因材施教，循循善诱

孔子进行教学活动的特点，是能够从学生的实际情况出发，针对智力的高下不同而“因材施教”。马克思主义者也承认人的智力是有差异的，《资本论》卷一论述说：“天赋的特殊性，是分工依此长芽的基础。”孔子很早就注意到人的才智高下有别，他说：“中人以上，可以

---

① 《论语·卫灵公》。

② 《论语·卫灵公》：“子曰：不曰如之何，如之何者，吾未如之何也已矣。”

③ 王夫之《四书训义》卷六。

语上也；中人以下，不可以语上也。”[①] 这就是说，对于中等以上智力水平的人，可以跟他讲高深的学问，对中等以下智力水平的人，则不可以跟他讲高深的内容。根据这一原则，他深入了解弟子们不同的志趣、智慧和能力，掌握每个人的特点，施以不同的教育。《论语·先进》中记载，冉求做事好退缩，胆子小，孔子就教他凡事要抓紧，一听说就应马上去做。仲由胆大，敢作敢为，孔子怕他冒失而惹祸，就教他凡事先退一步，等请示父兄后再去做（“求也退，故进之；由也兼人，故退之”）。孔子就是用这种扬长避短的方法来完善弟子们的德业修养的。

孔子善于了解学生们不同的习性和兴趣，循循善诱。他认为一个人不仅应该知道学习的重要性，而且要乐于学习，“知之者不如好之者，好之者不如乐之者”[②]。只有培养起学习兴趣，才能树立学习的自觉性，从而产生学习的热情，以至学而不厌。

孔子培养弟子学习兴趣的办法，是通过日常生活中一些生动的事例，用形象思维的方式去诱导。《论语》中就记载着孔子采用哲理性的比喻来教导学生的事例。如用“岁寒然后知松柏之后凋”喻指节操，教导学生要有忍苦耐劳、不屈不挠的精神；用“逝者如斯夫”比喻时间一去不复返，意在勉励弟子们珍惜时间、发奋图强。这样的教学方式，受到了弟子们的称赞，颜回就曾经总结性地说：“夫子循循然善诱人。”[③] 孔子对学生能耐心诱导，促使学生自觉主动地进行学习，确是收到了极佳的教学效果。

（三）善于启发，触类旁通

孔子是我国古代首创启发式教学法的教育家。《论语·述而》记

---

①② 《论语·雍也》。

③ 《论语·子罕》。

载他的主张说：“不愤不启，不悱不发，举一隅，不以三隅反，则不复也。”朱熹《论语集注》的解释是：“愤者，心求通而未得之意。悱者，口欲言而未能之貌。启，为开其意。发，为达其辞。物之有四隅者，举一可知其三。反者，还以相证之义。复，再告也。”这意思是说，教育学生不应采取灌注式的方式，而是要结合教学同时诱导他主动思考，思考后仍不得要领时，再去开导他；其次是要在他想说出自己意见又说不出来时，再去启发他说出来。另外，一定要使学生能举一反三，触类旁通；如果给他指明东方，他不能由此推知其余的西、南、北三方，那就不必再勉强地教下去了。这总的精神是指教学时不能只强迫灌注，而是要培养学生在学习上的积极性和主动性。孔子的这一论点是非常高明的，他要求学生积极地思考问题，善于推论，闻一知二，举一反三。这种启发式的教学方法，直到今天仍有十分重要的现实意义。

（四）相互切磋，教学相长

孔子在教学法上提倡师生之间相互切磋、共同讨论，以收到教学相长的效果。《论语·学而》记载子贡听了孔子的教导后，领会了“如切如磋，如琢如磨”的道理，孔子非常高兴。一部《论语》，实际上就是记载他们师生之间互相讨论的问答情况。有一次，颜渊和子路各自说了自己的志趣，子路要孔子也说说，孔子很和善诚恳地满足了学生的要求，谈了自己的志趣：“使老年人得以安度晚年，使朋友们相互信任，使年轻人得到关注。”[①] 他以此让颜渊和子路与各自

① 《论语·公冶长》：“颜渊、季路侍。子曰：‘盍各言尔志？’子路曰：‘愿车马衣轻裘，与朋友共，敝之而无憾。’颜渊曰：‘愿无伐善，无施劳。’子路曰：‘愿闻子之志。’子曰：‘老者安之，朋友信之，少者怀之。’”

的志趣作比较，可说是一种正面教育的最好方法，而且孔子还真心诚意地欢迎学生对他提意见。例如，他的得意门生子路就常常向他提出批评性的意见，其中有三次比较突出：一次是鲁国的季氏家臣公山弗扰派人请孔子，孔子准备去，子路很不客气地批评说：“难道走投无路了吗？何必要到闹叛乱的公山弗扰那里去呢？”孔子虽作了解释，但还是接受了子路的意见没有去①。

另一次是孔子在卫国时接受卫灵公夫人南子的召见，又引起“子路不悦”，孔子只得赌咒发誓地说清情况，但不恼火②。还有一次是晋国范氏家臣佛肸邀请孔子，孔子也想去，子路又提出批评说：“我曾听老师说过，君子是不到做坏事的人那里去的。现在佛肸在中牟地方叛乱，老师却要去，这怎么说呢？”孔子只得承认：“对，我是说过这话的。”接着作了一番解释，最后说：“我不是匏瓜，哪能挂在那里不出仕食禄呢？”老实承认急于出仕食禄的心情，但结果还是接受了子路的批评，打消了去意。由此可见，孔子的教学是民主的。他乐于接受来自学生的批评，对于不肯提意见的学生反而要责怪。颜回是孔子最赞赏的弟子，但颜回对孔子的话句句顺从，从来不提意见。因此，孔子责怪说：“回也，非助我者也，于吾言无所不说。”③意指颜回从来不向他提出不同的意见，这就不能使师生之间收到教学相长的好处，所以说“颜回不是能帮助我的人”。可见孔子是位开明、民主的教育家，决非后世腐儒“唯我独尊”地假借“师道尊严”而拒学生的善意批评于千里之外的伪善者所可比拟的。

---

①《论语·阳货》：“公山弗扰以费畔。召，子欲往。子路不说，曰：‘末之也已，何必公山氏之之也？’子曰：‘夫召我者，而岂徒哉！如有用我者，吾其为东周乎！’”

②《论语·雍也》：“子见南子，子路不说。夫子矢之曰：‘予所否者，天厌之！天厌之！’”

③《论语·先进》。

（五）联系实际的人评和时评

在孔子的教学方法中，还有一个很重要的创造，那就是通过人物评价和时政评论，向学生阐发自己的政治观点和哲学思想。孔子评价过的人物很多，上自尧、舜、禹、汤、文、武、周公、伯夷、叔齐，下至春秋时期的管仲、子产等各类名人，以及他自己的弟子。孔子特别注意评论那些对社会、对人民有大功的人，或是品德高尚的人。对管仲、子产，孔子以仁许之；伯夷、叔齐在继承君位上互相推让，孔子称其“求仁而得仁”[①]；对于那些不肖者，孔子是要抨击的，如鲁国的大夫臧文仲明知柳下惠是贤良之士，却不肯任用，孔子批评他白占官位，不干实事。季康子对人民残酷压迫剥削，人民迫于饥饿，为盗者甚多。季康子问孔子怎么办，孔子评论说：“假使你自己不贪图财利，即使奖励偷窃，也没有人去偷窃！”[②]就这样，孔子通过对人的评价，教育学生辨别是非善恶，为弟子们修身养性树立了理想人格的典范。

孔子处在一个动荡不安的时代，社会新闻很多，作为一个政治家和教育家，他必然要密切注视和关心时事，随时表明自己的态度，宣传自己的主张。例如季氏准备攻打颛臾，冉有和子路把这件事告诉孔子，孔子坚决反对季氏的武力侵略行动，当即正面阐明了自己的见解：“有国有家者，不患寡而患不均，不患贫而患不安。盖均无贫，和无寡，安无倾。”[③]他认为季氏贪得无厌，必然会引起社会不安。

---

① 《论语·述而》。

② 《论语·颜渊》：“季康子患盗，问于孔子。孔子对曰：‘苟子之不欲，虽赏之不窃。’”

③ 《论语·季氏》。

唯一的出路就是要均财，才能使老百姓安分守己。只有这样，老百姓尽管穷也不会作乱了。他这番评论实际上是教育冉有和子路。有一次，孔子从泰山旁路过，见一妇人在墓边痛哭，他叫子路去探问。当他得知是苛政逼得他们离乡背井而反遭虎难时，他发出了“苛政猛于虎”[①]的评论。

总之，孔子在自己的一生中评论过很多人和事。从这些评语中可以看出他审时度势的胸怀和抱负，并且也反映了他通过实例教育学生的理论联系实际的良好学风。

六、体现了民主平等精神的师生关系

孔子私学中的师生关系，是值得敬慕和学习的。如果说孔子在教学方法上体现了民主精神，在师生关系上则表现了平等精神。孔子对学生坦率真诚，学生对孔子敬爱尊重，在师生关系方面为后人树立了学习的榜样。

（一）一视同仁，平等相待

孔子出身于破落的贵族家庭，一生以“仁政德治”的主张致力于贵族政治的改良，脑子里有着森严的尊卑贵贱的等级观念。但由于孔子是提倡“仁者爱人”的，认为受教育的人不应有阶级和国别的限制（“有教无类”），所以他对所有的学生包括那些出身贫苦的弟子都不歧视，确实做到了一视同仁，平等相待。例如，他对小于他

① 《礼记·檀弓》。

三十岁的贫寒弟子颜渊极其看重，把颜渊列为德行之首①，并赞扬说：“回的品德多么好呵！住在陋巷卑室中，用竹筒吃饭，用瓜瓢饮水，别人将不胜其忧，回却仍是快乐如常，回的品德多么好呵。”②并且还亲自对颜回说：“有用我的，则将行道于世，不用我则将藏道于身，这只有我和你能够做到呵！”③这已不像师生间的谈话，而完全是平等的朋友之间的谈心了。又如他三十岁左右第一批招收的学生中有一位叫冉伯牛的，仅小他七岁，是孔子私学中年高望重的老一辈学生，因为生了恶疾（麻风病）不能起床，孔子亲自去问病，将要永诀时，说：“此人丧亡，这是命呀！这样好的人，为什么偏会生这样的病呵！这样好的人，为什么偏会生这样的病呵！”④这是平等对待学生的真实记录，决无历来封建统治阶级歪曲为“大成至圣先师”的尊严得可怕的架势。

孔子对所有学生决无任何因个人好恶而有亲疏厚薄之分，他爱学生如同爱自己的儿子一样，真正体现了“一视同仁”的崇高原则。有一次，孔子的学生陈亢碰到孔子的儿子伯鱼，曾带着怀疑的口吻问道：“你在你父亲那里是否还听到一些我们所听不到的特别新异的教导呢？”伯鱼答道：“没有。有一天我父亲一个人站立堂前，我轻轻走过庭院，父亲问道：‘你学过《诗》了吗？’我说：‘没有。’父亲便说：‘不学好《诗》，就不会使言语典雅。’我回来便学《诗》了。又一天，我父亲一个人站在堂前，我又轻轻地走过庭院，父亲又问

---

① 《论语·先进》：“德行：颜渊、闵子骞、冉伯牛、仲弓。言语：宰我、子贡。政事：冉有、季路。文学：子游、子夏。”

② 见《论语·雍也》。

③ 《论语·述而》：“用之则行，舍之则藏，惟我与尔有是夫！”

④ 《论语·雍也》：“伯牛有疾，子问之，自牖执其手，曰：亡之，命也夫！斯人也而有斯疾也！斯人也而有斯疾也！”按：《淮南子·精神训》称“伯牛为厉”，“厉”“癞”声近，大概伯牛生的即癞病，俗称麻风病。

道：‘你学过《礼》了吗？’我说：‘没有。’父亲说：‘不学好《礼》，就不懂得立身处世的准则。’我回来便学《礼》了。我私下就听过这两次教导。”陈亢回来时非常高兴地说：“我问的只是一个问题，而从回答中得到的教益却有三件，一是明白了学《诗》的重要性，二是明白了学《礼》的重要性，三是明白了正人君子对自己的儿子也不偏私。”[①]孔子本来主张父子之间的关系是“亲亲”，理应和其他人之间的关系有差别，但在师生关系上，他却没有这样做，他把学生和儿子同样看待，这表现了他对学生们的亲近和爱护。

（二）平易近人，亲密团结

孔子和弟子们不仅在人格上是平等的，而且在学问上也是平等的。他提倡“当仁不让于师”[②]，意思就是说，在真理面前，学生对老师也不必让步[③]。这句至理名言反映了孔子坦荡的胸襟和宽大的怀抱。他平易近人，和学生们能够打成一片，互敬互爱。孔子曾经坦率地向弟子们宣布过：“同学们以为我有什么事隐瞒着吗？我的一切所作所为都是向同学们公开的，这就是我孔丘的为人！”[④]这句话是真实的，是孔子四十余年教学活动和师生关系实践的反映，没有任何虚

---

① 《论语·季氏》：“陈亢问于伯鱼曰：‘子亦有异闻乎？’对曰：‘未也。尝独立，鲤趋而过庭。曰：“学《诗》乎？”对曰：“未也。”“不学《诗》，无以言。”鲤退而学《诗》。他日，又独立，鲤趋而过庭。曰：“学礼乎？”对曰：“未也。”“不学礼，无以立。”鲤退而学礼。闻斯二者。’陈亢退而喜曰：‘问一得三，闻《诗》，闻《礼》，又闻君子之远其子也。’”

② 《论语·卫灵公》。

③ “仁”在孔子心目中就是“真理”，就是包括所有真、善、美的真理。故这里将“当仁”译为“在真理面前”。

④ 《论语·述而》：“子曰：‘二三子以我为隐乎？吾无隐乎尔。吾无行而不与二三子者，是丘也。’”

情假意在内。所以，弟子们对孔子都很尊敬，有的爱之如父兄，有的敬之过尧舜[①]。历代封建统治阶级刻意捧抬孔子，把孔子神化、圣化，反而歪曲、糟蹋了孔子虚怀若谷、襟怀坦荡的“布衣学者”的形象。其实，他在弟子中间的形象是“温而厉，威而不猛，恭而安”[②]。孔子平时和学生谈话比较随便，不拘形式，学生们在他面前讲话时，也不必忌讳什么。例如，孔子在郑国时与弟子失散了，子贡寻师，郑人告之，说东门外有一个人“累累若丧家之狗”，子贡以实相告，孔子听了以后并不着恼，却欣然笑着说他“似丧家之狗，然哉！然哉！”[③]正因为师生关系上是如此亲密团结，充分体现了友爱精神，所以即使在最困难的情况下（如访问列国诸侯时厄于匡，困于陈、蔡等），总是有学生和他在一起，共患难，打不散。这说明孔子与学生在教学上是师生关系，在年龄上是父子、兄弟、朋友关系，在政治上是同志关系，三者是统一的。孟子有句话讲得很对，他说：“以德服人者，中心悦而诚服也，如七十子之服孔子也。”[④]孔子私学中的师生关系是如此融洽，如此相敬相爱，其奥妙大概就像孟子所总结的这样吧！

（三）尊师爱生的楷模

孔子是以自己高尚的品德和广博的学问赢得弟子们尊敬的。作为一个导师，品行好可以团结弟子，博学也可以团结弟子，而孔子两者兼备，使得他的学生在和他相处中有所求、有所得。孔子与弟

---

① 《孟子·公孙丑上》：“宰我曰：‘以予观于夫子，贤于尧舜远矣！’”

② 《论语·述而》。

③ 司马迁《史记·孔子世家》。

④ 《孟子·公孙丑上》。

子之间的这种“予”“求”关系，使他们紧密地联系在一起。对孔子来说，“予”就是诲人不倦。据《孟子·公孙丑上》载，“昔者子贡问于孔子曰：‘夫子圣矣乎？’孔子曰：‘圣则吾不能，我学不厌而教不倦也。’子贡曰：‘学不厌，智也；教不倦，仁也。仁且智，夫子既圣矣！’”孔子这种对弟子教而不倦的精神，深深地影响着他的弟子，使弟子们求知的积极性很高。这种“求”不是强制的，完全是建立在自觉的基础之上的。颜回就曾经说过：“我抬头仰望老师的道德和学问，越望越觉得高大，我努力钻研，越钻研越觉得深广。老师善于一步一步地诱导我，用各种典籍来丰富我的知识，使我想停止前进也不可能。”[①] 可见孔子对弟子们确乎有一种巨大的吸引力。正因为如此，即使是在绝粮于陈的情况下，孔子仍然“讲诵弦歌不衰”[②]，弟子们也没有离去。

“敬人者，人恒敬之；爱人者，人恒爱之。”正是由于孔子对学生深沉真挚的爱，所以学生对孔子更是倍加尊敬。有人毁谤孔子，子贡就出来说，不能这样做，仲尼是毁谤不了的：“他人之贤者，丘陵也，犹可逾也；仲尼，日月也，无得而逾焉。人虽欲自绝，其何伤于日月乎？多见其不知量也。”[③] 孔子死后，许多受教于孔子的弟子都来送葬，皆服丧三年。子贡结庐于墓旁守丧六年才离开[④]。

孔子爱护学生，学生尊敬孔子，他们在师生关系方面足为后人的楷模。他们师生间相识之深、相爱之切的诚挚精神，直到今天仍然令人敬慕不止。

---

① 据《论语·子罕》的原文节译。

② 司马迁《史记·孔子世家》。

③ 《论语·子张》。

④ 见司马迁《史记·孔子世家》。

第七章　中国历史上第一个伟大的文献整理家

中国是一个历史悠久的伟大的文明古国，其所以称为文明古国，重要原因之一就是它保有比较完好的两千余年前的以“六经”为代表的古代文献[①]。而提到“六经”，就不能不联想到它的整理者，就是中国历史上第一个伟大的文献整理家孔子。那么，孔子以前的文献情况怎么样呢？所谓“六经”指的是什么？它们的产生和形成过程如何？孔子与“六经”的关系和他整理“六经”的具体情况如何？如何估量孔子整理文献的历史功绩？下面将就这些问题作简要评述。

一、孔子以前的文献概况

（一）古代文献鸟瞰

孔子是中国古代文化承上启下的集大成者。虽然孔子生在“周

① “文献”二字，古有二义，即“文”指典籍，“献”指贤人，合起来为典籍和贤人。这里则专指历史典籍资料。

室微而《礼》《乐》废，《诗》《书》缺”[1]的春秋时期，但夏殷两代及其以前时代的“典籍传述”，即使已经残缺不全，大概还能看到一些，不然，他就没有可能“追迹三代之礼，序《书·传》，上纪唐虞之际，下至秦缪，编次其事”[2]了。即使如此，当时孔子也还是感到“文献不足”[3]的苦恼。既然孔子当时已有“文献不足”之叹，现在又过了两千余年，对孔子当时及其以前的文献情况，就不得不更有“渺茫”之感了。因此，我们在这里只能根据有关文献的记载一鳞半爪地举些例子，对孔子以前的文献情况作个鸟瞰，以便略知梗概。

例一，《左传·昭公十二年》载楚国的左史倚相“能读《三坟》（伏羲、神农、黄帝之书——引者）、《五典》（少昊、颛顼、高辛、唐尧、虞舜之书——引者）、《八索》（关于八卦的最早之书——引者）、《九丘》（九州土地、风气之书——引者）”。这里说的《三坟》《五典》《八索》《九丘》等书，当时还存在，而且倚相还能看懂。可能孔子也能看到、看懂，现在则仅有书名了。

例二，《孟子·离娄下》：“晋之《乘》、楚之《梼杌》、鲁之《春秋》，一也。”可见春秋时期各国都有史书，只是名称不一样。

例三，《管子·山权数》：“管子曰：‘《诗》者，所以记物也；《时》者，所以记岁也；《春秋》者，所以记成败也；《行》者，道民之利害也；《易》者，所以守凶吉成败也；《卜》者，所以卜凶吉利害也。”这里把讲到的六种书的性质、意义都作了说明。

---

①② 司马迁《史记·孔子世家》。

③《论语·八佾》：“子曰，‘夏礼，吾能言之；杞不足徵也。殷礼，吾能言之；宋不足徵也。文献不足故也；足，则吾能徵之矣。’”这里“文献”二字据宋代朱熹注，作“典籍”和“贤人”合解。

例四，《国语·楚语上》："……教之《春秋》而为之耸善而抑恶焉，以戒劝其心；教之《世》（先王之世系——原注）而为之昭明德而废幽昏焉，以休惧其动；教之《诗》而为之导广显德，以耀明其志；教之《礼》，使知上下之则；教之《乐》，以疏其秽，而镇其浮；教之《令》，使访物官（使议知百官之事业——原注）；教之《语》（治国之善语——原注），使明其德而知先王之务用明德于民也；教之《故志》（记前世成败之书——原注），使知废兴者而戒惧焉；教之《训典》（五帝之书——原注），使知族类行比义焉。"这里列举了《春秋》《世》《诗》《礼》《乐》《令》《语》《故志》《训典》等九种当时存在的书，并作为贵族教育的课本。

例五，《吕览·先知览》："夏之亡也，大（同太——引者）史终古抱其《图》《法》以奔商；商之亡也，大史向挚抱其《图》《法》以奔周。"这里讲的《图》和《法》，现只存其名而亡其书，其内容如何，孔子是否看到，都不得而知。

例六，《左传·文公七年》提到《夏书》，《左传·隐公六年》提到《商书》，《左传·宣公六年》提到《周书》。这些书的书名及部分内容既然经常被引用，可见当时还是流行于世的。这些书或者是完整的，或者是不完整的，大概孔子可能看到一些。

此外，还有所谓《书》（"六书"之义）、《数》（"九数之义"）、《夏时》（记夏之四时之书）、《坤乾》（记殷之阴阳之书）和记述有关天文、历法、医药、农桑、工艺、民歌、神话等文献资料。上面所列举的古时文献名目，当然是很不完全的，其中现在尚能看到的已经很少，孔子当时是否都能看到，除上举诸书外孔子还能看到哪些我们连名目也不知道的典籍，现在都无法清楚知道。至于近代发掘的殷周甲骨文、金文等，自然是我们研究古代文化的宝贵材料，但是孔子是否也已注意和掌握这些材料，这些材料是否和孔子整理古代文献有重要联系，我们也无法确证。

我们对孔子据以整理的他以前的文献情况，迄今还只能作如上的极粗略的鸟瞰，希望将来的地下发掘工作能有突破性的新发现。

（二）“六艺”和“六经”

从上述鸟瞰中，我们可以看到，虽然周室衰微、诸侯纷争、礼崩乐坏所形成的“天子失官，学在四夷”[①]的混乱局面，使文献散失很多，但孔子能看到的可能还不少。这些文献在贵族教育中真正广泛用于教学而作课本的，一般地说，主要只是当时称为“六艺”、后来尊为“六经”的六种典籍。

“六艺”古有两种涵义，一是指贵族必须学的初级的礼、乐、射、御、书、数等六种技艺[②]，一是指贵族必须学的高级的《诗》《书》《礼》《乐》《易》《春秋》六种典籍[③]。《大戴记·保傅》说：“古者八岁而就外舍（小学——引者），学小艺焉，履（练习——引者）小节焉；束

① 《左传·昭公十七年》所记孔子的话。

② 《十三经注疏·论语注疏》卷七《述而》“游于艺”句下《注》：“‘六艺’谓礼、乐、射、驭、书、数也。……教之‘六艺’，一曰五礼，二曰六乐，三曰五射，四曰五驭，五曰六书，六曰九数。”

③ 这六种典籍的次序，有两种排列法，一种是古文经学派的排列法，他们按“六艺”产生时代的早晚，排为《易》《书》《诗》《礼》《乐》《春秋》，认为《易》的八卦出自伏羲，故列为第一；《书》中最早的是《尧典》，晚于伏羲，列为第二；《诗》中最早的是《商颂》，晚于尧舜，列为第三；《礼》《乐》出于周公，晚于商，列在第四、第五；《春秋》是孔子据鲁史所作，列在最后。一种是今文经学派的排列法，他们按“六艺”的深浅难易程度，像教育家排课程那样，排为《诗》《书》《礼》《乐》《易》《春秋》，认为前四者是孔子的普通教育或初级教育课程，后二者是专门教育或高等教育课程。此从后说。

发而就大学，学大艺焉，履大节焉。”这里讲的“小艺”“小节”就是指的上述初级“六艺”；讲的“大艺”“大节”就是指的上述高级“六艺”。周代贵族教育，是随着人的年龄的上升而循序渐进的。幼年时在小学里学习认字、写字、算术、音乐、唱歌、舞蹈和射箭、驾车等，这些就是六种技艺性的“小艺”。成年以后，进“大学”学习上述六种高级的典籍即《诗》《书》《礼》《乐》《易》《春秋》，使人的知识由知其然进而知其所以然，从而提高学业和道德水平。这就是周代对贵族子弟由简单到复杂、由初级到高级的教学过程，这些早在孔子以前就已经实行了。《礼记·经解》虽然可能出于汉初人之手，但离孔子不远，还是很可参考的。其中有一段话说：“入其国，其教可知也。其为人也，温柔敦厚，《诗》教也；疏通知远，《书》教也；广博易良，《乐》教也；絜静精微，《易》教也；恭俭庄敬，《礼》教也；属辞比事，《春秋》教也。”这也可以看出所谓高级“六艺”，大概在孔子以前就早已存在，而把“六艺”编订成定型的六本教材，则是孔子完成的。后来所称“六艺”，一般就是指的上述高级的“六艺”。“六艺”后来被尊为“六经”，约在战国后期。《庄子·天运》篇载有孔子的话说：“丘治《诗》《书》《礼》《乐》《易》《春秋》六经。”这个“六经”之名，当然不会是孔子自尊其书为“经”，可能是庄子后学所加，但已可看出在战国后期就有称“六艺”为“六经”的了。所以《礼记》就以上面提到的《经解》作为篇名，来阐述这六本书。在孔子当时及其以前，未闻有“经”，到了司马迁著《史记》时，仍称“六艺”，如《孔子世家》说“身通六艺者七十有二人”，《滑稽列传》说“六艺于治一也”，说明那时“六艺”和“六经”还是并称的。在汉武帝罢黜百家、独尊儒术以后，加上历代专制王朝出于巩固自己统治的政治需要，竞相尊崇，“六经”之称就远远把“六艺”之称抛在后面了。由于秦始皇的“焚书坑儒”，“六经”中的《乐经》佚失[1]，只留传下“五经”，但人们仍习惯性地沿用“六经”这一名称。

二、孔子与“六经”

既然“六经”是孔子整理古代文献的主要成果，我们在评述孔子整理文献的工作时，就必须集中介绍一下孔子整理“六经”中的情况和问题。

（一）两种偏向

关于孔子与“六经”的关系，特别是孔子有没有整理、编订过“六经”的问题，历来众说纷纭。搞清楚这个问题，对于了解中国古代文化思想的源流，有着极重要的意义。关于这个问题，有两种偏向或者说两种极端的看法。

其一，钱玄同的看法。他完全否定孔子与“六经”的关系。钱氏为了说明“六经”与孔子无涉，总结了五条，其中有“孔丘无删述或制作‘六经’之事”，“《诗》《书》《礼》《易》《春秋》，本是各不相干的五部书”；“‘六经’底配成，当在战国之末”[2]，等等。一句话，孔子根本没有整理过“六经”。钱氏还说：“我们要考孔丘底学说和

---

① 关于《乐经》的佚失和有无问题，有两种完全不同的意见。古文经学派认为《乐》本有经，因秦焚书而亡佚，如徐坚《初学记》说：“至秦焚书，《乐经》亡，今以《易》《诗》《书》《礼》《春秋》为五经。”今文经学派则认为《乐》本无经，乐即在《诗》与《礼》之中，如邵懿辰《礼经通论》说：“乐本无经也。……乐之原在《诗》三百篇之中，乐之用在《礼》十七篇之中。……欲知乐之大原，观三百篇而可；欲知乐之大用，观十七篇而可；而初非别有《乐经》也。”他认为五经而称为六经，全因习惯沿袭，因为乐本来是没有文字的。这个争论很久的问题很复杂，这里不去深究。看来《乐》本有经，因秦火而亡的说法，较近情理。

② 钱玄同《古史辨》第1册第69—70页。

事迹，我以为只有《论语》比较的最可信据。”总之，钱氏从“疑古”的观点出发，全盘否定孔子与“六经”的关系。这是一种偏向。

其二，皮锡瑞、康有为的看法。他们认为“六经”皆孔子制作。皮锡瑞认为：“一当知经为孔子所定，孔子以前不得有经；二当知汉初去古未远，以为孔子作经说必有据……”①，甚至连《易》的卦爻辞等都是孔子所作②。康有为在《孔子改制考》中也说：“凡‘六经’皆孔子所作，昔人言孔子删述者，误也。”皮、康之说对后来虽有很大影响，但论述武断，未免有些牵强。这是另一种偏向。

我以为以上两种说法，各持一端，都违背实事求是精神，是两种形式不同的偏向。用实事求是的态度对待这个问题，应该说，“六经”虽然不全由孔子所作，但都经过孔子的整理，只不过整理的程度不同。其中或作，或述，或删，或定，情况各异，应加考核。今天所见到的《诗》《书》《礼》《易》《春秋》，尽管不是当时的原貌，但在很大程度上保留了孔子修订、编纂、增减的痕迹，其内容都应是研究孔子的重要史料。用虚无主义态度全盘否定，认为“六经”与孔子无关，显然不对；全盘肯定，认为“六经”都是孔子所作，当然也不对。还是周予同的话比较恰当，他说：“孔子既然设教讲学，学生又那么多，很难想象他没有教本。毫无疑问，对于第一所私立学校来说，现成的教本是没有的。《论语》记载孔子十分留心三代典章，指导学生学习《诗》《书》及礼乐制度，因而，我以为，孔子为了讲授的需要，搜集鲁、周、宋、杞等故国文献，重加整理编次，形成《易》《书》《诗》《礼》《乐》《春秋》六种教本，这种说法是可

---

① 皮锡瑞《经学通论·序》。

② 皮锡瑞《经学通论·易经》。

信的。”[1]

（二）整理“六经”的指导思想

孔子整理古代文献，到底有没有指导思想？结论是肯定的。孔子为了解决私学的教材问题，必须自己编订教本，而编订这样一套教本，是需要有一个贯彻始终的指导思想的。范文澜在《中国通史》中说：“孔子整理六经有三个准绳：一个是‘述而不作’，保持原来的文辞；一个是‘不语怪、力、乱、神’（《论语·述而》），删去芜杂妄诞的篇章；一个是‘攻（治）乎异端（杂学），斯害也已’（《为政》），排斥一切反中庸之道的议论。”周予同的观点与范老一致，也提了和范老相同的三条[2]。孔子整理文献，是反映他的仁的人生哲学思想的一个重要方面，他的目的即通过文献典籍来传道施教，把以“仁”为核心、以“礼”为形式的精神体现在文献中。我以为孔子整理文献的指导思想，主要可归纳为四个方面：

1. 以“仁”的思想为文献整理的总原则

孔子整理文献是在以“仁”为内容、以“礼”为形式的原则下实现的。孔子企图用传播典籍的形式去传道，而在孔子之道中，仁是最主要的内容。这不仅反映在记录孔子平时言论的《论语》中，也反映在“六经”的字里行间，例如“宽以居之，仁以行之”[3]，“仁

---

① 《周予同经学史论著选集》第 801 页。

② 见《周予同经学史论著选集》第 802—804 页。范、周二人对“攻乎异端，斯害也已”这句话，理解似不相同。范将“攻”字释为“治”（研究），周则释为“排除”（批判）。周释和杨伯峻同。杨将此句译为：“批判那些不正确的议论，祸害就可以消灭了。”（《论语译注》第 18 页）范释近钱穆。钱将此句译为：“专向反对的一端用力，那就有害了。”（《论语新解》第 51 页）此从周、杨二人释。

③ 《易·乾文言》。

者见之谓之仁"[1]，"仁者安仁"[2]，"仁者，义之本也"[3]。足见"仁"的思想是贯串在整个整理"六经"的过程中的。

2. "不语怪、力、乱、神"

孔子不是一个彻底的唯物主义者，但他怀疑鬼神，平时"不语怪、力、乱、神"的思想是很可贵的。就拿《易》来说吧，本来是一部占卜之书，但孔子尽量摆脱宗教巫术的束缚，使之成为培养人、完善人、修己达人的义理之书。孔子曾引《易·恒卦》上的两句话"不恒其德，或承之羞"后，接着就说："不占而已矣"，意思是《恒卦》上说的这两句话，不是占卜的话，而是鼓励人做什么事都应持之以恒[4]。再如《左传·哀公六年》："有云如众赤鸟，夹日以飞。"周大史说"这应在楚昭王身上"，如果"禜（祭）之"，就可以转移灾祸。昭王不信，不祭。昭王病，卜人说是河神在作祟，昭王仍不信，还是不祭。孔子得知后，大加赞赏楚昭王，说他"知大道矣，其不失国也宜哉"。孔子借此告诉人们，要想把国家治理好，不能靠天命鬼神，要按规律（"大道"）办事，只有这样才能利国利民。从上面可知，我们今天看到的"五经"等典籍中，很少有神怪荒诞的内容，恐怕与孔子有很大的关系，很可能是孔子删削的结果。

虽然有时"孔子言天言鬼，不过假古说以隆人治，此正孔子之变故，亦正孔子之特识"[5]。对于这点，鲁迅也嘉许"孔丘先生确是伟大，生在巫鬼势力如此旺盛的时代，偏不肯随俗谈鬼神"[6]，比之后世

---

① 《易·系辞上》。

② 《礼记·表记》。

③ 《礼记·礼运》。

④ 见《论语·子路》。

⑤ 陈独秀《再答俞颂华》，《独秀文存》，安徽人民出版社 1987 年版，第 697 页。

⑥ 鲁迅《再论雷峰塔的倒掉》，《鲁迅全集》第 1 卷，人民文学出版社 1958 年版，第 296 页。

的墨家论证鬼神的存在，孔子无疑又高明得多了。各种宗教在中国难以得逞，和孔子整理文献时排斥鬼神（当然还不彻底）这一点有很大关系。

3. 关于“述而不作”

孔子说自己“述而不作”，这表现孔子只是一个传道者，述先王之旧，而无自己的创作。孔子为了施教的需要，整理“六经”等典籍，由于他“信而好古”的基本态度，在很大程度上保留了原有文献的内容以及风格，因而说他“述而不作”是对的。但是从思想内容上来看，孔子大大发展了古代帝王们的观点，提出了“仁”为核心、“礼”为形式、“中庸”为方法论的人生哲学学说。为了借用古人语言而演出历史的新场面，孔子力求用古代典籍体现自己的思想，着意表彰“六经”中的“仁”“礼”“中庸”等观念。因此，表面看来是“述而不作”，其实是寓作于述，或以述为作。朱熹说：“然当是时，作者略备，夫子盖集群圣之大成而折衷之。其事虽述，而功则倍于作矣，此又不可不知也。”[①] 这是有一定道理的。以《春秋》为例，虽然是史实的记录，但其中充满了“微言大义”，孔子就通过一字的褒贬体现自己的政治观点。如《春秋·庄公十年》：“秋九月，荆败蔡师于莘，以蔡侯献舞归。”是说楚国在莘这个地方打败了蔡军，把蔡侯抓走了。为什么以州名（荆）称楚国？对楚可以用各种名义称谓，以州称，以国称，以氏称，以人称，以子称等，其中以州称是最低规格的，目的是贬抑楚国。为什么抓走蔡侯不说“获”而说“归”？这是因为要表示不赞成夷狄（指楚国）抓走了华夏族人（蔡侯）。孔子在这里用“荆”“归”二字表明了他明夷狄华夏之别的政治主张。又如《春秋》关于践土之盟的记载中说“天王狩于河阳”，好像周天

---

① 朱熹《论语集注·述而》。

子去狩猎，其实是晋国非常不礼貌地把周天子招去，如果照实写，就会损害周天子的尊严。孔子只好改笔，替他掩饰过去。当时天子早已成了空架子，而变为一尊偶像，但孔子仍然在《春秋》中以周纪年，大书什么“春王正月”。所有这些，都反映了孔子维护周天子权威的政治态度。像这样一些笔法，同是一个内容，但在一字褒贬之下，就生动地反映了孔子的思想。所以，孔子就以这种“春秋笔法”，使《春秋》这部历史书同时成为宣扬他的观点的政治教科书；而就整个“六经”而言，在编、订中也充分反映了孔子的思想，在某种意义上成为他自己的著作，因此不能说他只“述”不“作”。

4. 关于淫诗的问题

孔子以何标准删诗？三百篇中有无淫诗？两千多年来争论不休。有人认为孔子取可施于礼义的留下，删掉了很多。又有人认为孔子批评“郑声淫”，但《诗经》中有《郑风》，可见没有根据上述标准去删。支持第一种意见的人又说淫诗已删，现在《郑风》不过是留下来的反面教材。不管攻之者，还是辩之者，都把郑声当作郑诗，也都把孔子当作禁欲主义者，这是不对的。

孔子从来没有讲过“郑诗淫”，只是讲“郑声淫”，并不认为《郑风》是淫奔之作。过去人们有一种偏见，认为孔子把一些反映男女爱情的诗都划为淫诗，其实是不对的，不合乎孔子的一贯思想。孔子这个人在男女爱情方面是比较开放的。例如《诗经》卷首的《关雎》是歌颂一个贵族青年爱上一个美丽的姑娘，一直相思得翻来覆去睡不着觉，最后终于结合在一起，孔子称之为“乐而不淫，哀而不伤”的典范。还说“洋洋乎盈耳哉”！其实《郑风》中的大部分内容与《关雎》的内容是一致的，多反映男女之间的爱情。这些内容表现出来的感情是真挚热烈的，没有丝毫忸怩做作。像“维子之故，使我不能餐兮……维子之故，使我不能息兮”，“一日不见，如三月兮”等，与“寤寐求之”“辗转反侧”是一脉相承的。《郑风》在十五《国风》中数量为二十一首，是最多的。从这里也可以看出孔子支持、赞赏人民有享受爱情的权利，这不仅符合当时的社会实际，也符合孔子“仁者爱人”的一贯思想。

淫与不淫是从声上讲的，与诗无关。孔子讲“放郑声”，“恶郑声之乱雅乐”，都是把郑之乐曲与《韶》《武》对应提出的。《乐记》中魏文侯问子夏：“吾端冕而听古乐，则唯恐卧，听郑卫之音，则不知倦，敢问古乐之如彼，何也？新乐之如此，何也？”子夏回答说：“修身及家，平均天下，此古乐之发也。”“今夫新乐……奸声以滥，溺而不止……不可以道古，此新乐之发也。”据此可知，魏文侯与子夏区分淫与不淫，是从古乐与新乐的对比上讲的。雅乐，古乐也。“雅者，正也。言王政之所由废兴也。政有大小，故有《小雅》焉，有《大雅》焉。”后人一般都把周之音乐称为雅乐，而郑卫之音则是一些通俗音乐，有广泛的群众性，这些音乐自然是不合雅乐的，一直受到雅乐的排斥而流行于民间。春秋后期，礼崩乐坏，郑卫之音蓬勃而起，并逐渐形成一股“新乐”的洪流，冲击荡涤着雅乐，因此，它决然不是《诗经》中的《郑风》（诗）。再说，如果把《郑风》（诗）等同郑声的话，那子夏在回答魏文侯“何谓溺音”时说“郑音好滥淫志，宋音燕女溺志，卫音趋数烦志，齐音敖辟乔志，此四者皆淫于色而害于德，是以祭祀弗用也”，作何解释呢？难道在今存的《诗经》中还有宋风吗？

在作了以上的简单分析之后，我们说，郑声不等于《郑风》（诗）。孔子在男女爱情方面是开放的，正因为如此，十五《国风》中绝大多数描写爱情的诗章才保留下来，并且以《郑风》数量为最多，并将《关雎》列于三百篇之首，都有力地证明《郑风》（诗）并非就是后人强加给孔子的所谓淫奔之作。

（三）整理“六经”简况

孔子整理“六经”情况，由于年代久远，传闻不一，今古文不同，争议很多，不可能面面俱到，详加论列。现在只能把主要情况作一简要评述于下。

1. 关于《诗》

原来诗是人们口头歌唱的，后来有了文字，被记录下来，有的还以音乐伴奏、舞蹈伴舞。至周代，统治者为了丰富自己的精神生活，组织了固定的乐队，领队的人称“大（太）师”。为了不断地充实、更新乐队演唱的内容，大师必须经常地征集、编写和整理一些歌词。时间长了，好的歌词被充实进去、保存下来，不好的被淘汰、删削，这样，久而成册，就是《诗》。《诗》有很高的文学价值，也反映了贵族的生活、思想和政治状况，以及各诸侯国人民的风俗人情、生活情况、生产劳动、政治情绪等许多方面，蕴含有丰富的自然、社会常识，是我国最早的一部伟大诗集，并被封建社会上层人士用为交往的表意工具。

《毛诗·关雎·序》说：“故诗有六义焉：一曰风，二曰赋，三曰比，四曰兴，五曰雅，六曰颂。”这“六义”也叫“六诗”，都是笼统含糊的说法。唐代孔颖达在上文的《疏》中解释说：“风、雅、颂者，诗篇之异体，赋、比、兴者，诗文之异辞耳。……赋、比、兴是诗之所用，风、雅、颂是诗之成形。用彼三事，成此三事，是故同解为‘义’。”这就是说，风、雅、颂是诗篇的类型，赋、比、兴是表现诗篇内容的方法。这个说法，比之把六者含混地并称为“六诗”，当然较为合理。简单地说，“比”就是比喻，“兴”就是联想，“赋”就是直言敷陈，都是指诗篇的写作方法而言；而“风”，则是反映出各地贵族和平民的风尚、习俗，内容多属绮丽清新的抒情诗篇；“雅”，是反映镐京王畿范围内的篇章，内容多为描绘周贵族的政治生活等情况，颇有史料价值；至于“颂”，则为庙堂之歌，内容多是歌颂祖先功业的深沉而肃穆的祭祀歌词。

《诗》在孔子之前就早已存在，据《左传·襄公二十九年》记载，吴季札在鲁国观周乐，各章内容已与今天流行本的《诗》相似，那时孔子才八岁;《论语·为政》曾记孔子之语，说“《诗》三百”,《子路》篇中又说“诵《诗》三百”；可见“《诗》三百”之说，孔子以前就已经有了。至于司马迁说“古者《诗》三千余篇，及至孔子，去其重，……三百五篇，孔子皆弦歌之，以求合《韶》《武》《雅》《颂》之音”①，这是说孔子“自卫反鲁，然后乐正，《雅》《颂》各得其所”②的情况。他只明白说“孔子去其重”，而没有明白说在“去其重”即将不同版本中相重复的诗篇去掉外，还将不重复的诗篇加以删削的事情③。可见孔子虽然确曾对《诗》做过搜集、整理、校订工作，但没有充分论据可以证明孔子曾做过删减工作。

孔子非常重视《诗》在个人品德修养和社会交际中的重大作用。但由于当时各国口音不同，在转相传授、抄录中，错讹在所难免，诗的曲调也在蜕变离谱，有些传本零落不全，正如清代经学家皮锡瑞所说：“东迁以后，礼坏乐崩，诗或有句而不成章，有章而不成篇者，无与于弦歌之用。”④这不仅不利于教学，更影响到古代文献的正确继承。孔子有鉴于此，随时不断留意搜求，收集了很多《诗》的

---

① 司马迁《史记·孔子世家》。

② 《论语·子罕》。

③ 钟肇鹏《孔子研究》中有一段话说：“孔子一开口就说‘《诗》三百’(《为政》),又说‘诵《诗》三百’(《子路》)，墨子也说‘诵诗三百，弦诗三百，歌诗三百，舞诗三百’(《墨子·公孟》)。儒墨读的诗都是三百，可见三百是《诗》原有的篇数，并非孔子删减的。”(第93页)这个看法很对。

④ 皮锡瑞《经学通论·诗经》。

抄本（版本），这许多抄本合起来的诗篇总数，大概就是司马迁所说的“三千余篇”。孔子参照各个抄本，进行校勘核对，辛勤地作了一番整理工作。

孔子对《诗》的整理，具体说来，大约做了如下两项工作：第一，删汰了重复的篇章，这就是司马迁所说的“去其重”；王充也说：“《诗经》旧时亦数千篇，孔子删去重复，正而存三百篇。”[①]第二，按乐曲的正确音调，进行篇章上的调整，《雅》归于《雅》，《颂》归于《颂》，使不紊乱而各得其所。由此可以认为，《诗》虽然不是孔子之作，但它确是经过孔子整理过的。

《诗》中很大一部分本是古代的大众文学作品，配以音乐、舞蹈，成为统治者的娱乐品。同时诗在当时又常用来作为政治、外交上酬答的辞令，或用来作为个人间交谊上表达希望、欲求、感激和责难等种种心情的婉语，所以，有时就不免牵强附会以致断章取义，至孔子时已经习以为常，甚至连孔子自己也不例外。例如：“巧笑倩兮，美目盼兮，素以为绚兮”，这本是描述美人的诗句，意思是说，有一个美丽的姑娘，“微微地笑着，眼角留神地看着，像白绸上画的花卉一样美啊”，孔子在和子夏对话中却把白绸（素）比作“仁”（原文未明说把白绸（素）比作“仁”，此据杨伯峻《论语译注》补），把花卉（绚）比作“礼”，结论是“礼”在“仁”后。又如“思无邪”，本是《鲁颂·駉》一诗中形容牧马人吆喝着叫马不要乱跑的意思（“思”系虚词，吆喝声，“邪”同斜，合起来即“嘞唷！不要乱跑！”）却被用为比喻思想正派。就这样，把生动活泼的文艺性的《诗》解释得非常呆板。但孔子重视《诗》教，认为《诗》教可以使人陶冶性情，使人“温柔敦厚”，并把《诗》列为“六艺”之一的教学课本，

---

① 王充《论衡·正说》。

这是很有见识的，值得赞赏的。因为经孔子提倡才使《诗》成为“六经”之一而流传下来，这就使我们今天还能从那些诗篇中去观察、探究两千余年前的社会面貌、风俗人情以至青年男女爱怨的内心感受，享受到文学的美感。

2. 关于《乐》

前面《“六艺”和“六经”》一节中已对《乐》的问题作了简明评述，现再补充说明如下。

中华民族是一个自古就有爱好音乐习惯的民族。诗歌和音乐是常常密切结合的，越是古代，越是如此。司马迁《史记·孔子世家》说：“（诗）三百五篇，孔子皆弦歌之。”孔子自己也说：“吾自卫反鲁，然后乐正，《雅》《颂》各得其所。[①] 可见孔子整理过的现存《诗经》三百五篇，孔子都配了乐谱，原来都是可以按乐谱演奏歌唱的。成书于战国时期的《周礼·春官·钟师》有“以钟鼓奏《九夏》”的记载，郑司农注：“《九夏》皆诗篇名，《颂》之族类也。此歌之大者，载有《乐章》，《乐》崩亦从而亡。”说明古代诗乐结合，诗必有乐的情况。可惜经孔子整理过的《乐经》已亡佚，这是无可挽回的损失。好在现存《周礼·大司乐》和《礼记·乐记》等篇，即使出于西汉人之手，毕竟离孔子仅四百余年，传闻尚近，聊胜于无，我们尚能从中窥见孔子整理的《乐经》中的某些内容的信息。孔子常常是以仁为纲而礼、乐并提的。例如：“人而不仁，如礼何？人而不仁，如乐何？”[②] 意思是说，没有仁德的人，如何对待礼仪呢？没有仁德的人，如何对待音乐呢？《礼记·乐记》上也说：“仁近于乐，义近于礼。”前者从反面（即没有仁德，就没有礼乐）讲，后者从正面（即

---

① 《论语·子罕》。

② 《论语·八佾》。

有仁义就有礼乐）讲；讲法略有不同，精神却是一致的。又如《论语·八佾》载有孔子和鲁国太师议论音乐的一段话说："乐理是不难知道的，一开始是激越醒耳，接下去是纯然和谐，再接下去是清晰明朗，最后是余音袅袅不绝，这样就完成了一曲的演奏。"[①] 这是从声调方面说明一个曲子的演奏过程的。《礼记·乐记》也有一段子夏对魏文侯谈古乐演奏过程的话说："谈到古乐的情况，那就是：进退齐一，音和而宽广，所有弦啊、匏啊、笙啊、簧啊等乐器，都各就各位地守候着击鼓人，先击鼓，后鸣铙，然后调之以相（古乐器），促之以雅（古乐器）。君子就这样说明乐理，就这样说明古乐乐理。"[②] 这是从乐器方面说明一曲古乐的演奏过程的。这不是在一定程度上对乐曲演奏过程可以互相参证和补充的两个说明吗？因此，决不能因它出自西汉人之手而加以排斥、忽视，仍应作为研究古音乐的重要材料，并借以聊补孔子《乐经》亡佚之缺，从中窥探《乐经》真相一斑。多少年来，曾有人否认我国古代有七音的事实，其实，上述战国秦汉间关于音乐的文献资料已可驳斥这类说法的荒谬，而1978年湖北省随县曾侯乙墓出土的距今两千四百年前的编钟等乐器，则更可以物证来驳斥这类说法的无知了。

孔子是一位造诣很深的大音乐家。他是音乐的实践家，自己能唱歌，同别人一道唱歌，唱得好，就一定请那人再唱一遍，然后自己也和唱[③]；他对音乐有极高的欣赏水平，在齐国听了《韶》的乐章，

① 《论语·八佾》："子语鲁大师乐，曰：'乐，其可知也，始作，翕如也；从之，纯如也，皦如也，绎如也，以成。'"

② 《礼记·乐记》：魏文侯问古乐，"子夏对曰：'今夫古乐，进旅退旅，和正以广，弦、匏、笙、簧，会守拊鼓，始奏以文，复乱以武，治乱以相，讯疾以雅。君子于是语，于是道古。……"译意参阅郑玄、孔颖达《注》《疏》。

③ 《论语·述而》："子与人歌而善，必使反之，而后和之。

很长时间连食肉也不知肉味，并说：“想不到音乐感人之深到了这种程度。”[①] 他又是一位音乐理论家，不但精通乐理，而且对音乐在教育上、在个人品德修养上的巨大作用和意义给予极高的评价。在孔子看来，乐是作为达到仁的最高境界的必由之径。他有一句名言说：“诗有助于振奋精神，礼有助于立身处世，乐有助于完美情操。”[②] 就在这个意义上，他把乐列为“六艺”之一；就在这个意义上，他理所当然地和整理其他五艺一样对原有的乐作了整理和加工，使之成为“六艺”之一的教材；也就在这个意义上，我们没有理由否认孔子的正乐之功，否认他曾把乐整理为教本，决不能因原本失传而贸然否认后来被定为“六经”之一的《乐经》存在的历史事实。

3. 关于《礼》

礼本是原始社会日常生活中的一些风俗习惯，至殷商时代，才逐步被人们强调、完善，使之成为主要是祭祀仪式的礼。周人灭殷后，继承了一部分殷礼，结合本族原有的风俗习惯，加以糅合改造，成为周礼。这种周礼又从祭祀领域扩大到社会政治领域，这就是维护宗法等级制的所谓“礼治”。这一工作，相传是周公做的，所以人们常说“周公之礼”，即西周的“古周礼”。这个古礼，到孔子时已经散失不全[③]。

孔子对礼的兴趣特别浓厚。儿童时代他就经常演习简单的礼仪。成人后，他又到处参观、访问、搜集资料，对礼进行广泛而深入的研究。从事教学之后，又把礼作为一项重要内容列入教学科目。

仅就《论语》一书统计，“礼”字出现的频率就有七十四次，可见孔子对礼的重视。如果根据内容进行分析，孔子所说的“礼”，大

---

① 《论语·述而》：“子在齐闻《韶》，三月不知肉味，曰：‘不图为乐之至于斯也。’”

② 《论语·泰伯》：“子曰：‘兴于诗，立于礼，成于乐。’”

③ 《汉书·艺文志》：“礼经三百，威仪三千，……自孔子时而不具。”

体有三种含义：第一，作为历史发展标志的礼。如他说：“殷因于夏礼，所损益可知也；周因于殷礼，所损益可知也；其或继周者，虽百世可知也。”第二，作为治国之礼。如他说：“为国以礼”，“齐之以礼”。第三，作为行为规范的礼。如他说：“不学礼，无以立”，“立于礼”。这三种含义的礼是互相联系、互相制约的，即把历史观、政治观和人生观结合成为一个有机的整体。这样，孔子又把古礼推到了一个更高的阶段。

现存的礼书，经过东汉郑玄融合“今”“古”经学两派之后，定型为三种，即《周礼》《仪礼》和《礼记》。《周礼》是讲各种官制的；《仪礼》是讲各种典礼节仪的；《礼记》是讨论礼的性质、意义和作用的。

从总体上看，孔子关于礼的思想与上述的“三礼”都有关系。作为历史发展标志之礼与《礼记》有关；作为治国之礼与《周礼》有关；作为行为规范之礼与《仪礼》有关。

但是，“三礼”是否都经过孔子的整理、删定，却找不到确切的证据。有点蛛丝马迹可寻的只有一部《仪礼》。

《仪礼》，古单称《礼》，或称《礼经》，又称《士礼》，现存十七篇，将近三分之一是讲“士礼”的，如《士冠礼》《士昏礼》《士相见礼》《士丧礼》《士虞礼》等。其余各篇虽不是专讲士礼的，但作为“士”也是应该掌握的。

《礼记·杂记》说：

> 恤由之丧，哀公使孺悲之孔子，学《士丧礼》。《士丧礼》于是乎书。

《士丧礼》是《仪礼》中的一篇。孺悲向孔子学《士丧礼》是以应急需的。这里需要说明三点：第一，孔子只教孺悲一篇《士丧礼》，不等于孔子只知道《士丧礼》，他应该知道全部《仪礼》。第二，孔子既然能教孺悲《士丧礼》，当然也就可能教别人另外各篇的《礼》。第三，既然孺悲能够记录孔子传授的《士丧礼》，当然别人也可以记录他传授的其余各篇。

《汉书·艺文志》说：

> 《礼古经》五十六卷，《经》十七篇。《礼古经》者，出于鲁淹中及孔氏，与十七篇文相似。

这个记载说明，十七篇《礼经》（即《仪礼》）是经过孔子整理传授的，至少是在前人基础上再加整理传授的。

《史记·孔子世家》说：

> 孔子之时，周室微而《礼》《乐》废，《诗》《书》缺。追迹三代之礼，序《书·传》，……故《书·传》《礼·记》自孔氏。

这段话，各家的理解和标点不一，这里是按我的理解标点的。据我理解，所谓“序《书》《传》”，就是将原《书》整理编次，然后再对各篇分别加以说明。对《礼》也是如此。在传授《礼》的过程中，陆续作些阐述。所谓“传”“记”都是阐述、说明的意思。所以司马迁说：“故《书·传》《礼·记》自孔氏。”这就是说，《书》之有“传”，《礼》之有“记”，是从孔子开始的。后来“传”便成了《书》的组成部分，而“记”便成了《礼》的组成部分。

这个“礼”是广义的“礼”，既包括历史观的“礼”、政治观的“礼”，也包括人生观（主要表现为行为规范）的“礼”。但是，重点应该是最后一种“礼”。这是因为：

（1）从史籍记载看，明确提到孔子与“礼”发生关系的只有《仪礼》，提到其他的“礼”则比较含混。

（2）孔子教学培养的对象是来自各个阶层的“士”。“士”有“士”的规格。从内在品德说，要达到“成人”“君子”“仁人”的水平；从外在行为说，要恪守“亲亲”“尊尊”的原则，要遵从各种等级条规，而最基本的、贯彻始终的却是后者。从培养对象看，从教学规律（循序渐进）看，孔子自然首先要重视《仪礼》。

（3）孔子教育的培养目标是“仕”，即从政。而从政的第一步就要懂得“进退周旋”之礼，否则一出场就要闹笑话。再说，他培养出来的学生也不是人人都有政可从。在无政可从的情况下，不得已而求其次，还可以当个“司仪”。而当个“司仪”就非懂《仪礼》不可。所以，从实用的角度看，孔子也该把《仪礼》教学放在首位。

综上所述，可以得出两个结论：第一，现存“三礼”都曾经与孔子发生过关系；第二，《仪礼》是经过孔子整理、传授过的。

4. 关于《书》

《书》又称《尚书》或《书经》。现在所见到的《十三经注疏》本《尚书》，是由《今文尚书》和《伪古文尚书》拼合而成的。所谓《今文尚书》是由西汉初年伏生（原是秦朝博士）传授出来的，因为用西汉通行的隶书所写，故称“今文”，共二十九篇①。所谓《伪古文

① 篇目如下：1.《尧典》（合今本《舜典》而无《舜典》篇首二十八字）2.《皋陶谟》（合今本《益稷》）3.《禹贡》4.《甘誓》5.《汤誓》6.《盘庚》7.《高宗肜日》8.《西伯戡黎》9.《微子》10.《泰誓》（非今本伪《泰誓》）11.《牧誓》12.《洪范》13.《金縢》14.《大诰》15.《康诰》16.《酒诰》17.《梓材》18.《召诰》19.《洛诰》20.《多士》21.《无逸》22.《君奭》23.《多方》24.《立政》25.《顾命》（合今本《康王之诰》）26.《费誓》27.《吕刑》28.《文侯之命》29.《秦誓》。其中《盘庚》分上中下三篇，《泰誓》分上中下三篇，《顾命》分出《康王之诰》一篇，所以也可说三十四篇。

尚书》据说是晋王肃或梅赜（或作梅颐）所伪造的，共二十五篇[①]。我们这里所说的《书》是指《今文尚书》。《尚书纬》说：

> 孔子求《书》，得黄帝玄孙帝魁之书，迄于秦穆公，凡三千二百四十篇。断远取近，定可以为世法者百二十篇。以百二篇为《尚书》，十八篇为《中候》[②]。

这个说法自然不足凭信，但孔子编定《尚书》仍有踪迹可寻。

上文所引《史记·孔子世家》的一段话提到孔子"序《书·传》，上纪唐虞之际，下至秦缪，编次其事。……故《书·传》……自孔氏。"《汉书·艺文志》也说："《书》之所起远矣，至孔子纂焉。"我认为这两处记载并非凿空之谈。

第一，在孔子之前，已有《夏书》《商书》《周书》等散篇流行于世，并经常为人们所引用。如《左传·文公七年》晋郤缺对赵宣子说："《夏书》曰：'戒之用休，董之用威，劝之以九歌，勿使坏'。"《左传·隐公六年》陈公子佗进谏陈侯说："《商书》曰：'恶之易也，如火之燎于原，不可乡迩，其犹可扑灭！'"《左传·宣公六年》中行桓子对晋侯说："《周书》曰：'殪戎殷。'此类之谓也。"这里提到《夏书》《商书》《周书》等，既早有这些古文献，就说明孔子有赖以整理编纂《尚书》的资料。

---

① 篇目如下：1.《大禹谟》2.《五子之歌》3.《胤征》4.《仲虺之诰》5.《汤诰》6.《伊训》7.《太甲（上）》8.《太甲（中）》9.《太甲（下）》10.《咸有一德》11.《说命（上）》12.《说命（中）》13.《说命（下）》14.《泰誓（上）》15.《泰誓（中）》16.《泰誓（下）》17.《武成》18.《旅獒》19.《微子之命》20.《蔡仲之命》21.《周官》22.《君陈》23.《毕命》24.《君牙》25.《冏命》。如果《太甲》《说命》《泰誓》各算一篇，也可说是十九篇。

② 见孔颖达《尚书正义》《尚书序》疏引。

第二，孔子十分热衷于政治，特别重视古代文献，他自己就说过“好古，敏以求之”的话，而《书》正是与政治直接有关的古代文献，他能不锐意搜求吗！况且他生长的鲁国又是保存古代典籍最丰富的国家，他能放过这个优越条件吗！

第三，孔子设教的目的是培养从政人才，而《书》正是最好的政治课本，他怎能不利用这个课本进行教学呢？既要利用，当然就要把零散的篇章资料编成一本较有系统的书；既要教授，就不能不加上一点自己的心得和说明。

根据以上三点推论，我认为司马迁说的“序《书·传》”，“编次其事”，和班固说的“《书》……至孔子纂焉”这些话，是有一定根据的。

当然，我说孔子编定过《尚书》，甚至阐述过《尚书》，并不等于说，今存的《尚书》就是当年孔子编定和阐述过的《尚书》的原貌。事隔两千多年，特别是经过秦火之后，孔子编定的《尚书》究竟有多少篇？篇次是怎样安排的？今本《尚书》是否全都经过孔子之手？这些问题都很难考订了。至于现在的《书序》是否果为孔子所作？有没有保留了一点孔子的原意？也是无法说清的。不过，决不能因为这些问题的存在，就否认孔子编定过《尚书》的事实。

5. 关于《易》

《易》是讲事物变化的书。客观事物千变万化，大至国家兴亡，小至个人休戚，令人捉摸不定。然而，人们总是力图掌握事物变化的规律，以便趋吉避凶，决定行止。可是，当时的科学发展还很不够，远远没有达到掌握事物变化规律的水平。于是，人们的主观愿望与客观条件发生了尖锐的矛盾。解决这个矛盾的办法，在那时只能依靠神灵，根据神灵的启示判断吉凶。而传达神灵启示的手段便是占卜。因此，早在原始社会后期，占卜之风就很盛行。进入阶级社会之后，占卜逐渐成为一门专业，从事这门专业的叫做“卜人”和“筮者”。卜人和筮者在长期占卜的过程中积累了许多经验，他们把这些经验编辑成书，并从中总结出一些天象、地理、人事等事物变化的规律（哲理），以便翻检和传授。

在孔子以前，关于卜筮的书就有三种：一是《连山》，二是《归藏》，三是《周易》。据说，《连山》是夏朝（一说是伏羲）的卜筮书，《归藏》是商朝（一说是黄帝）的卜筮书，《周易》是周朝的卜筮书。到孔子时，《连山》、《归藏》均已亡佚，只剩下《周易》一本书了。如上所述，《周易》就是含有阐发事物变化规律（哲理）的书了。

《周易》是以八卦为纲而构成体系的，基本符号是“—”和“—”两种，再由“--”和“—”三三组合而成八类（☰、☷、☳、☴、☵、☲、☶、☱），再将八类两两相重而成六十四门（䷀、䷁、䷂……）。每类符号都有名称并象征某种事物，如“--”“—”叫爻，前者象征阴，叫阴爻，后者象征阳，叫阳爻。八类符号统称经卦，象征八类事物，如“☰”叫乾，象征天、君、君子、阳气、刚健等。六十四门符号统称别卦，象征各类事物之间的关系，如屯䷂卦，下面是震卦，上面是坎卦。震象雷，坎象水（雨）。雷属阳，水（雨）属阴。阴阳相迫，雷雨并作，有艰难险阻之兆。

现存《周易》是由六十四卦构成的，每卦有六爻，共有三百八十四爻。每卦有卦辞，每爻有爻辞。卦辞和爻辞是经文，统称《易经》。后来有人对卦辞和爻辞进行解释、说明、发挥，这些文字叫做传文，统称《易传》。《易传》共有七种十篇，即《彖》（分上下两篇）、《象》（分上下两篇）、《系辞》（分上下两篇）、《文言》《说卦》《序卦》《杂卦》，合称“十翼”。现存《周易》包括两部分，即《易经》和《易传》。

传统的说法是：伏羲作八卦，文王作卦辞，周公作爻辞，孔子作十翼。对于这种说法，两千多年来争论不休，迄无定论。现在一般认为八卦符号源于民间占筮，卦爻辞作于殷周之际，十翼成于战国末年。

我们要究明的是：孔子与《周易》是否发生过关系？如果发生过关系，又是怎样的关系？

《史记·孔子世家》说：

> 孔子晚而喜《易》，序《彖》《系》《象》《说卦》《文言》。读《易》，韦编三绝。曰："假我数年，若是，我于《易》则彬彬矣。"

《史记·仲尼弟子列传》又说：

> 孔子传《易》于瞿，瞿传楚人馯臂子弘，弘传江东人矫子庸疵，疵传燕人周子家竖，竖传淳于人光子乘羽，羽传齐人田子庄何，何传东武人王子中同，同传菑川人杨何，何元朔中以治《易》为汉中大夫。

照这两处记载，孔子不但学过《易》，而且还作过《易传》，传授过弟子，弟子以后的师承关系也历历可数，应该说，孔子与《易》的关系是非常密切的了。但是，这个说法却颇遭后人的怀疑。第一个怀疑的是欧阳修。他认为《系辞》以下六种，辞意繁复而矛盾，不应是孔子所作。崔述进一步认为"十翼"全不是孔子所作。康有为更说《史记》中的"序、彖、系、象、说卦、文言"八个字是汉代经古文学家故意加进去的，不是《史记》的原文。于是，孔子与《易》的关系又成了悬案。

我认为，对于《史记》的记载，既不能全信，也不能一笔抹杀，应该根据当时的文化背景和孔子本人的情况作具体的分析，实事求是地得出恰如其分的结论。

现存《周易》思想比较驳杂，既有儒家思想，也有道家思想和法家思想，不是出于一人之手。再者，现存《周易》所达到的思想高度及其表达形式（长篇大论），也不像是春秋末年的产物。因此，司马迁所说的“序《彖》《系》《象》《说卦》《文言》”，这句话是不能全信的。但是，司马迁的话也不是凭空虚构的。这有以下四点佐证：

第一，在孔子时代，《周易》已经流行，而且还有人作过注解。《左传》《国语》记载以《周易》占筮的事多达一二十次，国别有秦、晋、鲁、陈、齐、卫等，可见《周易》在当时的上层社会已很流行。《左传·昭公二年》还记载了晋国的韩宣子在鲁国看到《易象》的事。所谓《易象》自然是解释《周易》卦象的。可见那时《周易》已有了最早的注本。这些情况说明，孔子研究《周易》是极有可能的。

第二，孔子见过《易》书，而且进行过钻研。《论语·述而》记载：“子曰：‘加我数年，五十以学《易》，可以无大过矣。’”[①] 而且还有“韦编三绝”之说。可见孔子不但见过《易》，而且还下过一番苦功。从孔子的好学精神看，这是十分可能的。

第三，1973年湖南长沙马王堆汉墓出土了一批帛书，其中有一部《周易》，在《周易》的卷后附有佚书《要》等两篇，记录着孔子与其弟子研讨《易》理的问答。这个发现为孔子授《易》增加了一条证据。

第四，在现存的《易传》中，固然不全是儒家思想，但儒家思想却占有相当的分量。而且这些思想与孔子思想是息息相通的，如

---

① “十”为“卒”字之误。《鲁论》“易”作“亦”，读为“五十以学，亦可以无大过矣”。这种读法，于文法、于事理都很扞格，故不从。

“立人之道曰仁与义”“君子以非礼弗履”“君子以自强不息”，《易传》的这些思想，应该说与孔子思想是一脉相承的。

根据以上四条佐证，我们可以作出这样的推论：孔子晚年确曾钻研过《周易》，并且进行过讲授，在讲授过程中可能作过整理，加入一些自己的体会和说明。因此，司马迁所说的“孔子晚而喜《易》”，“孔子传《易》于瞿”等语，还是比较可信的。

6. 关于《春秋》

《春秋》是我国第一部编年史，起自鲁隐公元年（前 722 年），迄于鲁哀公十四年（前 481 年），记载了春秋时代二百四十二年的历史。由于《春秋》记事简略（全书只有一万六千五百多字），言辞晦涩，所以后来有许多人对它进行阐释和补充。这些阐释和补充的书叫做《传》。现在我们所能看到的只有三部《传》书，即《春秋公羊传》《春秋穀梁传》和《春秋左传》，合称《三传》。

关于《春秋》的作者，从来都认为是孔子。这个说法最早见于《孟子·滕文公下》。

> 世道衰微，邪说暴行有作，臣弑其君者有之，子弑其父者有之。孔子惧，作《春秋》。《春秋》，天子之事也。是故孔子曰：“知我者，其惟《春秋》乎？罪我者，其惟《春秋》乎？”

《史记·孔子世家》也说：

> 子曰：“……吾道不行矣，吾何以自见于后世哉？”乃因史记作《春秋》。

《公羊传疏》引闵因《序》云：

昔孔子受端门之命，制《春秋》之义，使子夏求周史记，得百二十国宝书。

杜预《左传序》云：

仲尼因鲁史策书成文，考其真伪，而志其典礼，上以遵周公之遗制，下以明将来之法。

从上引的几条材料可以看出，从孟子以后，几乎是众口一词，认为《春秋》的作者是孔子。然而，到了近代却遭到了“疑古派”的否认。否认最力的是钱玄同。在他看来，《春秋》在“六经”中最不像样，把它贬为“断烂朝报”或“流水账簿”之类。他说：“以他老人家（按指孔子）那样的学问才具，似乎不至于做出这样一部不成东西的历史来。”①

仅凭文辞简略这一点就否认孔子的著作权，这未免过于武断了。要知道，《春秋》是我国第一部史书。作为第一部史书，自有其不完备、不充实的地方。但这恰好反映了早期历史著作的特点（如《世本》《竹书纪年》之类）。其次，还要知道，孔子是把《春秋》作为现代史教材进行教学的，这只是一部教学大纲；作为教学大纲，也只能是提纲挈领，不能过分铺张繁复。

还有人认为《春秋》就是《鲁史记》的原本，未经孔子整理过。这也是不堪设想的。所谓《鲁史记》是鲁国史官随事所记的竹简。这竹简积累了二百四十二年之久，恐怕不止“五车”了吧？把这不

① 钱玄同《答顾颉刚先生书》，见《古史辨》第1册。

止五车的竹简拿来向学生“照本宣科”，试问，有谁愿意去听呢？凭孔子那样有丰富教学经验的教育家，怎会采用那样拙劣的教学方法呢？

至于有人根据《论语》没有提过孔子修《春秋》事，而怀疑孔子编过《春秋》，这也未免太拘泥了。一部短短的《论语》，哪能把孔子和弟子们几十年的谈话都记录下来呢？何况现行本《论语》又经过西汉末年的张禹和东汉末年的郑玄两次改编，谁能保证没有缺简残篇呢？所以我们决不能仅仅根据《论语》没有提到某事就说没有某事。如果那样，恐怕连孔子的生平也都无法了解了。

我们还是要相信孟轲和司马迁的话。因为修《春秋》对孔子来说，既有可能，也有必要。孔子六十八岁自卫返鲁，以“国老”身份闲居在家，他既有条件阅读鲁史档案，也有时间从事整理和编修。此其一。其二，孔子是在到处碰壁之后回到鲁国的，而且年近古稀，但他却并不因此而放弃他的理想和主张。在这种情况下，修《春秋》便成了他的唯一出路。修《春秋》至少可以达到两个目的：第一，通过《春秋》可以寓寄自己的政治理想和主张，留给后世明君效法；第二，通过《春秋》教授弟子，可以培养一批合乎自己理想的从政人才，继续完成自己的未竟事业。由于这两点，所以他才说：“知我者，其惟《春秋》乎？罪我者，其惟《春秋》乎？”所谓“知我者”，是指那些理解他的苦心孤诣的人（他的苦心孤诣就是要实现他的治国平天下的理想）；所谓“罪我者”，是指那些指责他不该修《春秋》的人（在当时，按孔子的身份是不能修史的，而且在《春秋》中既得罪了一些权贵，又袒护了一些权贵，这些都是可能引起指责的）。我以为，这两句话，除了孔子，别人是说不出来的。毫不夸张地说，《春秋》是孔子呕心沥血之作，也是他晚年的心血结晶。

那么，孔子是怎样修《春秋》的呢？

第一步当然是搜集资料。闵因说："使子夏求周史记，得百二十国宝书。"这是靠不住的。子夏没有那么大能耐走遍各国，别国即使有史记和宝书，也不会轻易给他带回鲁国阅读。司马迁说："乃因史记作《春秋》。"杜预说："因鲁史策书成文，考其真伪，而志其典礼。"这倒近乎事实。孔子能够搜集到的史料主要是《鲁史记》，最多参考了一点《周史记》。第二步便是整理史料，即所谓"考其真伪，而志其典礼"。舍弃那些繁芜不合理的记载，摘取其事关大体的记录。如鲁《春秋》记晋丧曰"杀其君之子奚齐及其君卓"，孔子改为"晋里克杀其君之子奚齐""晋里克弑其君卓"等。第三步就是确定编写体例和指导思想，即所谓"制《春秋》之义"，"拨乱世，反诸正"①"据鲁、亲周、故宋"②等。最后，在编写过程中还要把自己的思想和主张渗透到字里行间去，即所谓"微言大义"，如"吴楚之君自称王，而《春秋》贬之曰'子'；践土之会实召周天子，而《春秋》讳之曰'天王狩于河阳'"③等。

总之，孔子编修《春秋》一事是毫无疑问的。我们应该肯定他的这一重要贡献。

三、不朽的历史功绩

孔子作为中国历史上第一个伟大的文献整理家，主要功绩就在于整理传播和保存了为后人所尊称的"六经"。

经过孔子整理的"六经"（现仅存"五经"），不同程度上反映了

---

① 《公羊传·哀公十四年》。

② 《公羊传·隐公元年》《疏》引。

③ 司马迁《史记·孔子世家》。

夏、商、周特别是春秋时期的政治、经济、文化、思想等方面的情况，对研究中国古代的思想文化史、政治社会史起了不可估量的作用。“六经”不仅是我国的珍贵资料，也是世界上不可多得的富有学术价值的古代文化瑰宝。这是中华民族的骄傲。

孔子打破了贵族的文化垄断，把被贵族长期垄断的、又被贵族践踏的古代文献，进行了抢救、刷新，传于后世，所以说：“孔子是在周末官守散失时代，第一个保存文献的人。”[①] 就连严厉批判孔子的吴虞，在这方面也称道“孔子自是当时之伟人”[②]。孔子以个人身份整理文献的伟大实践，否定了“周礼”所限制的“非天子，不议礼，不制度，不考文”的规定[③]，开创了私人著书的学术风气，成为后来诸子百家竞相著书立说的中国历史上有名的“百家争鸣”的先声。

不承认“六经”中有某些积极的东西需要我们去探索，不对；不承认“六经”中有消极因素需要我们去批判，也不对。采取实事求是的态度，分清是非，取精去粗，古为今用，这才是对这位两千余年前伟大的文献整理家留下的不朽历史功绩所应采取的既公正又恰当的科学态度。

---

① 朱自清《经典常谈》。

② 《吴又陵书》，转引自陈独秀《独秀文存》卷三第647页。

③ 《礼记·中庸》。

第八章　孔子思想在国内外影响源远流长

在孔子去世后两千五百余年的今天，我们仍以怀念的心情，论述他在国内外源远流长的影响，这一事实本身就足以说明他是一个伟大的历史人物。对其功过评估即使可能有所不同，但有一点是共同的，那就是一致承认他和整个人类历史已是密不可分。谁也不能变更这一历史事实。现将他在国内外主要的不同影响分别加以说明。

一、在国内的影响

（一）孔子儒家思想的分化、演变和不同影响及后果

历代封建王朝出于巩固自己封建统治的需要都竞相尊孔，并按自己的要求重新塑造孔子形象；历代缙绅学子也都竞相研孔，皓首穷经，其中固然不乏有识之士能在一定程度上从某一侧面阐明和发展孔子思想中的积极因素，但大多是按统治阶级的要求重新注释和夸大孔子思想的消极因素而歪曲其积极因素。于是所谓真孔子和假孔子就常常在历史上被混淆不清。两千余年来有关孔子思想的论述卷帙浩繁，这里只就若干主要方面加以说明。

第一，孔子儒家思想的分化和不同学派的形成

春秋战国时期各诸侯国统治者都竞相礼聘懂得《诗》《书》《礼》《乐》《易》《春秋》等的儒生，以便在政治、外交、日常生活等各方面为他们出谋划策以至帮忙和帮闲。因此，儒家学派有了很大发展。孔子弟子中有很多人在孔子死后也都开始收徒授业，于是孔门后学也就越来越多，对孔子思想的认识和理解也越来越有差异。

孔子弟子出身不同、阅历不同、造诣不同，对孔子学说的理解也不尽相同，甚至各执己见、各立门户，相互指责的情况屡见不鲜。从《论语》下述一段话中就可以看出：

> 子游曰："子夏之门人小子，当洒扫应对进退，则可矣，抑末也。本[①]之则无，如之何！"子夏闻之曰："噫！言游过矣！君子之道，孰先传焉？孰后倦（倦作传解——作者注）焉？譬诸草木，区以别矣。君子之道，焉可诬也？有始有卒者，其惟圣人乎！"[②]

这里子游、子夏所争论的问题，实际上是教门人弟子以"君子之道"先从何处入手的问题。子游批评子夏有末无本，或重末轻本，子夏不同意子游的责难，而认为哪个应该先教，哪个应该后教，必须根据具体情况而定。子夏的意见和孔子"因材施教"，"能近取譬，可谓仁之方也矣"等似较近。在《论语》等书中像这类相互指责的话还有不少，这里就不一一列举了。

由于儒家内部观点不同、相互指责，逐步形成了一些打着孔子儒家招牌而相互对立的派别。《韩非子·显学》篇指出："自孔子之死

---

① 子游这里讲的"本"主要是指仁、礼等而言。

② 《论语·子张》。

也，有子张之儒，有子思之儒，有颜氏之儒，有孟氏之儒，有漆雕氏之儒，有仲良氏之儒，有孙氏（即荀卿——作者）之儒，有乐正氏之儒。”这便是所谓儒家八派。此外，荀子也曾经批评过“子张氏之贱儒”“子夏氏之贱儒”“子游氏之贱儒”[①]等。在这些儒家派别之中，只有以祖述孔子为己任的孟轲和荀卿为代表的两派，在一定程度上对孔子思想既有所阐述，也有所补充、发展和修正。如孟子在君民关系上，主张“民为贵，社稷次之，君为轻。……”[②]这“民贵君轻”思想不仅大大发展了孔子思想，而且是在封建社会中敢于提出的民主思想的可贵萌芽。在君臣关系上，主张相互尊重：“君之视臣如手足，则臣视君如腹心；君之视臣如犬马，则臣视君如国人；君之视臣如土芥，则臣视君如寇仇”。[③]特别提出道德高于王权，王者必以大人为师的观点，他说：“故将大有为之君，必有所不召之臣，欲有谋焉则就之。其尊德乐道，不如是，不足与有为也。故汤之于伊尹，学焉而后臣之，故不劳而王。桓公之于管仲，学焉而后臣之，故不劳而霸。”[④]他甚至认为“闻诛一夫纣矣，未闻弑君也”[⑤]，这是对孔子“忠君尊王”思想的重大修正和发展，十分可贵。这些言论曾引起一些专制暴君的反感，例如朱元璋就曾命令御用文人删除这一类文字，甚至企图把孟子牌位逐出孔庙。

荀子在“隆礼”的基础上既重视利，也重视义，一面强调努力耕战以加强国家实力，一面又强调推行王道以争取民心。他说：“传曰：‘君者舟也，庶人者水也。水则载舟，水则覆舟’。……故君人者

---

① 《荀子·非十二子》。

② 《孟子·尽心下》。

③ 《孟子·离娄下》。

④ 《孟子·公孙丑下》。

⑤ 《孟子·梁惠王下》。

欲安，则莫若平政爱民矣。”[1] 这些思想既没有孔孟仁义礼乐的迂远疏阔，也避免了法家严刑峻法的残刻寡恩，集中两者的优点，为统治阶级建立了较为全面的礼治理论。荀子的学生李斯、韩非把他的学说运用于秦国，使秦完成统一大业；但他们片面地发展了荀子思想，提出专任法、术、势的法家理论，导致了秦朝的速亡。

为了论证自己的礼治思想，荀子提出新的天道观，认为天即是自然，它有自己运动的规律，人在自然面前不是无能为力，人可以“制天命而用之”[2]，让自然为人类服务。他还提出“性恶论”，与孟子的“性善论”相对抗，由性恶强调礼法的规范作用和对人进行教育的必要性。其实，孟子主张性善，荀子主张性恶，两人都是各执一端，都不符合孔子提倡的“性相近也，习相远也”[3] 的精神。可以看出，孔子在性善、性恶这个问题上站得更高，看得更深，因为对任何人来讲，性善或性恶都不是天生的，善和恶归根到底决定于后天环境和教育。

由此可见，当时孔子儒家思想这两大学派，其中孟子除了对孔子思想有一定补充和发展外，更多的是遵循孔子思想的基本原则；而荀子除了遵循孔子思想主要原则外，更多的则是对之有所补充、有所修正、有所发展。这是孔子思想分化和建立不同学派的开始，而以后的分化和学派的建立陆续发生，其中包括两次对孔子思想的大篡改。

第二，“独尊儒术”和对原始孔子思想的第一次大篡改

历史是常常以讽刺性的戏剧形式出现的。向汉武帝提出并被接

---

① 《荀子・王制》。

② 《荀子・天论》。

③ 《论语・阳货》。

受的“罢黜百家、独尊儒术”的是“为儒者宗”[①]的今文经学派[②]儒者董仲舒[③]，而第一次大篡改孔子思想的也正是这位董仲舒。董仲舒对原始孔子思想的大篡改，主要表现在下面三个问题上：

1. 董仲舒认为“三纲”“五常”是天意所决。前已指出，孔子一贯主张的“忠君尊王”思想是维持和巩固封建君主宗法统治的思想支柱，这是孔子思想中的消极因素，同时也是封建社会不可避免的产物，但这里并没有天命神鬼这类的话夹杂其间。孔子思想中的君臣、君民关系还保留着一定的君臣、君民相互尊重的原始民主精神，而这一精神则完全被董仲舒糟踏和篡改了。董仲舒把当时人间最重要、最普遍的三种关系，即君臣、父子、夫妇关系定为君为臣纲、父为子纲、夫为妻纲，即所谓“三纲”，这完全是一方绝对顺从另一方的主奴关系。为了证明“三纲”是不可动摇的天经地义，董仲舒又请出天来助长声势，他说：“王道之三纲，可求于天。”[④]这样，董仲舒就规定了君臣、父子、夫妇“三纲”是天意所定，不允许人作任何改变，用天意把这三种关系纳入极端封建专制的框子里去了。在这“三纲”中，君臣关系又是处于主导地位的纲，他明目张胆地说：“《春秋》君不名恶，臣不名善，善皆归于君，恶皆归于臣。”[⑤]并

---

① 《汉书·五行志》。

② 西汉时学习经书，都是用汉代通行的隶书抄写的，故称今文经学，以区别于用籀文、蝌蚪文传写的古文经学。

③ 汉代的刘向曾赞誉说：“董仲舒有王佐之材，虽伊吕亡以加，管晏之属，伯者之佐，殆不及也。”（《前汉书·董仲舒传》）但刘向的儿子刘歆不同意此说，“以为伊吕乃圣人之耦，王者不得则不兴……而曰管晏弗及，伊吕不加，过矣。至向曾孙龚笃论君子也，以歆之言为然。”（同上书）

④ 董仲舒《春秋繁露·基义》。

⑤ 董仲舒《春秋繁露·阳尊阴卑》。

以天的名义宣布“人主立于生杀之位，与天共持变化之势”[1]，即君王有生杀予夺的绝对权威。君臣的关系是如此，父子、夫妇关系也类此。这种阴森森的“三纲”关系不是对孔子前面所提出的君臣关系中一些原始民主精神和父慈子孝、夫义妇听[2]的父子、夫妇和顺关系的歪曲和篡改吗！董仲舒生于孔子死后三百余年，这期间科学文化和社会经济都有了一定的发展，他对自然、对天的了解理应比孔子要多些，理应比孔子思想有所前进，但实际上却比孔子还大大倒退了。例如对于“天”，孔子的态度是“知之为知之，不知为不知”，很少谈天，而董仲舒则大谈其“天人感应”，并且认为“三纲”乃天意所决。这难道不是董仲舒异想天开、随心所欲地篡改孔子思想而强不知以为知地妄谈“天”吗！

董仲舒的所谓“五常”，指的是仁、义、礼、智、信。前四个仁、义、礼、智原是孟子所讲的四德，董仲舒为了符合神秘的五行之说，加上一个信。其实，如前所说，仁、义、礼、智、信都是孔子仁的人生哲学中的部分德目，孔子完全是从现实的人世社会实际出发，把它们作为“修己安人”和正确处理人际关系的准则而提出、而阐明、而宣扬的。可是一到董仲舒手里就变了样。例如，所谓“五常”中的仁和义自然很重要，但是董仲舒不认为仁和义作为伦理德目是人类社会实践中产生的，而是天的产物、“天人感应”的产物。他的原话是：“人之血气，化天志而仁，人之德行，化天理而义。”[3]董仲舒认为“为政而宜于民者固当受禄于天，夫仁、义、礼、智、信五常之道，王者所当修饬也。五者修饬故受天之佑，而享鬼神之灵，

---

① 董仲舒《春秋繁露·王道通三》。

② 《礼记·礼运》。

③ 董仲舒《春秋繁露·为人者天》。

德施于方外，延及群生也。”[1]这里明明讲的是现实的人世间的问题，却偏要把它们蒙在一层厚厚的神奇古怪的天意黑幕中，这难道是一个真正儒家学者阐述孔子之道的实事求是态度吗？

2. 董仲舒认为“王权神授”是天命所定。封建社会常常和迷信连在一起，而迷信又常和愚昧连在一起，但利用愚昧进行迷信行为的人，却常常不是愚昧的而是颇有智慧的人。董仲舒编造出来的“王权神授”的奇谈怪论，就是属于这一类。董仲舒把所谓“天”打扮成为和人一样有喜怒哀乐的、主宰人间万事万物特别是人的祸福的、至高无上的有人格的神。神的意志就是天命。董仲舒首先利用他的所谓“天人合一”的论调，把天和人连结起来，说：

> 人之为人本于天，天亦人之曾祖父也，此人之所以乃上类天也。人之形体，化天数而成；人之血气，化天志而仁；人之德行，化天理而义；人之好恶，化天之暖清；人之喜怒，化天之寒暑；人之受命，化天之四时；人生有喜怒哀乐之答，春夏秋冬之类也。[2]

请看，天不仅是人格神，而且成了人的“曾祖父”了，而人的所有形体、血气、德行、好恶、喜怒都是天赋予的；甚至人的喜怒哀乐和春夏秋冬都密切相连，这种牵强附会的论调和孔子思想有什么共同点呢？

可是，董仲舒虽然能够编造“天人合一”的把戏，但毕竟无法命令他捏造的“天”（即那位曾祖父）直接管人间的事，他还是必须

---

① 《前汉书·董仲舒传》。

② 董仲舒《春秋繁露·为人者天》。

叫人管人。这个矛盾如何解决呢？真正管人的是封建贵族统治阶级的作为人本身的王（或天子，或皇帝），他为了神化王权，只好说王是代天管人，是天人之中介，并说“德侔天地者称皇帝，天佑而子之，号称天子”[①]。又说“天子受命于天，天下受命于天子”[②]。于是，他以为这样就可以自圆其说了。你看，君王、天子、皇帝都是受命于天来管理人间事的，这样“天”不是通过所谓君王、天子、皇帝而和人间结合起来了吗？这不就是董仲舒所谓的“天人合一”吗？实质上，这不就是有意抬高封建帝王的无上权威，又通过不是神而是人（即封建帝王）来统治人、剥削人、压迫人，同时又使被统治、被剥削、被压迫的人相信这是天命吗？这不就可以欺骗、迷惑一些人特别是愚昧无知的人俯首帖耳、甘心情愿无条件地服从“替天行道”的君王、天子、皇帝了吗？他甚至还用测字先生的方法来解释“王”字，说：

> 古之造文者，三画而连其中，谓之王。三画者，天、地与人也，而连其中者，通其道也，取天地与人之中以为贯，而参通之，非王者，孰能当是？[③]

不仅如此，他还一本正经、道貌岸然地代天说教，似乎天是一心希望他的儿子（天子）要成为圣主，不要成为亡国之君，因而说：

> 《春秋》之中，视前世已行之事以观天人相与之际，甚可畏

① 董仲舒《春秋繁露·三代改制质文》。
② 董仲舒《春秋繁露·为人者天》。
③ 董仲舒《春秋繁露·王道通三》。

也。国家将有失道之败，而天乃先出灾害以谴告之，不知自省，又出怪异以警惧之。尚不知变，而伤败乃至。以此见天心之仁爱人君，而欲止其乱也。自非大亡道之世者，天尽欲扶持而全安之。[①]

董仲舒所精心塑造起来的“天”对他的儿子，即人间的帝王天子，可谓宠爱备至，并以灾害、怪异等劝告之，以保其专制独裁的王位代代相传。董仲舒热衷于援引孔子的话以显示其儒者面貌，可是他恰恰忘掉了孔子一生的一个很重要的事实，即“子不语怪、力、乱、神”。董仲舒对此不知作何感想？

3. 董仲舒认为“天不变，道亦不变”和“三正”“三统”是天志所立。评价古人有两个标准，第一个标准是看他比他的前人在思想上、学术上有所前进还是后退；第二个标准是用现代标准去看他，在他的思想学术中有哪些还有用处。因为研究古人对现代毫无用处，这还有什么意义呢？最多只能当作古董；古董也有用处，但那是另外一种用处。根据以上两个标准来研究董仲舒提出的“天不变，道亦不变”和“三正”“三统”的问题就明其真相了。

什么叫“天不变，道亦不变”？先看董仲舒自己的解释：

道之大原出于天，天不变，道亦不变。[②]

董仲舒这里讲的道，用现代的语言讲，就是指包括政治、伦理、文化、教育等在内的社会上层建筑。这本来都是在人类社会实践中逐

---

①② 《前汉书·董仲舒传》。

步形成和发展起来的，可是，董仲舒却避开现实问题，利用他的“天人感应”的论调，把这个所谓大道归之于“天”志所立（“原出于天”），这就把事实完全颠倒了。他为什么要做这样的颠倒呢？可以看出，其主要目的无非是两个，一是明确人间的一切都是“天”安排的，二是人间的封建贵族专制统治是永恒不变的，是天命，非人力所能改变。把董仲舒这段话和在他三百余年前孔子的一段话对照一下，问题就清楚了。孔子说：

> 殷因于夏礼，所损益可知也。周因于殷礼，所损益可知也。其或继周者，虽百世可知也。[①]

这段话的缺点前已评析，这里是在另一种意义上加以引用。它明确指出，人间的礼义、人伦等“大道”都是人在损益中发展的。孔子又说“人能弘道”，就是说，大道之弘扬在人，而他并没说在天。由此可见，用第一个标准来看，董仲舒比孔子倒退了多么远！至于用第二个标准来看，那就更清楚了。根据现代科学的论证，整个宇宙包括天在内的万事万物无时无刻不在变化之中，说它不变，在现代科学面前，实在幼稚可笑。因此，董仲舒除了作为古董和反面教员外还有什么意义呢！

至于董仲舒编造出来为他的“天不变，道亦不变”的论调服务的所谓“三正”“三统”，既无学术价值，又无实际意义。但仍有必要略作介绍，乃用以见董仲舒编造这番怪论的用心，何况历史上被其迷惑者也并非无人。所谓“三正”“三统”，是董仲舒根据传说夏、商、周三代曾使用不同历法而牵强附会地编造出来的。夏、商、周

① 《论语·为政》。

三代分别用十二地支中的前三个即子、丑、寅三个月（分别为现代农历的十一月、十二月、正月）为每年的第一个月（正月岁首），夏代以寅月为岁首，这就叫建寅；殷代以丑月为岁首，这就叫建丑；周代以子月为岁首，这就叫建子；合称为“三正”。董仲舒认为，由于子月“天统气始施化物，物始动，其色赤”[①]，因此周“尚赤”，这就叫“赤统”；丑月“天统气始蜕化物，物始芽，其色白”[②]，由此殷“尚白”，这就叫“白统”；寅月“天统气始通化物，物见萌达，其色黑”[③]，因此夏“尚黑”，这就叫“黑统”；合称“三统”。他说这“三正”“三统”是王朝兴废改制的标志，是不断周而复始地循环着。在董仲舒的眼里，历史就是在“三而复”的循环下永远踏步不前，王朝的兴废也仅仅是“改正朔”（“三正”不断循环使用）、“易服色”（黑、白、赤三种颜色即“三统”循环采用），而“若夫大纲，人伦道德、政治教化、习俗文义（这些正是表现封建专制社会本质的东西——作者），尽如故”[④]。所以董仲舒又坦率地说：“故王者有改制之名，无易道之实。”[⑤]一言以蔽之，由天命改朝换代时，封建社会的本质不能变动，封建专制君王的至上权威不能变动，所能改动的只是“改正朔”“易服色”等表面文章。这就是董仲舒奇谈怪论的实质。中国封建社会延长如此之久，进步因素伸张如此之慢，董仲舒的上述影响不能不说是一个重要原因。

第三，今文经学派的衰落和儒、释、道的斗争及其相互渗透

1. 今文经学派的衰落。受到汉武帝赏识的、显赫一时的董仲舒今文经学派，由于前面指出的缺点、错误和其他原因，为时不久，到东汉就逐步衰落了。魏晋时的玄学和南北朝隋唐的道家、佛学相

---

①②③ 董仲舒《春秋繁露·三代改制质文》。

④⑤ 仲舒《春秋繁露·楚庄王》。

继突起，与儒学相抗衡。推究今文经学派所以很快失败，其主要原因可以概括为：一、如前所说，董仲舒提倡的“天人感应”、灾害怪异等奇谈怪论，根本谈不上学术思想，也经不起事实的检验。特别是后来发展起来的谶纬之说，更是荒唐。二、今文经注释繁琐，往往一部书的解说少则几十万言，多则上百万言，使许多缙生儒子，皓首穷经，苦不堪当。三、西汉时取士办法是招收博士弟子读今文经，然后择优录用，因此要想做官的士子就必须熟读今文经。东汉时取士改用征辟办法，于是一些士子读今文经的兴趣就大减了。四、特别重要的是古文经学不谈神怪，注释简明，东汉时又出了像郑玄等那样的古文经学家，学识渊博，兼通古文、今文二经之义，吸取两家之长，注释各类经书，相比之下今文经学的声望就一落千丈，经学的主要阵地被古文经学家所占领。此外，像王充、桓谭等古文经学思想家还展开了对今文经学的种种奇谈怪论和妖言迷信的批判。例如，王充就明确指出天和地都一样是自然物，不是什么人格神；人也是如此，即使贵为王侯，也和其他物体一样。人的精神离不开肉体，就像火离不开木柴一样；人一旦死去，绝不会变成鬼怪去害人。他还用日常生活中的经验去驳斥董仲舒之流的所谓祥瑞、灾异等无稽之谈，给今文经学以致命的打击。他还公开提出“问孔”“刺孟”，并袒护黄老之说，说他主张“从道不从事，虽违儒家之说，合黄老之义也”[①]。这样王充就把“儒家之说”“黄老之义”相反相成地联结起来了。

此后，公元4世纪初的西晋永嘉之乱，毁灭了几乎所有的经学典籍。古文经因为简约，儒生背得出，得以流传下来。今文经除何休《公羊解诂》外，几乎都被消灭了。南北朝时期流行的古文经传，

① 王充《论衡·自然》。

北朝恪守东汉经师旧法，南朝以魏晋时代的新法为主，兼用郑玄等人旧法。唐代建国以后，为了统一南北经传，唐太宗命孔颖达撰写解释《易》《诗》《书》《左传》《礼记》的《五经正义》(后又有人写《周礼》《仪礼》《穀梁》《公羊》四经的疏，合为《九经正义》)，从而使古文经学得以流传下来。

2. 儒、释、道的斗争和相互渗透。和今文经学乃至整个经学对立的，还有道教和佛教。整个魏晋南北朝时期，儒家思想面临着道佛二教的严重挑战。儒、释、道三种思想文化的斗争过程，也是相互渗透、相互吸收的过程。

汉魏以来，人们把封建政治制度和伦理等封建文化称作“名教”，它是儒家思想的核心部分。经学不过是对“名教”的一种具体解说而已，因而经学虽然遭到厄运但并不意味着“名教”的消亡。事实上，在老庄思想重新抬头的东汉魏晋时代，在佛家势力十分强大的南北朝隋唐时代，“名教”仍保持着强大的潜力。魏晋玄学实质上是道家和儒家妥协的产物。玄学家王弼一面树起老子旗号，主张贵无，崇尚自然，但同时又认为“名教出于自然”，肯定名教的合理性。另一玄学家郭象信奉庄子理论，主张“玄冥独化”，同时也说“名教即自然”，要人们主要是封建贵族，在名教中即等级宗法制的世俗生活中求得道家超世俗的清净无为的快乐。

两汉时期道家虽然给罢黜了，但是作为反对等级宗法制的思想意识，仍然在民间流传。原始道教就是利用老庄的某些神秘主义的思想并与神仙方术相结合，提出了自己的教义。原始道教后来发展为具有贵族倾向的五斗米道和指导黄巾起义的太平道。黄巾起义失败后，太平道逐渐消灭。到魏晋南北朝时期，道教又进入了一个改革发展的新阶段。一方面是把道教思想和儒家纲常“名教”紧密结合，另一方面建立了一整套比较完整的宗教哲学体系和神仙方术的理论体系，从而使道教由民间宗教改变为封建统治阶级所需要的官方道教，与佛教相抗衡，并且和佛教一起成为封建政权两大支柱。当时著名的道教理论家葛洪把遵守封建伦理纲常作为修炼的先决条件，他认为“欲求仙者，要当以忠孝、和顺、仁信为本。若德行不修，而但务方术，皆不得长生也”[①]。这样就把道教的修炼方法和维护封建纲常的行为统一起来了。

佛教自印度正式传入我国的时间大约在两汉之际，东汉末即开始流行。佛家否定人的世俗生活，要求善男信女脱离君臣、父子、夫妇等关系之网，在红尘之外得到解脱。这种宗教在印度有它的适合土壤，在中国这块“名教”有深厚势力的土地上便无法坚持原来的教义。佛家本来不讲孝道，但在中国不孝乃是大逆不道，佛家也就不得不把孝道当作佛门的善行，从而出现了许多所谓“孝僧”。反佛的思想家则以“名教”的“华夷之辨”和“忠孝节义”为思想武器，批评佛教非中华之教，无君无父，不齿于人类。这就是印度式佛教不能在我国生根，不得不被改造为中国式佛教，而中国式佛教也不能持久占优势地位的重要原因。

综上可见，孔子儒家思想的潜力和影响在这一时期仍然起着举足轻重的作用。

第四，宋明理学和对原始孔子思想的第二次大篡改

和董仲舒以儒家身份用“天人感应”等奇谈怪论歪曲和篡改孔子思想的基本原理一样，宋明理学家们也以儒家身份用“天理人欲”等议论歪曲和篡改原始孔子儒家思想的基本原理。这是对孔子思想的第二次大篡改。

自汉唐以来，经过了五代十国的长期动乱和分裂，赵匡胤于960

① 葛洪《抱朴子·对俗》。

年灭了后周，建立了宋王朝。至此中国重新得到统一，有机会休养生息，从而使宋代社会经济有了很大发展，科学文化也处于当时世界的领先地位。不久以后，社会矛盾不断激化，政治军事上的弊端日益暴露，加上此起彼伏的农民起义，统治阶级迫切需要加强思想控制，而炫惑一时的玄学、佛教、道教，这时都由于自身的严重缺陷，丧失了作为统治思想的条件。为了适应新时期、新王朝专制统治的需要，当时儒家的思想家们，在儒、释、道三家长期相互斗争、相互渗透的基础上，以孔孟学说为主，吸收各家之长，建立了以“理学”或“道学”为名的所谓新儒学。

宋代的赵家帝王虽然也礼拜佛老，但似乎对儒家更为垂青。宋太祖赵匡胤多次到国子监主持盛大祭孔仪式，表彰孝悌，亲自主持进士的考选。宋真宗赵恒还跑到曲阜祭孔，加封布衣孔子为“至圣文宣王”。有了这种政治上的支持，新儒学开始勃兴。先有孙复、石介、胡瑗等“北宋三先生”首倡儒学，紧接着周敦颐提出《太极图》，邵雍发挥《周易》先天学，张载论气为万物本体，程颢、程颐兄弟大谈天理，以理为宇宙存在的根据。至此，游离孔子思想实际的新儒学体系基本完成，因为特别重视道或理，所以称为道学或理学。南宋朱熹以程颐的学说为主，吸收各家之长，建立了所谓程朱理学。与朱熹同时的陆九渊，发挥孟子和程颐的学说，明代王守仁又发展了这个学说，建立了所谓陆王心学。在这两派之外还有张载、王廷相、罗钦顺等人的学说。程朱派是主流派，一直占支配地位。陆王派在明末曾泛滥一时。张载、王廷相等比较先进的学说，则因种种原因得不到充分发展。

称为新儒学的宋明理学，就总体而言，不少人偏离了时代前进的方向，偏离了实事求是的学风，以致在客观上对孔子思想没有能像前面所说的孟子、荀子那样积极地有所修正和补充，却在许多方面作了歪曲和篡改。诸如“心外无事，心外无理”（陆九渊、王守仁等），“学者须是革尽人欲，复尽天理”（朱熹），认为寡妇饿死也不能改嫁，说是“饿死事极小，失节事极大”（程颐）等，他们大大发展了孔子思想的消极因素。特别是他们都以道貌岸然的儒家面貌出现，混淆和篡改了原始孔子思想的面貌，使中国的科学文化和民族心理受到严重扼杀和压抑。宋明两个王朝的覆灭，虽还有其他原因，但吃人理学的遗毒是不能辞其咎的，而过去把这些都归在孔子身上是不符合历史情况的。所以清代颜元很感慨地形容这些宋明理学家们说：

> 无事袖手谈心性，
> 临危一死报君王。[①]

作为历史教训，这是值得我们深深反思的。

第五，清儒对宋明理学的批判和力图恢复孔子本义

清初的儒生沉痛地总结了明亡的历史教训，认为理学和心学等理学家们的不正学风的泛滥是误国的重要原因，于是纷纷起来批判宋明理学谈心说性的空疏学风，提倡经世致用的实学，以期反清复明，振兴中华。顾炎武提出以经学代替理学，并且主张治经必须从文字训诂、典章制度等方面的考证入手，进而理解它的本义。

黄宗羲与顾炎武相呼应，在史学上下功夫。他在广泛搜集、精心甄别史料的基础上，写了有关明代哲学史、宋元哲学史等著作，影响深远。黄宗羲已具有民主思想，在《明夷待访录》一书中痛斥君主罪恶，以君主为“天下之大害”（原君），主张君民共主，变学

① 颜元《四存编·存人编》。

校为议政机构来代表民意。这些思想已远远超越了封建主义的界限，显示了民主色彩。与顾、黄有着相同思想倾向的湖南王夫之发展了古代朴素唯物主义思想，在哲学上深刻地批判了程朱特别是陆王的唯心主义论调。他认为，理不是高高在上的东西，而是万事万物本身固有的规律、条理。“天下惟器而已，道者器之道，器者不可谓道之器也”[①]。这就大大动摇了理学的理论基础，暴露了理学的空疏虚妄。这时在河北还有一位提倡践履之学的颜元，他认为程、朱、陆、王教人读书、静坐、反省，极端有害，使人成为“弱人病人无用人”[②]。他们所推崇的“空静之理愈读愈惑，空静之功愈妙愈妄”[③]。颜元主张以实学、习行代替空言，“实文、实行、实体、实用，卒为天下造实绩”[④]。

顾、黄、王等人在批判宋明理学时，都是高举孔孟旗号。颜元说：“程朱之道不熄，孔子之道不著。”“必破一分程朱，始入一分孔孟。”[⑤]他们实际上对孔子思想的积极因素作了某些发展。

第六，近现代批孔运动的复杂背景和孔子真实面貌开始被注意研究

鸦片战争后，中国进入了半殖民地半封建社会，民族矛盾、阶级矛盾非常尖锐复杂。在这种情况下，革命的阶级、政党和爱国人士都在寻求中国的致弱之由和救亡之道。他们中很多人不加分析而笼统地把造成“吃人礼教”的宋明理学当作孔子儒学本身并误以为这正是中国致弱之由，因而把董仲舒提出又为宋明理学所宣扬的“三

---

① 王夫之《周易外传·系辞上传》。

② 颜元《朱子语类评》。

③ 颜元《存人编》卷一。

④ 颜元《四存编·存学编》。

⑤ 颜元《习斋记余·未坠集序》。

纲”“五常”和“天理”“人欲”等一套谬论造成的弱民亡国罪过都误加在孔子身上，于是连续不断地爆发了批判孔子、“儒教”的斗争。在当时情况下，人们来不及或还不可能冷静地、辩证地分析事物，没有区分春秋时代孔子的真实面貌（真孔子）和汉以后被统治阶级及其御用学者西汉董仲舒和宋明理学家们所涂抹、乔装打扮起来的孔子的虚假形象（假孔子），也没有区分原始的和后世的儒学中哪些是积极因素，哪些是消极因素，笼而统之一概批判，一概打倒，这当然是不够实事求是的。但今天看来，当时那种复杂情况，一方面应予以理解，同时也必须切实反思。

近代中国历史上对孔子曾发动过三次大规模批判。第一次是太平天国领袖洪秀全，他说：“推勘妖魔作怪之由，总追究孔丘教人之书多错。”[①] 并且编造上帝在天庭审问和鞭挞孔丘的神话。因此太平军所到之处，常常拆孔庙、焚儒书。可是他们在实践中恰好是大大发展了孔子思想中的糟粕（封建等级制和“忠君尊王”思想等），太平天国后期大封王侯，等级宗法观念泛滥，便是明证。

辛亥革命推翻了清王朝，但没有触动封建势力的基础。封建势力的代表北洋军阀首领袁世凯不仅轻而易举地窃取了中华民国临时大总统的职位，而且加紧与帝国主义勾结，妄想在列强支持下登上皇帝宝座。在思想文化领域里，他定孔教为国教，组织孔教会，大倡尊孔读经，扩散封建毒素。在此情况下，“五四”新文化运动勃兴了。它高举民主与科学两面大旗，宣称向封建专制主义的孔教和封建迷信思想发动强大攻势，于是第二次大规模“批孔运动”以“打倒孔家店”为口号而发动了。

经过长时期的论战，民主与科学的思想深入人心，孔子、儒家

① 《太平天日》。

失去了传统的地位与尊严。这场斗争不仅为1924—1927年的大革命做了思想准备，也为共产主义思想在中国的传播创造了有利条件。

国民党蒋介石与北洋军阀一样，企图利用儒家思想巩固其反动统治。在文化“围剿”中，国民党反动派除对革命的文化工作者进行残酷压迫和屠杀之外，还拿出一些封建主义、法西斯主义的货色与马克思主义相对抗。

中国共产党主张“既不是一概排斥，也不是盲目搬用，而是批判地接受它，以利于推进中国的新文化”[①]。这样一种有分析的态度，实际上纠正了“五四”时期那种或者一切皆好，或者一切皆坏的片面性错误。

十一届三中全会以来，对于孔子这位谁也不能从历史上抹杀的封建时代伟大的思想家、政治家、教育家，我们一定能以实事求是态度，对其消极因素严肃地加以批判和清除，对其正反相混因素加以清理和扬弃，对其积极因素加以继承和发扬，真正做到“古为今用”。

（二）孔子思想中的消极因素和积极因素在中华民族历史上导致了两种不同后果

从上面的简略叙述中，我们可以清楚地看到，孔子思想深刻地影响了中国封建时代的政治、经济、文化和中华民族的心理素质。我们决不能低估孔子思想的巨大影响。孔子思想中的消极因素和积极因素导致了两种不同后果，前者使中国封建社会长期停滞不前，后者则形成了中华民族某些优良传统和特点。这种矛盾现象是孔子

① 毛泽东《论联合政府》，《毛泽东选集》，人民出版社1953年版，第1084页。

思想内在二重性（矛盾性）的毫不奇怪的必然产物。

第一，孔子思想的消极因素与历代腐败封建王朝相结合，是中国社会长期停滞落后的重要原因之一

自从汉武帝罢黜百家、独尊儒术之后，孔子思想中以“忠君尊王”为标志的消极因素就成为历代封建王朝实行专制独裁统治的思想支柱。一个王朝处在上升阶段的时候，统治者鉴于前朝灭亡的教训，确乎能够依照孔子仁政德治的教导，克制自己的贪欲、享乐，对人民实行某种程度的让步，客观上促进了社会生产力的发展。但是，封建特权乃是封建阶级尤其是它的总代表皇帝走向腐化的根本原因，不消几代，他们就会在尊孔读经的声浪中迅速腐败下去。整个地主阶级越来越贪得无厌地压榨农民，兼并土地，追求享乐。他们最后或逼反了民众，或招来了外族的进犯，造成社会大动乱，重蹈前一个王朝的覆辙。

孔子思想中的消极因素对于维护封建制度是起了决定作用的。历代封建统治者都利用孔子“忠君尊王”思想来控制臣民，都在不断减少孔子思想对于上层尤其是帝王的制约，不断加强它对于下层尤其是劳动群众的残暴统治。在君臣、父子、夫妇关系方面，汉代董仲舒提出的“三纲”“五常”明显地加强了君、父、夫对于臣、子、妇的统治。宋明理学进一步加强孔子思想中消极因素的专制色彩，竟造出“君教臣死，臣不敢不死；父教子亡，子不敢不亡”的舆论，而对于妇女则给戴上了更沉重的枷锁，要她们牺牲生命以换取贞节的虚名。历代统治阶级就这样一步步巩固、扩大君权、族权、夫权，再加上他们鼓吹的神权，形成束缚中国人民的四条极大的绳索，因而大大加强了君主专制制度、军阀官僚制度、宗法等级制度，等等。他们虽然没有也不可能从根本上阻止人民的革命斗争，但是毕竟获得过暂时的或局部的成功。

中国封建社会的历史，从某一方面说即是各个封建王朝兴替的历史。孔子思想中的消极因素帮助各王朝的统治者延长国祚，实际上就是延长了封建社会的寿命，使中国社会长期停滞不前。不仅如此，在中国封建社会这块土壤上生长起来的孔子思想中的消极因素，有一种顽强的力量保证着全部社会生活的再生产，就是说，保证封建社会基本上把未来永远复制成过去的模式。他们利用孔子以及后儒所谓“崇本抑末”的成见，限制商业和手工业的发展，特别是限制二者脱离封建经济轨道的发展，使之永远作为地主经济的附庸，这便堵塞了中国资本主义生产关系发展的道路。他们利用并发展孔子轻视生产技术和自然科学的倾向，把历代知识分子的聪明才智完全吸引到读儒家经典，研究伦理道德，乃至通过推举或考试，博取一官半职的道路，从而阻碍了中国科学技术尤其是理论的、实验的自然科学的发展。近代以来封建顽固派利用孔子“明华夷之辨”的思想处理中学与西学之争，坚持闭关自守，拒绝接受西方先进科学技术和资产阶级的民主主义思想与制度，使中国失去一次又一次赶上西方的重要机会。

综上所述，封建统治阶级利用并强化孔子思想中的消极因素，巩固了封建统治秩序，阻碍了生产的发展和资本主义生产关系的萌芽和成长。正如前面所说，各时代起作用的孔子思想，一般是经御用后儒改造过的假孔学或半真半假的孔学，因此把它的反动作用全部推在孔子身上，是不恰当的；但孔子学说本身确已包含了发展为后儒偏见的萌芽，这些萌芽就是植根于孔子思想中的消极因素上的。

第二，孔子思想中的积极因素与劳动人民、进步知识分子相结合形成了中华民族特有的优良传统和社会风尚

孔子思想中的积极因素在中国封建时代部分优秀知识分子（士大夫）中，曾起过深刻的熏陶、哺育作用。在民族生死存亡的斗争中，

很多人把孔子的“成仁”（“有杀身以成仁”）和孟子的“取义”（“舍生取义”）看作照耀自己生命途程的明灯，正是这一熏陶、哺育作用的结果。这种坚持真理、不怕牺牲（“无求生以害仁、有杀身以成仁”）的中华民族的优良传统，在近百年轰轰烈烈的民族解放斗争和人民解放斗争中，为前仆后继的千千万万优秀的知识分子和劳动人民的忠贞先烈所继承和发扬。这种光芒万丈的优良传统，正是孔子仁的人生哲学庞大体系中积极因素长期哺育出来的珍贵成果。

孔子气势磅礴的仁的人生哲学思想中的积极因素在正派的知识分子和广大劳动群众中的传播，形成了中华民族的某些优秀传统。其主要特点，第一是爱国思想的传统。在孔子思想的熏陶下，炎黄子孙具有强大的民族向心力和凝聚力，在民族危亡的关头，许多志士仁人为保卫人民生命财产和民族文化，牺牲了自己的生命。即使在被“异族”征服的情况下，也常常能以自己优良的传统文化（起主导作用的是孔子思想中的积极因素），去影响甚至同化征服者。中国在长期历史过程中能够形成多民族大联合、大统一的国家，孔子思想中的积极因素无疑是重要的决定性条件之一。第二是重视人特别是人才的传统。孔子曾发出过“才难”的感叹。他一贯认为“从政”就在于发现和选用人才，“施教”更是培养和造就人才。在封建时代，重视和尊重人才，虽不能改变贵族统治和王权的实质，但通过贤臣良吏（人才），在一定程度上可以改善和限制王权的滥用，多少实行一点“仁政德治”，不至过于荒淫、残暴。因此，在中国历史上曾有过王者必以大儒为师的美传（如刘备师事诸葛亮），曾有过贤臣敢于直言批评君王的佳例（如魏征“犯颜”批评唐太宗李世民），其结果虽不能根本改变王权的压迫本性，反而加强和巩固了王权统治，但毕竟减轻了它的祸害，有利于人民群众，在不同历史条件下造成人民能安居乐业的不同的“太平盛世”。第三是非宗教的传统。孔子的现实主义态度深刻地影响了我们民族，抵制了本国的和外来的种种宗教，使之不能长期左右和垄断中国的政治和社会生活。中国没有宗教狂热、宗教斗争、教会干政的现象，这不能不说与孔子思想有密切关系。第四是伦理道德和政治相统一的传统。孔子把认真严肃地提高自己的学问道德（“修己以敬”），直接和治国平天下（“修己以安百姓”）联系起来，就是很好的证明。第五是“天下为公”和“世界大同”的思想传统。这就不是解决一个民族一个国家的问题，而是为了解决全人类的问题。即使思想还很朦胧，但确是很有远见的朦胧思想，因而已成为全人类的历史珍贵财富。

二、在国外的影响

（一）对东方国家的影响

第一，孔子与朝鲜。早在公元前三世纪箕氏朝鲜时代，孔子思想便和汉字一起传入这个国家。不过孔子儒家思想得到统治阶级的重视和广泛传播，则是朝鲜封建时代的事情，它和朝鲜的封建制度一起兴盛，一起衰落。

高句丽、百济、新罗鼎立的三国时期（公元1—7世纪）是朝鲜早期封建社会。经过几百年的吸收、消化，儒家思想逐步成为三国占统治地位的意识形态。高句丽与中国联系最密切，建国之初便使用汉字，372年依中国制度建立太学，以儒家的“五经”和“三史”（《史记》《汉书》《后汉书》）教育贵族子弟，以后又大量派遣留学生到中国学习。百济的儒学也是很早就发达起来，285年百济王派遣王仁渡海向日本王子献《论语》《千字文》，可见在此以前儒家典籍已为统治者推重。在中国南北朝时期，百济注意吸取南朝文化，聘请梁的毛诗博士和礼博士前去讲学，百济王公大臣深受儒学熏陶，义慈王“事亲以孝，兄弟以友”，被称为“海东曾子”。新罗在文化上起步较迟，但是发展速度却很快。新罗以儒家思想为基础，吸收佛、道思想，创立朝鲜特有的花郎道。花郎徒把“事君以忠”“事亲以孝”“交友以信”等儒家道德理论当作自己的信条。675 年新罗统一朝鲜。为了给新兴的封建国家培养管理人才，在首都设立国学——儒学的最高学府，大量派遣留学生赴唐学习，并且确立读书三品出身法，以儒家经典和汉文作为主要考试科目来选拔官吏。儒学越来越受到重视，孔子及其弟子的画像开始供奉在太学。

935 年统一朝鲜的高丽王朝，一面尊崇佛教，一面继续推行儒家教化；立文宣王庙，扩充国学，并且令各州立学，实行科举取士。许多大儒还开办私学，著名的有十二所，称十二徒，其中以崔冲的最有影响，以崔冲谥号命名，曰“文宪公徒”。私学的创立使儒学教育具有广泛的群众性，儒学影响更为深刻。

高丽王朝大力表彰义夫节妇孝子顺孙，惩罚不忠不孝之人，因而出现了不少孝子忠臣，如割股肉疗父疾的尉貂、抱着“主辱臣死”信念为王殉难的洪灌，等等。

1392 年取代高丽的李氏朝鲜，属于后期封建社会。李朝统治者改变高丽王朝儒、佛并重的文化政策，全力推行儒教，使之成为唯一正统思想。儒学在李朝达到全盛时期，不过当时儒学主要是朱子学。朱子学在批判佛教过程中起了积极的作用。

李朝政府积极发展儒学教育，中央设成均馆，府县置乡校。民间还开办了无数书堂，参加各类学校学习的除文武两班官员子弟，更有众多的平民子弟。科举制度规定给中科者及其父母以极大的荣耀，如“殿前唱榜，御前赐酒，赐花于盖，优人呈戏，鼓吹前导，三日游街”，父母活着的赐荣亲宴，故去的祭坟等，这便吸引无数青年学子苦读儒经。

为了满足儒学教育的需要，李朝一面大量进口和翻刻中国儒家经典，一面令朝鲜的名儒依据本国情况以汉文、朝文和图画编写各类儒学教材如《礼记浅见录》《孝行录》《五礼仪》《三纲行实》《三纲行实图》等，让忠孝节义的观念普及到包括文盲在内的所有民众中去。这样广泛深入的儒学教育，改变了历来尚武的风气，使全国上下“崇尚信义，笃好儒术，礼让成俗，柔谨成风”[①]。十六世纪后半叶在全国实行的乡约，深刻反映了这一点，乡约内容是“德业相劝，过失相规，礼俗相交，患难相恤”。朝鲜民主主义人民共和国的史学家们认为，“乡约规定的各条，把我国人民的高尚的道德品质，用儒教的三纲五常表现出来”[②]。可见孔子思想影响的深远。

十七世纪至十九世纪，朝鲜的封建制度走向没落，它的精神支柱朱子学越来越表现出保守性。但是，因为朝鲜的资本主义生产关系没有能够冲破封建制度的束缚，少数先进知识分子倡导的实学未能批倒朱子学，所以尽管它已僵化、腐朽，但仍然占据统治地位。

十九世纪末年，日本军国主义势力侵入朝鲜，一面在政治上、经济上奴役朝鲜人民，同时在文化上打击儒学，废止科举制度，以新式学校代替旧式书院，等等，以便摧毁朝鲜人民的传统观念。在民族斗争中，朝鲜民间曾产生一个东学党，提倡以儒学为中心的东学，反对西学。1894年东学党领导农民起义，纲领是：“弗杀人，弗伤物；忠孝双全，济世安民；逐灭倭夷，澄清圣道；驱兵入京，尽灭权贵。”[③]可见在这种特殊情况下，儒家思想还起了积极作用。但是日本侵略者很快改变了对儒学的态度，大搞祀孔、讲经，利用儒学

① 《朝鲜志·风俗》。

② 《朝鲜通史》卷上，吉林人民出版社1973年版，第17章第710页。

③ 王立达《朝鲜简史》第28页。

的忠孝为他们服务。

第二次世界大战后，日本退出朝鲜，朝鲜分为南北两个朝鲜。虽然南北朝鲜社会制度的不同，导致了对孔子儒学的态度也不相同，但有一点是相同的，即孔子儒家思想在原朝鲜都失去了原有的统治地位。

在韩国，第二次世界大战后，由于西方的影响，学术界曾一度倾向于西方学说而忽视对东方传统思想文化的研究。七十年代后，中国在国际上的地位逐渐提高，欧美各国对中国的研究不断加强，这就促使韩国感到有必要加强对本国传统思想文化及孔子儒学思想的研究。最近韩国的一些少壮派伦理学家正在研究中国的礼教对朝鲜历来伦理道德的影响以及现代韩国伦理道德观念中中国传统礼教所起的作用等。直到现在，韩国仍把孔子儒家的“慎独”“反求诸己”“克己复礼”“勿自欺”等看作是自己的传统美德。特别是韩国当局将《易经》的八卦图当作为国旗的标志，说明孔子儒家思想对今日的韩国影响仍然很深。

在朝鲜，第二次世界大战后，对中国传统的孔子儒学及其在朝鲜的影响，一直注意研究。例如，在 1962 年出版的郑振锡、郑圣哲等合著的《朝鲜哲学史》中便对儒家思想内容、性质及其在朝鲜的传播和影响都作了论述，并对朱子学进行了剖析。为了进一步开展这方面的研究工作，朝鲜的学者们正着手进行儒经和汉文古籍的整理工作。

根据上述情况可以看出，孔子儒家思想和朝鲜思想文化的发展关系甚为密切，两千多年来孔子儒家思想和朝鲜的民族思想文化已经融为一体。时至今日，包括孔子儒家思想在内的朝鲜民族思想文化必将连绵不断地发扬光大。

第二，孔子与日本。285 年，百济博士王仁渡海到日本，向菟道稚郎子献《论语》和《千字文》。一般认为，这是儒家学说传入日本之始。

儒学的传入促进了日本古代教育事业的发展。王仁及其他渡日学者，在宫中讲授《论语》《千字文》等儒书，使日本真正有了自觉的文化教育。不久，出现了最早的学校——学问所，专门负责向王子、大臣们传授儒家经典。教育范围虽然不算大，但影响是深远的。513年开始设立五经之学。到7世纪，由于圣德太子的倡导，儒学教育进一步发展。孝德天皇朝置国博士，天智天皇朝设立学校，文武天皇朝颁行大宝令，规定首都设大学，各国设国学，向学生教授《周易》《尚书》《三礼》《左传》《孝经》《论语》，皆以汉魏古注为准。从奈良到平安时期（710–1192）官吏的选拔考试，题目都是有关儒学和汉学的。

随着儒学教育的发展，儒家思想逐渐被统治阶级的一些代表人物所接受。到了推古天皇朝的圣德太子，制定十七条宪法，除第二条要求笃敬佛家三宝（佛、法、僧）外，多为儒家思想，如第一条“和为贵”，第二条“国非二君，民无两主，率土兆民，以王为主”，反映了儒家的中庸和忠君观念。他所制定的十二级冠位制，也以儒家德目“德、仁、礼、信、义、智”（分大小）作为各级的名号。

儒家思想对日本古代政治生活也有相当的影响。大化革新（645年）和大宝令（701年）的制定，是日本古代史上的重大事件，它们使日本从原始的有氏族色彩的国家转变为中央集权的“法式备定”的律令国家。大化革新和大宝令都是学习隋唐文化的结果，其中有不少内容是以儒家经典为依据的。

与此同时，孔子的地位在不断提高。大宝令规定，大学和国学在每年春秋的两个仲日对孔子举行释奠之礼，这种祀孔仪式一直延续下来。开始称孔子为“先圣孔宣父”。768年，敕称孔子为文宣王。

后来祀孔不限于学校，政府官员也参加，执政者藤原基经在释奠之日，率公卿祀孔子，并且让明经博士宣讲《周易》，对孔子的礼拜更加隆重。

从镰仓时代到江户时代的六百多年间，是日本的封建时代。占统治地位的封建领主阶级，由各级武士组成。古代天皇制度解体，天皇名存实亡，中央政权掌握在武人的幕府手中。武士阶级面临着与农民和商人的矛盾，与天皇的矛盾，与西方列强的矛盾，而武士阶级内部从将军、大名（诸侯）到中下级武士如旗本、御家人等也都存在着矛盾。经过长期的探索，最高统治者将军认识到，要处理这些矛盾，维护封建秩序，除了武力镇压，更要靠儒家思想的教化。这样，儒家思想越来越受重视。到江户时代，德川幕府奉儒学为圣教，大力提倡尊孔读经，用行政手段严禁“异学”，遂使儒学成为占统治地位的意识形态。

历代德川将军都是儒学的热烈拥护者。德川纲吉在本乡建大成殿，置孔子及十哲像，按时举行释奠之礼，时常亲自讲解经书。德川义直著《礼仪宝典》，把儒家理论和日本神道配合在一起。他们建起日本最大的孔庙，设立最高儒学学府昌平坂学问所，大量出版儒家典籍。在他们的影响下，各地诸侯也建孔庙、办学校。这样就使儒学教育空前地发展起来。

德川幕府推重的是儒学中的朱子学，这个学派作为官学，拥有众多学者和很大的势力。由于儒学的强大影响，反对朱子学的理论，在相当长的一段时间里，也不得不采取儒学的形态，不过是朱子学之外的分支罢了。于是便出现了古学、阳明学、南学、古义学、古文辞学，以及折中派、考据派等。这是日本儒学的鼎盛时期。

儒学各派共同维护家长制道德，最突出的是孝。朱子学派的贝原益轩强调父母对子女要严而不可溺爱，子女则要百般顺从父兄，

“受父母兄长之责，虽怒亦不要反驳父兄之是非，应畏而慎听之”[①]。他们沿着孔子轻视妇女的思想路线前进，认为妇女应该恪守“三从”“四德”，严防“五病”“七出”，给妇女戴上较为沉重的枷锁，使她们的地位更低下，命运更悲惨。无怪乎朱子学派的代表人物室鸠巢说：“天地之道即尧舜之道，尧舜之道即孔孟之道，孔孟之道即程朱之道。”[②]把孔孟程朱之道看成天经地义。

在封建时代形成的武士的道德——武士道，也与儒家学说有着极深刻的关系。它的主要道德规范如忠、义、勇、礼及其说明，如“得主尽忠”“舍生取义”“见义不为无勇也”，“非礼勿视、听、言、动”等，都来自儒家典籍，有的就是孔子原话。

1868年明治维新之后，日本走上资本主义道路，建立了近代天皇制。天皇制的经济基础，一方面是半封建的土地制度，另一方面是由国家资本及政商特权资本统治的资本主义制度。这便决定了日本在政治上实行专制主义，在思想、文化上吸取并发展儒家思想的封建主义成分。作为国民教育和精神生活指导文件的明治天皇《关于教育的敕语》，把日本的神道和儒学融为一体，说：“斯道实为我皇祖皇宗之遗训，子孙臣民所俱应遵守。”“皇祖皇宗……以臣民克忠克孝，亿兆一心，世济厥美，为国体之精华。”它强调“重国宪，遵国法，义勇奉公”，“孝于父母，友于兄弟，夫妇主和，朋友有信”[③]，等。因此，明治以来尊孔之风有增无已。

第二次世界大战后，特别是1949年新中国成立后，日本人士出于中日友好的情谊，研究中国孔子儒家思想的人不断增加，已形成

---

① 转引自《日本史》第215页。

② 转引自《日本史》第216页。

③ 转引自宇野哲人《儒教与日本精神》。

一支可观的力量。所以，一些西方学者认为除中国本身外，在世界上日本是研究孔子儒家思想成果最多的国家。可以说，从日本明治维新以来的一百余年中，日本对中国孔子儒家思想的研究从未间断。这一时期，孔子儒家思想对日本的影响也同样很深，日本朝野人士特别是学者对孔子的评价同样很高。例如，日本著名史学家桑原骘藏赞扬孔子是一位“平凡的伟人”，认为他没有什么“奇迹和预言”，“始终不离人界，以活人始，以活人终”，认为孔子是“像吾人一样平凡的凡人”，但经过不断努力而达到了伟人的地步，因此孔子可以成为人们学习的榜样。日本朝野人士对孔子和中国传统思想文化的景仰已成为中日友好的标志。

孔子儒家思想在日本传播和发展的主要特点是与其原有思想文化相融合，也就是所谓儒学日本化。日本化了的儒学不仅深刻影响了千余年来日本社会的发展，而且直到现在日本已成为发达的资本主义国家时仍然具有很大的影响。例如日本前首相中曾根就曾明确表示，“日本要把民主主义、自由主义的想法和孔子的教导调和起来”。有的日本学者甚至提出要在日本建立新孔夫子的资本主义。这就表明直到现在孔子儒家思想在日本仍有活力，成为日本资本主义精神文明建设的重要思想来源[①]。

近年来，全世界都以惊异的目光注视着战后满目疮痍的日本，仅仅经过短短三十年左右的时间，就发展成为一个超级经济大国。这实在太神速了。奥秘到底何在？前新加坡驻日本、南朝鲜特命全权大使黄望青教授的回答是：“很简单，只有一句话，东方文化与西方科技的巧妙配合。”这里所谓东方文化，主要就是指以孔子儒家思

---

① 杨焕英《孔子思想在国外的传播与影响》，教育科学出版社 1987 年版，第 139–141 页。

想为核心的中国传统思想文化中的积极因素。所以黄望青教授又说："'同舟共济'，'先天下之忧而忧，后天下之乐而乐'，这些千百年来颠扑不破的古训加上"'公而忘私'，这些都是东方的美德，也是日本学自中国的文化遗产。"又说："'得人心'是东方古来治国为政的明训。要提高生产力，少了这味'甘草'，药力也会不大见效的哩！"[①]

第三，孔子与越南。越南为中国之毗邻，自古以来中越之间关系十分密切。孔子及儒家思想在越南传播之久远及影响之深广是中外闻名的。秦始皇时已在越南北部和中部设置象郡。秦末汉初，孔子思想及儒家经典即已开始传入越南。

公元前 111 年，汉武帝在越南设交趾、九真、日南三郡，之后越南历中国东汉、三国、两晋、南北朝、隋、唐而至五代，为时一千余年均为中国郡县。孔子思想逐步深入越南，并对越南思想文化、民族风情及越南封建化的过程和发展都产生了很大的影响。对此作出重大贡献的有东汉初年的交趾太守锡光和九真太守任远，他们以儒术治理越南，越南史书《大越史记全书·外纪全书（卷之四）》载："及锡光守交趾，任远守九真，建立学校，道以礼义，由此而降，四百余年，民似有类。"

三国时代的交趾太守士燮精通儒学，治理交趾长达四十年，他为儒学在越南的传播更加奠定了良好的基础。在士燮为交趾太守期间，适逢中原动乱，汉之名士多往交趾避难，经学家许慈、许靖、刘熙、程秉等协助士燮传播经学，将中国的先进文化传播到越南。越南史学家吴士连说："我国通诗书，习礼乐，为文献之邦，自士王（即士燮）始，其功德岂特施于当时，而有以远及于后代，岂不盛矣

① 引自黄望青教授《他山之石·论日本、新加坡经济发展之奥秘》，西南师范大学出版社出版，第 105、395 页。

哉！”[①]

西汉、三国时期，特别是公元二世纪末叶，不仅有大量的中原人士远走他乡、南下交趾，越南的士人也有跋涉千里、北至中原的，不仅学了儒学，而且在东汉做了官。

隋唐时代，唐在交州设都护府，派儒者统治越南，在越南大兴文教，振兴儒学。此时来往于中原与越南之间的文人学者络绎不绝，孔子思想在当时虽未取得统治地位，在民间也尚不如佛教普及，但在越南文人学者中特别受到尊崇。

1010 年，李公蕴在越南建立起李氏王朝，越南封建社会进入了新的发展阶段。李朝为了发展封建集权的政治制度和封建经济，稳定封建统治秩序，便更加提高儒学地位，大办儒学学校，贯彻以儒学为内容的科举制度，修建文庙供奉孔子，大量引进儒学经典等。据《大越史记全书 · 本纪全书（卷之三）· 李纪（二）· 圣宗皇帝》载，“神武二年（宋熙宁三年，1017 年）……秋八月，修文庙，塑孔子、周公、四配像，画七十二贤像，四时享祀，皇太子临学焉。”这是越南修文庙、祀孔子的最早记载，也是使儒学在越南儒教化、使孔子偶像化的开始。此庙建在首都升龙（今河内），1171 年（宋乾道七年）李英宗时，又加修“文宣王殿”，于是“假孔子”形象也输入到越南。科举和仕途的结合，大大抬高了儒学在社会上的地位，更加强了孔子思想在越南的传播。但李朝儒士人数还较少，儒学虽大大兴起，尚未能取得统治地位。李朝末年政治腐败，引起农民不断起义，到 1225 年李朝女王被迫让位陈日煚，是为陈朝。

陈朝（1225—1400）鉴于李朝末年农民的反抗斗争，更感到有以孔子思想来整顿社会秩序的必要。除了以儒学为内容的科举取士、

---

① 《大越史记全书 · 外纪全书 · 士记》。

增修文庙祭祀孔子、大量输入儒家经典外，在教育方面，在两个多世纪的时间内逐渐建立起从中央到地方、从官学到私学的一整套儒学教育制度。不仅如此，在此类学校之上还专设学习机构，为皇位继承人及皇室子弟进行儒学教育。结果从皇子直至私塾招收的民间子弟，从上到下普遍接受儒学教育，使得孔子思想影响更加深刻、广泛，儒学地位在社会上逐渐占了优势。

1400 年，陈朝外戚胡季犛在夺取政权，建立了胡朝。胡氏本人虽积极提倡儒学，但不同意程朱理学的观点，而用自己的见解重新解释儒经。而且为了推行儒家学说，他还把许多经典译成方言，并积极倡导过去一向用汉字写诗作文章的儒生使用本国文字“字喃”①，这对于孔子学说在越南的普及和儒学的越南化起了有力的推动作用。儒学在越南得到更进一步的发展。

孔子思想变为封建社会统治阶级的正统思想，则是 1428 年黎利建立后黎王朝以后的事。后黎王朝为尽快整顿封建等级尊卑秩序，恢复遭到严重破坏的封建经济，决定效法中国，独尊儒术，从政治、经济到文化教育乃至规范民风民俗，均按照儒家的主张办事。儒学在越南步入了全盛时期。

后黎以后，随着孔子思想之位居独尊，孔子也被尊崇到了极高的地位。黎显宗景兴十六年（1755 年），尊孔子为王，文庙中的孔子改用王者之服——衮冕服，孔子被神化，布衣孔子变成王者的假孔子形象，在越南就更加突出了。

1802 年阮福映在镇压西山农民起义后，建立起越南最后一个封建王朝——阮朝。阮朝继黎朝之后仍以孔子思想为统治思想，独尊

① 当时越南借用汉字，有时写越南语而借用汉字或仿照汉字形式创造的越南字。“字喃”是越南文之意。

儒学。尽管如此，越南封建制度在内忧外患和长期的战乱中至此已无可挽回地衰落下去。1884 年《顺化条约》后，越南沦为法国的殖民地。为了巩固殖民统治者在意识形态方面的控制，为了消灭越南人民的民族意识和民族思想文化，殖民统治者把矛头直指已成为越南传统民族意识的儒家思想，对研究儒学的人进行种种迫害。1918 年废除了在越南通行了千余年的汉字和以汉字为基础的“字喃”，采用拉丁化文字。1915 年至 1919 年间，越南中部和北部先后废除了以儒学经典为考试内容的科举考试制度。虽然儒学失去了原有的统治地位，但并没有完全销声匿迹。孔子思想在社会上的深远影响也绝非殖民者所能轻易消除。

第二次世界大战后，1945 年 9 月 2 日，越南成立了以胡志明为首的越南民主共和国，虽高举反帝、反封建的旗帜，但对包括孔子思想在内的文化遗产并不采取全盘否定的虚无主义态度。至于如何以马克思主义为指导对包括孔子思想在内的越南民族文化做更多的具体研究，因战事频繁尚未能更好地进行。但深入民心的孔子思想的积极影响必将和越南人民一道长期存在和发展下去。①

（二）对西方国家的影响

前面介绍了孔子思想在东方的情况，再看一看西方国家的人民和学者们是如何看待和评价孔子的。

第一，孔子与欧洲。明末西方传教士纷纷来华讲经布道，对于中国的传统观念和礼仪，如祭祖、祭孔、祭天等的看法有严重分歧。他们之间的意见分歧发展为严重的争吵，于是连篇累牍地撰文写书，

① 本节资料主要参考杨焕英著《孔子思想在国外的传播与影响》一书。

阐明自己的观点，这样就有意无意地向欧洲各界介绍了中国的历史、文化、风俗、习惯，包括中国的各种思想流派，特别是占统治地位的孔子儒家思想。1687 年，巴黎出版了《大学》《中庸》《论语》的拉丁文译本，孔子学说正式传入西方就在这一年。

德国自然科学家、数学家和哲学家莱布尼兹是较早接触儒家学说的一位西方学者。早在 1676 年，他就已经读过儒家书籍，1689 年后与在华耶稣会士闵明我等人建立了联系，使他更多地了解了中国的情况。莱布尼兹认为，在政治、伦理方面，中国远胜于欧洲。中国人“服从长上，尊敬老人，……尊敬两亲……”，中国的农夫婢仆之间的交际都彬彬有礼；中国帝王康熙也十分贤明。他认为，在理论科学方面，中国不如欧洲，因此中国可以把实践哲学即政治、伦理等传给欧洲，而欧洲把理论科学传给中国，以便共同促进人类的幸福。莱布尼兹在 1678 年创立了以 0 和 1 两元素表示所有数字的二元算术。当他二十年后看到《周易》六十四卦卦象时，兴奋异常，以为中国古代的圣王伏羲几千年前已经运用二元算术的原理安排六十四卦的顺序了。他说：“这个《易图》可以算现存科学之最古的纪念物。然而这种科学，依我所见，虽为四千年以上的古物，数千年来却没人了解它的意义。这是不可思议的——它和我的新算术完全一致，……要是我没发明二元算术，则此六十四卦的体系，即伏羲《易图》，耗费了许多时间也不会明白的罢！”[①] 按宋儒邵雍《先天图》所排六十四卦的次序，从坤䷁开始，到乾䷀结束，如用 0 代表 --，用 1 代表 —，那么以二进制表示，坤为 000000（即 0），乾为 111111（即 63），从坤到乾恰为十进制的 0 至 63 之数。中国古人不自觉地运用了二元算术，莱布尼兹用二元算术来解释它，使他更

① 转引自朱谦之《中国思想对欧洲文化之影响》第 211 页。

感到二元算术的妙用。

德国哲学家沃尔夫是继莱布尼兹之后的一位儒家文化崇拜者。莱布尼兹用拉丁语写作，沃尔夫则主要用德语在大学中讲授中国哲学，因而他的影响更大。1721 年他在哈尔大学讲《中国的实践哲学》，极力赞美儒教，并有轻视基督教倾向，结果被国王赶出普鲁士。这种粗暴的镇压不但没有搞垮沃尔夫，反而使他在德国和欧洲名声大振。沃尔夫认为，儒学是中国传统精神，是由古代国王兼哲学家的尧舜等创立、经孔子发扬光大的思想；儒家学说以自然和理性为基础，与基督教的神启和信仰并不矛盾，两者可以相辅相成。这就明白告诉人们，基督教要用儒家道德原则作补充。他赞美中国儒学的理性主义，认为只有理性是真正的道德原则。沃尔夫以理性取代信仰的倾向，产生了深刻的影响。他的再传弟子康德写《纯粹理性批判》，放逐信仰，为理性争阵地，使德国古典哲学有了生气。

中国文化在法国引起了更广泛的兴趣。中国和孔子不仅是知识界讨论政治、宗教问题的题材，也是文艺和娱乐的题材。法国宫廷在十八世纪的第一个元旦，举行华人假面舞会，剧院中不时演出中国戏剧。有人曾经说，十八世纪的法国人对于中国要比对于欧洲任何国家知道得多。这固然有些言过其实，但可以从中看出当时的中国热。

十八世纪上半叶是法国大革命的前导启蒙运动走向高涨的时期，启蒙思想家们崇拜理性，反对教会。中国文化，特别是孔子思想在他们面前展现了一个非基督的世界，使他们欣喜欲狂。启蒙学者的最大代表伏尔泰说："欧洲的王族同商人发现东方，只晓得求财富，而哲学家则在那里发现了一个新的精神的与物质的世界。"① 他把他心

① 伏尔泰《礼俗论》第 143 章。

目中的中国与西方对比，尖锐批评基督教和法国的专制政府。他赞扬孔子“只诉诸道德，不宣传神怪”[①]，在孔子思想影响下，中国人具有完备的道德。

在政治上伏尔泰主张开明专制，反对君主专制，因为它是君主不守法律、任意剥夺人民生命财产的政治。他认为与此相反的是开明专制，中国即是这种开明专制的模范。在中国，政府要遵守法律，以增进人民福利为第一义务，人民则把君主官吏看作家长，敬重并且顺从他们。他说：“人类的智慧不能想出比中国政治还要优良的政治组织。”

伏尔泰对于孔子十分崇拜。他认为孔子的“己所不欲，勿施于人”，“以直报怨，以德报德”，是超过基督教义的最纯粹的道德。为了宣传孔子的伦理思想，他把中国的戏剧《赵氏孤儿》搬上法国舞台，他为此剧本写的副题即是《五幕孔子的伦理》。他认为孔子是天下唯一的师表，在自己的礼拜堂里悬挂孔子像，写诗赞美，朝夕礼拜。

十八世纪六十年代形成的百科全书派把启蒙运动推向高峰。百科全书派的领袖狄德罗对中国文化特别是孔子学说也十分倾倒。他认为孔子学说简洁可爱，不要暴力和迷信，强调以道德、理性治平天下，与基督教完全不同。百科全书派的另一位代表人物霍尔巴赫主张以儒家道德来代替基督教道德，像中国那样把政治与道德结合起来。他说：“中国可算世界上所知唯一将政治的根本法与道德相结合的国家。这个历史悠久的帝国向人们显示，国家的繁荣须依靠道德。在这片广大的土地上，道德成为一切合于理性的人们的唯一宗教。”“在中国，法律充满圣智，甚至曾经征服中国的野蛮的满洲人亦为所屈服。这就是说，理性对于君主的权力发生了不可思议的效

① 伏尔泰《礼俗论》第16章。

力，使中国的征服者反而被征服了。”[①]

在世界经济思想史上占有重要地位的法国重农学派，对孔子学说也很推崇。重农学派领袖魁奈认为，只有农业才是一切国家财富的源泉，只有农民是唯一的生产阶级，这是孔子和中国历代帝王早就知道的。他认为，他所提倡的自然法，即依自然规律行事，实际上是儒学提倡的天理。他说："中国文化均依据于天理天则，天理天则即不外乎自然法。"[②] 他认为中国专制制度是开明的合法的专制制度，君主依法而不是凭个人好恶行使主权，是世界上最好的政治形式。魁奈著名的《经济表》，也被认为是继承了孔子的思想。他的弟子大米拉博曾说："孔子立教的目的，在于恢复人类的天性，不再为愚昧和情欲所隐蔽，所以他教人敬天，畏天，爱人，战胜物欲，勿以情欲衡量行为，应以理性为标准；凡是不合理性的，叫他们勿动勿思勿言。宗教道德优美到这个地步，真是无以复加了。但是还有一件要事待我们去做，就是把这种道德教训普行于世界，这就是吾师的事业。他已发现了自然所给的秘传，这就是经济表。"[③] 因为魁奈如此敬重孔子，他自己也得到了"欧洲孔子"的雅号。

启蒙学者和重农学派学者之所以推崇孔子，一方面是因为孔子思想中具有尊重理性、道德，排斥迷信、暴力的因素，另一方面是因为上述思想家需要有一种不同于西方基督教的文化，不同于基督的权威，给自己以启发、借鉴、支持与鼓舞。他们心目中的孔子和中国是根据需要美化了的，与孔子和那时的中国有很大距离。然而这种需要并不是绝对的。因此同是启蒙派学者，因文化素养不同，

---

① 霍尔巴赫《社会体系》第 1 卷第 86 页。

② 后藤末雄《支那思想的法兰西西渐》第 414 页引魁奈《中国专制政治论》第 8 章。

③ 《关于经济与哲学》，转引自朱谦之《中国思想对于欧洲文化之影响》第 286 页。

孟德斯鸠和卢梭对中国的看法就跟伏尔泰颇不一致。

孟德斯鸠是君主立宪和三权分立政治理论的倡导者。对于中国文化，他既看到优点，也看到缺点。他认为，中国的重农思想、礼治思想和对专制制度、宗教迷信有匡正作用的儒家学说，都是中国文化中的瑰宝。但是，他指出，中国是专制国家，对待帝王若有些小过失，都可以用大不敬罪处死乃至灭族，造成许多冤狱。他还指出，中国历代王朝的开国君主，鉴于前朝覆灭的教训，都能崇尚道义，禁止淫侈，然而后来的继位者奢靡腐化、倒行逆施，与前朝的末代完全一样。他认为中国风俗也有弊病，统治者治民，荣耀与惩罚并用，人民一有不当，立即遭受鞭挞，这样的人民怎么会有光荣感呢？他指出的这些缺点，实际上是符合事实的。

卢梭，这位著名的《社会契约论》的作者，对中国文化的态度与伏尔泰正相反。他有一个理论，认为科学艺术的发展将败坏礼俗，例证便是中国。其实，以孔子学说为中心的中国文化，是一个复杂的体系，它在历史上的作用也是多方面的，执其一端而进行全盘肯定或全盘否定都是片面的。

总之，在十八世纪的欧洲尤其是法国，虽有反对孔学的论调，但是基本倾向是赞扬、倾慕；孔子思想确实启发了启蒙派思想家的头脑。然而到了十九世纪，欧洲大陆上资产阶级在政治和思想领域里的革命已经完成，发展了资本主义生产并且开始发动对中国和东方的侵略，这时中国成为西方舆论攻击的对象，孔子形象也一落千丈。他除了在侵略中国时尚被利用之外，在正常的政治和文化生活中已渐被人们忘却，仅仅成为少数学者的研究对象。

孔子学说展示了不同于基督教、佛教、伊斯兰教等文化的另一种文化，它为中国封建文明的高度发展作出了贡献，其积极因素，按照列宁关于人类文化继承性的原理经过必要改造也可以为进步的社会制度服务。有人认为，日本经济的奇迹，应归因于西方技术与孔子伦理思想的结合，这不是没有道理的。西方社会的发展导致千百万家庭关系的破裂、人与人关系的冷漠乃至道德的沦丧，这种情况促使西方一些思想家向孔子学说寻求关于解决伦理道德问题的启示。这种对孔子学说的兴趣，将在未来的漫长岁月里方兴未艾地持续下去，在研究、批判和扬弃的过程中，孔子思想中所包含的人类智慧的积极成果，终将得到合理的发扬光大。

第二，孔子与美国。孔子思想传入美国大约在十八世纪末，比欧洲晚约一二个世纪。开始也是靠传教士，他们在传教活动中深感要在中国立足必须认真对待中国传统思想文化，从事对中国问题的研究。因之在早期来华传教士中涌现出一批汉学家，这批汉学家同时也把孔子思想传到了美国。进入二十世纪后，有关孔子思想的研究，随着美国对华政策和国际形势的发展而不断加强。增设了研究机构，哈佛燕京学社、太平洋学会美国委员会等都以研究中国问题著称；设立了各种基金会，以提供研究资金；扩大了研究队伍；大量搜集中文资料，甚至采取不正当手段获取中国文献古籍。二十世纪上半叶，研究孔子思想的一些学者对孔子评价有两种截然不同的观点。例如，孟录受反华思想影响，对孔子、特别是对他的教育思想持完全否定的态度，他甚至把孔子看成是“中国‘复古主义’反动势力的总代表”。但多数汉学家不同意他的观点，如威尔·杜伦在他所著《哲学概论》中不仅充分肯定了孔子学说的反宗教性，而且认为“孔子与苏格拉底、亚里斯多德等言论极其相似，把道德和智慧看做一件事”，他们教育的目的是使“人格的全面发展”①。卜德同样肯定了孔子学说的反宗教倾向，并

① 威尔·杜伦著、詹文浒译《哲学概论》，1931 年。

认为“主要是孔子学说的道德观孕育了中国文明的精神基础”[①]。

第二次世界大战期间，出于战争的需要，美国曾训练和派遣了上千名人员到中国担任翻译和情报工作。战后，这些人多数进入大学或研究机构从事对中国问题的研究，其中最著名的有费正清，他后来被称为“中国通”。此外，又有不少中国学者加入美籍，在美定居，如陈荣捷等。研究中国学的队伍不断壮大，致使西方研究中国学的中心自欧洲转向了美国。新中国成立后，主要是中美关系改善以后，美国对中国学的研究更是迅猛发展，研究中国的机构超过千个。许多著名大学还开设中国学方面的课程。美国学者对孔子儒家思想的研究比较广泛、深入，涉及孔子思想的各方面，其中有些论述也是颇有见地的。例如克里尔在谈及孔子的哲学思想时认为，孔子感兴趣的是“人道”而非“天道”，孔子把“天”看作是一种“非人格的道德力量”，把“命”看作是“生命的命而非命运的命，是人力所能控制的命”[②]。陈荣捷认为，“孔子确实可以说从总的方面铸造了中国文化”。他还说：“最重要的是，孔子发展了‘仁’的新概念，使它成为中国哲学的一个中心问题，……孔子不是像古代那样将‘仁’视作一种特殊的美德，而是将它改造成为普遍的美德，……很明显，孔子是一位创造者，也是一位传播者。”[③]

费正清对儒家的“以善为治”的政治理论大为赞扬，认为“儒家在多数帝国的统治者们主要依靠宗教权威的时候，却为当朝的政权提供一种合乎于理性的道德权威，以行使他们的权力，这是一个

---

① 卜德等著、陈澄之译《中国之传统思想》，《新中华》1948 年第 6 卷第 6 期，中华书局印行。

② 陈景磐《西方学者孟录、顾立雅等论孔子的教育思想》，《北京师范大学学报》1981 年第 1 期。

③ 陈荣捷著、钱耕森译《孔子人文主义导言》，《中国哲学史研究》1983 年第 4 期。

伟大的政治发明”[1]。美籍华裔学者张灏认为，“儒学具有实际的社会政治意义，而不完全是个纯粹的哲学思辨体系”。施忠连提到“国外学者不仅强调中国传统思想方式的作用，还认为中国传统思想有其内部活力，并且有应付近代民族危机的能力”[2]。美国学者詹姆士·格莱格说，孙中山曾讲过他的理论是“古代中国孔子学说的发展与继续”[3]。

关于孔子的伦理思想，美籍华裔学者林毓生认为，“儒学把人们内心精神和道德修养作为治理社会和研究学问的根本”[4]。美籍华裔学者杜维明说：“儒家思想的原初形式是环绕着孔子的仁学而展开的，这套思想有成熟的道德理性、浓厚的人文关切和强烈的入世精神。”[5]

关于孔子的教育思想，克里尔与前面提到的孟录的观点完全不同，他认为“孔子的教育思想，无论是关于教育的目的、对象，还是关于教育的内容、方法，都体现了鲜明的民主主义思想。”克里尔在对待孔子的研究上明确指出：“孔子的真正思想常被历代中国封建帝王或思想家所歪曲，这些人是要利用孔子的名义以谋取个人的权利。”因此他很赞赏欧洲那些启蒙学者能够去掉中国历史上蒙在孔子身上的灰尘，把孔子的本来面目公诸于世[6]。这是符合历史实际的，也正是研究孔子思想实事求是的科学态度。

在评价孔子思想与当代中国关系时，美国也有两种截然不同的观点。美国的中国思想史专家雷文逊认为儒家思想有碍现代化，美

---

① 费正清著，孙瑞芹、陈泽宪译《美国与中国》，商务印书馆1971年版，第57页。

②③④ 施忠连《国外研究中国近代哲学动态》，《中国哲学史研究》1983年第2期。

⑤ 杜维明《孔子仁学中的道学政》，《中国哲学》第5辑。

⑥ 陈景磐《西方学者孟录、顾立雅等论孔子的教育思想》，《北京师范大学学报》1981年第1期。

国的新韦伯派认为儒家文化培养出来的人格是压抑个性（牺牲自我、成全团体、顺服权威）的。但美国的中国学家史莱岳克认为，“孔子的人格和他工作的成绩，值得受到中国以及全世界人民的最高敬意”。他说：“中国要改革，但如果对孔子不感兴趣，那将是最可悲的。”[①] 对孔子的不同看法的争议是一件好事，因为孔子是人类历史上名人之一，从各方面加以评论，孔子本来的伟大面貌及其现代价值就可以看得更清楚了。

总之，美国学术界对孔子思想进行了多方面的研究和评价。这再一次说明孔子在中国和世界历史上的地位的重要性。

第三，孔子与苏联。孔子儒家思想大概在两汉时即已传入中亚细亚一带。清康熙时，沙俄曾派遣留学生来华学习，学习内容之一便是儒家经典。此外，沙皇彼得一世还派传教士来华活动。自 1715 年到 1860 年间，沙俄先后派有十三批传教士。这些传教士来华的主要任务就是搜集情报和研究汉学，所以在这些传教士中涌现出一批汉学家，他们把儒家经典翻译成俄文，有的还著书立说，介绍孔孟思想。尽管他们研究孔子有着某种政治目的，但其中有些译著还是有一定学术价值的。他们对孔子思想给予了很高评价。这些传教士中的汉学家对儒家思想传入俄国起了很重要的作用。

十月革命前，俄国汉学家对孔子思想进行了多方面的研究，其中包括政治、经济、哲学、伦理等思想，特别有关教育思想研究得较多。他们认为“孔子是使学术和教育成为人民财富的第一个人”。我们应当看到，在这一时期沙俄学者的译著中，虽不乏较好的见解，但也有一些是没有什么学术价值，甚至是曲解的。

---

① 陈景磐《西方学者孟录、顾立雅等论孔子的教育思想》，《北京师范大学学报》1981 年第 1 期。

十月革命后，主要是第二次世界大战以后，苏联又培养出大批研究中国问题的新生力量，虽重点研究现代，但也不放弃对中国古代历史问题的研究。苏联出版的一些百科全书和著作等也有不少是介绍孔子及其思想和中国传统思想文化的，例如苏联研究中国问题的高级研究员尼·特·费德林就著有《〈诗经〉及其在中国文学中的地位》《评〈书经〉、〈诗经〉和〈易经〉》等。

苏联学者对待孔子学说基本上有两种不同的看法，一种认为“孔学是宗教”，儒学是着重在伦理道德和社会政治思想领域进行说教的宗教[①]。Б.А. 维金斯基主编的《苏联小百科全书》虽然也说孔学是孔教，但认为“孔子学说有进步的启蒙教育的倾向”。又说：“孔子死后，在他的信徒中，发展孔学中进步因素的唯物派和使孔学向神秘方面发展的唯心派之间进行了斗争。随后，孔子学说变成了中国历代统治阶级的正统宗教——孔教。”[②]另外一些学者不同意孔学是宗教的说法，认为孔子学说不是宗教，其本人也不是教主，不是神，而是人，是一位思想家、教育家、政治家。苏联的一些学者说“孔学是宗教”，这是违背历史事实的，中国不存在孔教的问题，孔子自己是“不语怪、力、乱、神”的人，怎么会建立一个宗教呢！敦尼克等一些学者在所主编《哲学史》[③]一书中对孔子思想则做了符合历史唯物主义观点的分析。他们认为“应区别孔子思想本身及后来统治阶级对孔子思想的利用”，并指出，“孔子有许多合理思想，特别是他的个人修身思想，在中国文化史上是起过积极作用的。他的学说既包含有

---

① и.А. 克雷维耶列夫著《宗教史》中《中国宗教》，莫斯科思想出版社 1975 年版。

② Б.А. 维金斯基主编《苏联小百科全书》(第 3 版) 第 4 卷，苏联百科全书出版社 1959 年版，第 1185 页。

③ 敦尼克、约夫楚克、凯德洛夫、米丁、特拉赫坦贝尔主编，中共中央马恩列斯著作编译局译《哲学史》第 1 卷，三联书店 1959 年版，第 58 页。

进步的思想，又宣传对祖先的崇拜，维护传统的宗教仪式，因此后来统治阶级利用孔子这后一点去培养人民俯首听命的奴隶精神，以便使等级森严的封建制度能长久维持下去。”

关于孔子的社会政治思想，苏联学者认为，孔子“原则上是暴政的反对者”[①]，他提倡德治，“要求国君不要根据法和刑，而要凭借道德和高尚品行的示范作用去教化和统治人民”；宣传“大同”理想，认为“那时没有战争和纠纷，而所有的就是人民之间彼此平等和（在上的）真正关心人民”[②]。

对孔子的教育思想，E.M. 茹科夫主编的《苏联历史百科全书》认为，孔子“组织并领导了中国第一所私人学校，接收一切人而不管其出身如何，因而打破了贵族阶级对教育的垄断”[③]。阿列克山大洛夫在《古代东方和社会学说史》一书中提到“孔子民主思想的一个重要方面就是承认一切人能力平等”。这里苏联学者对孔子办私学，提倡“有教无类”的教育思想给予了积极的评价。

谈到教育的目的，一些学者认为，孔子的“教育目的是培养学生高度的道德品质（首先是仁和义），以便他们将来从政后能成为道德的模范并关心人民”[④]。

关于仁，A.M. 普洛霍洛夫主编的《苏联大百科全书》认为，“仁是儒家哲学的基本概念，孔子赋予这个概念以普遍美德的含义，把

① 别列洛莫夫《论意识形态在古代中国专制国家形成中的作用》，苏联《亚非人民》1967 年第 3 期。

② A.M. 普洛霍洛夫主编《苏联大百科全书》（第 3 版）第 13 卷，苏联百科全书出版社 1973 年版，第 87—88 页。

③④ E.M. 茹科夫主编《苏联历史百科全书》第 7 卷，苏联百科全书出版社，第 875 页。

它解释为‘爱人’”[①]。康拉德则说：“仁应当表示为‘人与人之间相互关系中的人性’，‘爱人’只是这种人性的一个方面。”[②]

至于孔子的教育内容，苏联学者普遍认为是包括德育和智育两大方面的。

总之，有关孔子的教育思想、教育目的、教育内容、教学方法等诸多方面，在苏联学者的著作中均有较为系统详尽的评述，对孔子在教育方面的历史功绩作了充分的肯定。

综上所述，苏联的孔学研究还是比较广泛和深入的，这对增进中苏两国之间文化交流，对共同继承孔子留给人类的宝贵的精神财富，都起到了很好的作用。

---

① A.M. 普洛霍洛夫主编《苏联大百科全书》（第3版）第9卷，苏联百科全书出版社1972年版，第255页。

② 康拉德《孔夫子》，载《中国文学选读》第1卷，俄罗斯联邦教育部教育出版社1959年版，第89页。

第九章 结论

通过以上各章评述，对孔子的思想和为人，我们可以实事求是地作出如下的简要小结：

一、布衣孔子能够成为中国贵族思想家，这是春秋时代历史条件的产物，也是与他个人的勤奋努力分不开的。司马迁说："孔子布衣，传十余世，学者宗之。自天子王侯，中国言'六艺'者折中于夫子，可谓至圣矣。"[①]"布衣"是指当时的庶民、平民或没有做官的读书人。司马迁离孔子仅三百余年，他说"孔子布衣"，一定是有事实根据的。这个事实根据大概就是指的孔子一生经历中的三个主要环节：其一，自幼贫贱；其二，仕鲁时间仅四年左右；其三，终身主要以教书、治学为业。

布衣为什么能作出这样大的成就呢？贫贱逼人奋进。孔子幼年家贫，一面参加劳动，一面勤苦自学，加上母教，"十有五而志于学"，在富于西周文物典章的鲁都曲阜，经耳濡目染和就地学习，成为中国历史上第一个自学成才的知识分子的杰出代表。他特别赞赏

① 司马迁《史记·孔子世家》。

和向往的是西周文、武、周公之治和传说中尧舜时代的太平盛世（原始社会），因此，他一方面立志以西周为榜样，力求建立西周之治（“小康”世界），另一方面又向往和追求尧舜盛世，提出“天下为公”和“大同世界”的思想，以此作为人类最高政治理想。这样，实行仁政德治的“小康”世界就成了孔子毕生为之奋斗的近期目标，于是“布衣孔子”在思想上、政治上就成了真正以西周开明贵族统治为模式的“贵族孔子”。布衣孔子成为贵族思想家，除他生在富有贵族文化传统的鲁国等条件外，决定性的因素是当时贵族需要思想家，而且当时社会已经具备了从“布衣”中产生这种思想家的条件，那就是春秋时期的大动荡打破了贵族对文化的垄断，造成某种程度的文化下移，特别是由于政治斗争的需要，各国贵族中开始形成了尊贤养士的风气。这些都为“布衣”在政治、文化上的提高创造了条件。孔子正是在这种情况下，加上勤奋学习，才成长为贵族思想家的。贫贱和参加劳动的经历，使他自幼生活接近平民，了解平民疾苦，使他不得不考虑和注意到广大平民的利益。于是，他又决不是反动的“贵族孔子”，而是开明的“贵族孔子”。这个历史辩证法在孔子身上再清楚不过地体现出来了。

二、这个“布衣孔子”及其思想，曾经是长达两千余年的中国封建社会的精神支柱和思想基础。这里有一个问题必须弄清楚，为什么在两千余年的中国封建社会中，经历了几十个长短朝代、几百个大小君王，却几乎没有一个朝代（包括少数民族入主中原的元朝、清朝等）、没有一个君王（不管是贤君，还是昏王）不竞相尊崇孔子呢？为什么朝代有更替、君王有变换，而超朝代、超君王的被尊为“万世师表”的孔子形象却始终屹立不动呢？这里面最关键的要害是什么呢？是不是因为孔子不仅是一位伟大的道德理论家，而且是一位道德实践家，尊崇孔子，立为榜样，对调节贵族内部的等级关系，对缓和统治阶级和被统治阶级之间的阶级关系有利呢？一般来说，也有道理。孔子提出的许多伦理德目，例如君臣、父子、上下、兄弟、夫妇、朋友等之间，都有相应的不同德目，对稳定贵族之间、贵族与平民之间以及平民之间的封建正常秩序，是有一定作用的。但这只是历代王朝尊孔的一般理由，不是特殊理由，不是最关键的要害之所在。是不是因为孔子是一位博学多才的大学问家，特别是经过他的整理、删订和教学，留下了奠定中国整个封建社会思想理论基础的"经典"——"六经"(《诗》《书》《礼》《乐》《易》《春秋》)，尊崇孔子，立为榜样，对鼓励后来学者（为封建王朝服务的各级官吏和士大夫）"发愤读书"有推动作用呢？"六经"是汉以后各个王朝用以选拔或考试取士的标准。尊崇孔子，也就是尊崇"六经"。这对历代王朝在"六经"思想指导下培养、选拔各级官吏是有推动作用的，因为各个王朝都必须有一批接受"六经"思想同时又忠于它的各级官吏，才能维持和实现自己的阶级统治。一般来说，也有道理。但这也只是历代王朝尊孔的一般理由，不是特殊理由，不是最关键的要害之所在。那么，是不是因为孔子在历史上、在人民中都是影响极大、声望极高的"至圣"，因而尊崇孔子，以示敬意呢？一般来说，也有道理。但这更只是历代王朝尊孔的一般理由，不是特殊理由，更不是最关键的要害之所在。那么，最关键的要害到底是什么呢？原来这个最关键的要害，可以归纳为四个字，就是"忠君尊王"。这是孔子始终不变的一贯主张。这是孔子提供的君王尊严神圣不可侵犯的"理论根据"，也就是历代君王所以竞相尊孔的除了上述一般理由之外的特殊理由，是最关键的要害之所在。孔子依据仁为内容、礼为形式的思想，设计了理想的封建政治，希望封建制度长期存在下去。但是这种理想是必然要破灭的。他的忠君尊王原则所保护的昏王暴君正是促使他的理想必然归于破灭的决定性因素之一。虽然孔子主张的忠君尊王是有条件的，例如君要使臣以礼，然后臣才事君以忠，就是说，忠的是明君，尊的是贤王，这在封建社会原不失为开明思想。因为君王是封建社会的权力象征和实体，有了明君贤王作为这个权力象征和实体的代表，就可以实现“仁政德治”，就可以使全国上下，也就是使各个不同阶级、不同等级和各民族的贵族和平民，都能过着各安其分的安定生活，这就是孔子念念不忘的“博施于民而能济众”[①]的小康社会的政治。但问题就出在孔子除了正面宣扬明君贤王如文、武、周公的“仁政德治”外，对暴君昏王或庸君蠢王并没有提出任何积极措施。孔子对此采取的唯一的措施是“天下有道则见，无道则隐”[②]，就是说，天下有明君贤王就出来做事，没有就退隐。这种消极办法，当然不能解决问题。暴君昏王，依然在位，毫没触动。更有甚者，如果有人触动以至推翻暴君昏王，那也同样被认为是“犯上作乱”，同样是不允许的。最典型的例子，就是孔子在评论两支古曲（舜时的《韶》曲和武王时的《武》曲）时，认为《韶》曲是“既完美，又善良”，因为舜的天下是尧禅让的，不是用武力夺取的；认为《武》曲“虽完美，未尽善”[③]，因为武王的天下是用武力从殷纣王那里夺取的。这就是说，即使像纣王那样残暴无道，也不应该用武力讨伐；即使像孔子自己很敬佩的武王那样的贤明君王，因为讨伐了纣王也免不了受到孔子的贬词。很明白，只要是世袭君王，不管善恶贤愚，一概要维护，你可以不给他做事（隐退），但不该撤换他或讨伐他。这一忠君尊王原则之所以得到历代所有明君贤王和暴君昏王的赞赏，不是理所当然的吗？孔子的忠君尊王思想，

---

① 《论语·雍也》。

② 《论语·泰伯》。

③ 《论语·八佾》：“子谓：‘《韶》尽美矣，又尽善也’；谓‘《武》尽美矣，未尽善也’。”

实质上包庇了暴君昏王。加上历代统治者变本加厉地强调臣民的绝对服从，孔子的原则就变成了无条件的忠君尊王原则了。历代王朝为了抬高自己的尊严，同时也就要抬高提供维护自己尊严的思想基础的孔子的尊严；加上一些御用腐儒的歪曲和夸大，供奉在孔庙里的孔子，就从布衣孔子的形象变为君王形象（帽上挂着冕旒的所谓“大成至圣文宣王”）了。孔子本想让封建统治者“克己复礼”，在一定程度上使他们“就范”，以造成仁政德治的社会，但是统治者没有就孔子之“范”，反而利用忠君尊王原则让孔子就他们之范，成为维护其昏庸、腐败、专横、残暴统治的“神灵”和面目吓人的帝王形象。于是，真孔子就变成了假孔子。其实，真孔子中确已包含了假孔子的萌芽，而假孔子则是这些萌芽的恶性发展。区别真假，对假的、谬误的采取彻底批判否定的态度，是十分必要的。

三、既然真孔子中有假孔子，假孔子中有真孔子，在区别了真假孔子，恢复了孔子的本来面貌（真孔子）之后，并非说事情就完了，还必须对本来面貌的孔子（真孔子）加以剖析，既要对本来面貌的孔子思想中所固有的封建性因素和人民性因素加以区别，又要对人民性因素中仅可当作参考借鉴而现已失去实际意义的东西和现在仍有实际价值的东西加以区别。就是说，对经过剖析而分解为三种既有联系又有区别的成分，采取三种不同的态度。我们既反对全面肯定的态度，也反对全面否定的态度；因为孔子思想除必须加以肯定或否定的部分外，确实还存在着一个既必须加以批判（否定）又必须加以吸收（肯定）的部分。就在这些考虑的基础上，感到采用三分法能较为合理地大体上处理好孔子的全部思想内涵。而经过这样的处理，孔子在历史上的功过也就明确地显示出来了。

把孔子思想分解为三个部分，然后采取三种不同态度去对待，这是从具体情况出发、从实事求是的治学方法和“古为今用”的现实要求出发所能得出的合理的科学方法，这也就是对孔子历史功过严肃公正的分析方法。一般地论断孔子功大于过或过大于功，都是不够周密的。对待两千多年前具有那样庞大复杂思想体系的孔子，只有采取科学的实事求是的方法，从具体情况出发，分析孔子在哪个问题上是全对的（功），在哪个问题上是全错的（过），在哪个问题上是对多错少（功大于过），在哪个问题上是错多对少（过大于功），这样才能真正达到“古为今用”的目的。在这里，即使带着“求全”的好心，试着采用加、减、乘、除的方法，也是无济于事的，因为这里要处理的并不是某些自然科学上的问题。

四、孔子身上虽然带有封建主义的污泥，这是“存在决定意识”这一规律的必然产物，但同时还应看到孔子又是一个在封建社会时期产生的品格高尚的伟大人物。他不仅留下了不少有益的箴言，同时还在自己的实践中留下了值得敬慕的人类的优良品质。这些品质是值得我们深思、学习的。归纳起来有以下五条：

一是“学而不厌”。孔子的一生是自始至终学习不间断、不停顿的一生。所以，他曾说：“在只有十来户人家的小村子里，就必然有像我这样爱好忠、信的人，但不一定能像我这样爱好学习。”①

二是“诲人不倦”。孔子不仅自己爱好学习，而且热情帮助他人学习。他是第一个提出“人人可受教”（“有教无类”）的主张来打破当时贵族垄断教育、把平民关在学校门外的局面的人。他和弟子之间的关系，是相处如家人、父子、兄弟，非常友爱团结，非常民主平等。他不仅教人不倦，而且具有无保留地教人的高尚品格！

三是谦逊虚心，严以律己。正因为谦逊虚心，所以他能严以律己，对自己的学习和工作从不自满，总是觉得自己做得还不够，这正是

① 《论语·公冶长》：“十室之邑，必有忠信如丘者焉，不如丘之好学也。”

不断前进的动力。在道德上和学问上严格要求自己、闻过则喜、知过必改、永不自满、虚怀若谷的精神，贯穿了孔子一生的始终。

四是坚持道义。用现在的话讲，就是坚持原则，就是“决不会拿原则去做交易”。孔子的政治原则是“仁政德治”，指导他的行动的就是这个“仁政德治”的原则。他一生是信守这个原则的。

五是知难而进。孔子生在春秋后期，正是周王衰微、诸侯兼并、“礼崩乐坏”的时代，他怀着“仁政德治”的“理想”，企图挽救时局，恢复西周文、武、周公之治，确实是知道做不到，却定要去做的事。孔子一生到处奔走，到处碰壁，从不灰心，直到晚年还是“发愤忘食，乐以忘忧，不知老之将至”①，目的是改革（“易”），为了“知其不可而为之”地实现其仁政德治的理想。这种知难而进、从不灰心、勇往直前的乐观主义精神，岂不是封建社会所能达到的人类优良品质的一个典型表现吗？所以恽代英同志说：“我对于孔子的道德学问，向来便很佩服他。”②

五、孔子作为中国古代伟大的思想家、政治家和教育家，不仅是中国历史上的人物，而且是有世界历史意义的人物。孔子不仅对中国有影响，而且对日本、朝鲜，对东南亚各国以至西方国家都有深远影响。美国的克里尔认为西方十七八世纪的启蒙运动和孔子思想影响有很大关系：“一是启蒙运动思想的一些很重要的方面，与其说和当时教会的立场相类似，不如说和孔子思想的立场更相类似；二是这一事实已为启蒙运动的领导人物所承认和广泛宣扬。”他列举了莱布尼兹、伏尔泰等人的有关中国和孔子的言论，特别举了英国尤斯塔斯·巴杰尔1731年所写的下面的话：“甚至法国……也不得不

---

①《论语·述而》。

② 钟离蒙、杨凤麟主编《中国现代哲学史资料汇编》第1集第10册第28页。

坦率承认中国在‘政治学’方面超过所有其他国家，而对于伟大的孔子所搜集、整理和评论过的那些政治原理，怎么予以赞扬也是不过分的。”[①] 即使在十七、十八世纪各国还多少仍处于自给自足和闭关自守的状态时，各国精神的产品也和物质的产品一样，已经通过各种渠道互相往来和互相影响。经过产业革命和世界市场的开辟，情况就更不同了，从那时以后，正如马克思和恩格斯所说，“各民族的精神产品成了公共的财产。民族的片面性和局限性日益成为不可能，于是由许多种民族的和地方的文学形成了一种世界的文学（这句话中的“文学”一词是指科学、艺术、哲学等方面的书面著作。——原编者注）”[②]。现在离马克思说这话时又已一百多年，情况有了更大发展。两千余年前中国杰出的历史人物孔子的思想（精神产品），早在闭关自守的状态下就已成为许多民族的“公共的财产”，现在自然更将成为各民族的“公共财产”了。既然现在日本和东南亚各国以及英、美、俄罗斯、德、法等国不少学者和专家都在以孔子作为研究课题，既然中国是孔子的故乡，我们中国人就更应该依据辩证的科学方法，对这位具有深远影响的伟大思想家、政治家和教育家的孔子，作出应有的实事求是的研究和评价，积极认真地继承这份珍贵的遗产。这是责无旁贷的。

以上五点，就是本书对孔子思想、为人及其历史意义的简要小结。

---

① H.G.Creel：Confucius and the Chinese Way，p.256（克里尔《孔子与中国之道》，尚无中译本，引文见原书1960年版，第256页）。

② 马克思和恩格斯《共产党宣言》，《马克思恩格斯选集》第1卷，人民出版社1972年版，第255页。

附录一：

孔子弟子简介

西汉司马迁在《史记·孔子世家》中记载：“孔子以《诗》《书》《礼》《乐》教，弟子盖三千焉，身通六艺者七十有二人。”《史记·仲尼弟子列传》则说“受业身通者七十有七人”。曹魏时，王肃所撰《孔子家语·七十二弟子解》中列名七十六人，其中琴牢、陈亢、县亶三人为《史记》所无，而《史记》中秦冉、公伯缭、鄡单、颜何四人则为《孔子家语》所无。这里，以《史记·仲尼弟子列传》为基本材料，参考《论语》《左传》《史记集解》《史记索隐》《史记正义》《孔子家语》等文献，将孔门弟子的情况简介如下。其中有事迹可查的列于前，大体上根据其在孔门中的地位或对后世的影响如何，分先后次序列出，并记明各人在《论语》中出现的次数；自第三十二名梁鳣以下至第七十九名诸人，大多无事迹可寻，则依照《史记·仲尼弟子列传》的顺序排列，适当引用《孔子家语》考其异同[①]；自第八十位琴牢以下诸人，系根据《孔子家语》和《孔子弟子考》等文籍补录（陈亢虽据《家语》补录，因见于《论语》，提前排列）。这样，孔子三千弟子中有姓名可考者共计九十五人。

（一）颜回　鲁（山东）人，字子渊，少孔子三十岁。《论语》

---

① 本附录中凡注《史记》者是指司马迁《史记·仲尼弟子列传》，凡简称《家语》者，是指《孔子家语》（用丛书集成《孔子家语疏证》本）。诸弟子之姓氏、籍贯、年岁等在各书记载中有歧异时，均以《史记》和《史记集解》引郑玄语为据，不以《家语》为准；唯《史记》无考时，则兼采《家语》之说；如《论语》中有异名或通称，亦一并写出。粗疏遗漏处，尚请方家指正。

中提及二十一次。他的家境极为贫寒，一生没有做官，住在简陋的小巷子里，用一个竹筒吃饭，用一个瓜瓢喝水，别人都忍受不了这样困苦的境遇，他却自得其乐。他是孔子最喜欢的学生，学问渊博，品格高尚，而以德行著称，后儒列之于七十二贤之首。孔子赞扬他“好学，不迁怒，不贰过”[①]。可惜他四十一岁就死了[②]，孔子为此伤心大哭。有人进行劝慰，认为他哭得太悲痛了，孔子说：“我哭得太悲痛了吗？我不为这样的人悲痛还为谁悲痛呢！”[③]

（二）仲由　卞（山东）人，字子路，通称季路[④]，少孔子九岁。《论语》中提及三十八次。他为人耿直，有勇力才艺，一生忠于孔子。他性情粗犷，经常批评孔子，孔子也经常批评他。但孔子很了解他的为人，对他的评价很高，说他有才能，“千乘之国可使治其赋”，可备大臣之数，并赞扬道：“自吾得由，恶言不闻于耳。”[⑤]子路仕鲁期间，是孔子“堕三都”之举的最主要的合作者之一。他曾做过鲁国的季氏宰（季孙氏的总管），后来又做过卫国大夫孔悝的邑宰，以政事著称。子路是一个能按照孔子的教诲而躬行实践的好学生，诚笃忠信，办事认真。他六十三岁时，卫国发生了宫廷政变，他仍忠于孔悝，说是“食其食者不避其难”，在和敌方搏斗时冠缨被击断，却忽然想起孔子关于“君子死而冠不免”的礼仪教条，结果是在重结缨带时被敌方砍成肉酱。子路的死，对时年七十二岁的孔子是一个沉重的打击。

（三）端木赐　卫（河南）人，字子贡，少孔子三十一岁。《论

---

① 《论语·雍也》。

② 关于颜回终年四十一岁的考证，见第二章《生平概略》第七节。

③ 见《论语·先进》。

④ 见《论语·先进》。因子路曾为季氏的家臣，故人们称之为季路。

⑤ 《史记》。

语》中提及三十八次。他能言善辩，以口才著称。孔子弟子与孔子的问答之言，见于《论语》的，以他为最多，孔子器重他仅次于颜回。他和子路正好是一文一武，可比之为孔子的左右手。他是孔门中培养出来的外交家，《史记·仲尼弟子列传》曾评论说："故子贡一出，存鲁，乱齐，破吴，强晋而霸越；子贡一使，使势相破，十年之中，五国各有变。"他实在是孔门弟子中最善于搞社交活动的能人。有人说他比孔子还高明，他坚决地予以辨正，忠实维护孔子的声望和地位。孔子死后，他守墓六年，师生之情胜过父子。子贡又善于经商，是春秋时代的著名富商。孔子说："赐不受命，而货殖焉，亿则屡中。"[①]

（四）卜商　卫人，字子夏，少孔子四十四岁。《论语》中提及十九次。子夏是孔门高足，长于文学，曾任鲁国的莒父宰[②]。他与孔子讨论问题都具有一定的深度，甚得孔子的赏识。他曾提出"学而优则仕"的著名论点，对后世的儒生产生了很大的影响。孔子死后，他到魏国西河地方自立门户，收徒讲学，曾一度担任魏文侯的教师[③]。

（五）颛孙师　陈（河南）人，字子张，少孔子四十八岁。《论语》中提及二十次。他为人雍容大度，仪表极好，才貌过人，缺点是秉性邪僻，难以接近，孔子对他的评语是"辟"（偏激）。但他好学深思，喜欢与孔子讨论问题，后来成为儒家八派之一[④]。

（六）曾参　鲁国南武城人，字子舆，人们尊称为曾子，少孔子

---

① 《论语·先进》。

② 据《论语·子路》。

③ 见《史记》。

④ 八派之说见于《韩非子·显学》："自孔子之死也，有子张之儒，有子思（孔子之孙孔伋）之儒，有颜氏（颜回）之儒，有孟氏（孟轲）之儒，有漆雕氏（漆雕开的后人）之儒，有仲良氏（仲梁子）之儒，有孙氏（孙卿、荀卿）之儒，有乐正氏（乐正子春）之儒。"

四十六岁。《论语》中提及十四次。他最注重修身，倡导“吾日三省吾身”。他以孝道出名，相传著有《孝经》和《大学》。从儒家的道统来说，曾子传子思，子思传孟子，可见他是孔门主要的传道者之一。

（七）冉求　鲁人，字子有，通称冉有，少孔子二十九岁。《论语》中提及十六次。他是孔门弟子中很有才干的人，孔子一再称赞他多才多艺。冉求长于政事，鲁国的执政季康子曾聘他为宰臣。他甚至能带兵打仗，在鲁哀公十一年（前 484 年）任左师统帅时，以步兵执长矛的突击战术打败了齐军[①]。趁这次得胜的机会，他说服季康子迎回了在外流亡十四年的孔子。但他曾帮季康子聚敛民财，因此受到孔子的严厉批评[②]。但批评尽管严厉，并未影响师生关系，足见师生相知、相谅之深。

（八）言偃　吴（江苏）人[③]，字子游，少孔子四十五岁。《论语》中提及八次。他与子夏同属孔门文学科的高足，二十多岁时就担任了鲁国的武城宰，实践并贯彻了孔子有关礼乐之治的教导，孔子去视察时，听到满城都是弦歌之声。他的后学们在战国时曾形成一个较大的学派，遭到反对派荀况的攻击。《荀子·非十二子》把他和子张、子夏列在一起，均被斥为“贱儒”。

（九）樊须　齐（山东）人，字子迟，通称樊迟，少孔子三十六岁。《论语》中提及五次。他曾协助冉求打败齐军，立有大功。樊迟很好学，从道德文章到劳动生产，他都想学习。有一次，他向孔子询问种庄稼和种菜的事，被孔子斥为没出息，这是孔子轻视生产劳

---

① 据《左传》。

②《论语·先进》：“季氏富于周公，而求也为之聚敛而附益之。子曰：‘非吾徒也，小子鸣鼓而攻之可也。’”

③ 见《史记·仲尼弟子列传》。《孔子家语》说他是鲁人，非也。

动的表白，显然是不对的。实际上他倒是孔门弟子中的佼佼者之一。

（十）宰予　鲁人，字子我，通称宰我。《论语》中提及五次。他利口辩辞，与子贡并列为孔门中言语科的优秀生。宰予遇事有自己的主见，孟子称赞他“智足以知圣人”。他经常与孔子讨论问题，颇有独立思考的精神和独到的见解。他反对“三年之丧”，遭到孔子的指责[①]。有一次宰予睡午觉，受到了孔子的严厉批评。后来，他到齐国任临淄大夫，因参与田常（即陈恒）杀君事件而被杀（陈恒杀君事件参见本书第一章《生平概略》）。

（十一）冉雍　鲁人，字仲弓，少孔子二十九岁[②]。《论语》中提及七次。他虽然出身贫贱，但是孔子十分器重他，说他“可使南面”[③]，认为他可以做地方上的长官。他曾经担任季氏宰，以德行著称。战国后期的荀况很推崇他（相传荀况是仲弓的弟子），把他与孔子并列为大儒[④]。

（十二）有若　鲁人，字子有，人们尊称为有子，少孔子四十三岁。《论语》中提及四次。他是孔子晚年的得意弟子，为人强记好古，在与鲁哀公论政时，提出了“百姓足，君孰与不足？百姓不足，君孰与足”的著名论点[⑤]。他又曾提出孝悌“为仁之本”，“礼之用，和为贵”等主张[⑥]，丰富了儒家学说。他的相貌活像孔子，孔子死后，弟子们想念夫子，曾公推他为师，师之如孔子，后又作罢。

（十三）闵损　鲁人，字子骞，少孔子十五岁。《论语》中提及

---

① 见《论语·阳货》。

② 据司马贞《史记索隐》。

③ 见《论语·雍也》。

④ 见《荀子》《非十二子》和《儒效》两篇。

⑤ 《论语·颜渊》。

⑥ 《论语·学而》。

五次。他以德行著称，孔子特别表彰他的孝行。据汉代刘向《说苑》记载，他曾遭到后母的虐待，但为了爱护异母弟而自甘受苦。他为人清高，“不仕大夫，不食污君之禄”[①]，可说是孔门弟子中唯一明确主张不做官的人。

（十四）原宪　鲁人，字子思，通称原思，少孔子三十六岁[②]。《论语》中提及二次。他清净守节，贫而乐道。“孔子为鲁司寇，原宪尝为孔子宰（总管）。孔子卒后，原宪退隐，居于卫。”[③]他穷不失志，是“贫而无怨”的典型人物。

（十五）公西赤　鲁人，字子华，通称公西华，少孔子四十二岁。《论语》中提及五次。他曾自述其志趣是“愿意好好学习各种事务，在宗庙祭祀或在同别国的盟会中，愿穿着礼服，戴着礼帽，做一个司仪的赞礼人”[④]。孔子称赞他“束带立于朝，可使与宾客言也”[⑤]。

（十六）高柴　齐人，字子羔，少孔子三十岁。《论语》中提及二次。他长得较矮，相貌也不好看，子路想介绍他担任费邑宰，孔子认为他比较愚笨，恐怕不能胜任[⑥]。但他做事很灵活，能随机应变。他和子路曾同时在卫国从政。鲁哀公十五年，卫国发生宫廷政变，他赶紧逃离卫国，并劝子路不要回宫里去。子路因忠于职守，回宫遇害。孔子听说卫乱，就预言子羔是可以生回的，而子路怕是要死的了，最后果然不出所料[⑦]。

（十七）冉耕　鲁人，字伯牛，少孔子七岁[⑧]。《论语》中提及二次。

---

① 《史记》。

②③ 《家语》。

④⑥ 《论语·先进》。

⑤ 《论语·公冶长》。

⑦ 见《左传·哀公十五年》。

⑧ 据《家语疏证》引《圣门志》。

据《读史方舆纪要·汶山县》条说，“夫子为中都宰，入为司寇，以冉伯牛摄宰事”。他以德行著称，不幸患麻风病而死[①]，孔子非常痛惜。

（十八）宓不齐　鲁人，字子贱，少孔子三十岁。《论语》中提及一次。他曾任单父宰。“有才智，仁爱，百姓不忍欺。[②]孔子称道他说：“这个人真是个君子呵！”[③]

（十九）司马耕　宋（河南）人，字子牛，通称司马牛。善言谈，性躁急。《论语》中提及三次。

（二十）澹台灭明　鲁武城（山东）人，字子羽，少孔子三十九岁。《论语》中提及一次。他为人公正无私，有君子之才。孔子曾恶其貌丑，但他退而修行，很得人心，南游至江，弟子从者三百人，成为孔门的传道者之一。孔子曾总结经验教训说：“吾以言取人，失之宰予；以貌取人，失之子羽。”[④]

（二十一）曾蒧　鲁人，字晳，即曾参之父（《家语》作曾点，字子晳）。《论语》中提及一次。他的思想比较超脱，《论语·先进》记载他的志趣是弹琴唱歌，孔子甚为赞赏。

（二十二）商瞿　鲁人，字子木，少孔子二十九岁。他从孔子专门学《易》，是孔门传道者之一。

（二十三）公伯缭（寮）　鲁人，字子周。《论语》中提及一次。《宪问》篇中记载公伯寮曾向季孙氏告发子路，鲁国的大夫子服景伯（一说子服景伯也是孔子弟子，参见本《附录》第九十三）为此要杀公伯寮，但被孔子制止。

（二十四）公冶长　齐人，字子长，是孔子的女婿。《论语》中

---

① 东汉班固等所撰《白虎通义·情性》也记载说：“冉伯牛危言正行而遭恶疾。”

② 《家语》。

③ 原文见《论语·公冶长》。

④ 《史记》。

提及一次。《公冶长》篇中记载孔子不因公冶长关在牢中而厌弃，认为他品德好，是受冤狱，仍选择他为婿。这说明孔子评价人不是以境遇为标准，而是以德才为标准的。

（二十五）南宫适（括） 鲁人，字子容，通称南容。《论语》中提及三次。《史记索隐》认为他就是孟僖子的儿子南宫敬叔，原名仲孙阅[①]，因居于南宫，便以之为氏。孔子称赞他是个尚德的君子，并以侄女妻之。

（二十六）公皙哀 齐人，字季次。孔子曾经说："天下无行，多为家臣，仕于都，唯季次未尝仕。"[②]可见他很清高，不肯屈节于贵族。

（二十七）颜无繇 鲁人，字路。《论语》中提及一次。他就是颜回之父。"孔子始教学于阙里，而受学，少孔子六岁。"[③]

（二十八）漆雕开 鲁人，字子开，又字子若，少孔子十一岁。《论语》中提及一次。他专攻《尚书》，不愿出仕。

（二十九）巫马施 鲁人，字子旗，少孔子三十岁。《论语》中提及一次。《家语》作巫马期，字子期。

（三十）陈亢 陈人，字子亢，又字子禽，少孔子四十岁。《论语》中提及二次，记载他问子贡和伯鱼的话[④]。

（三十一）孟懿子 原姓仲孙，名何忌。《论语》中提及一次。他是鲁国贵族孟僖子的长子，遵其父遗嘱，与弟南宫敬叔（即南宫适）师事孔子[⑤]。

---

① 朱彝尊《孔子弟子考》（丛书集成本）认为仲孙阅（南宫敬叔）与南宫适不是一人，而是两个人。

② 《史记》。

③ 《家语》。

④ 据《论语》和《家语》录。

⑤ 据《论语·为政》和《左传·昭公七年》录。

（三十二）梁鳣　齐人，字叔鱼，少孔子二十九岁。

（三十三）颜幸　鲁人，字子柳，少孔子四十六岁。

（三十四）冉孺　鲁人，字少鲁，少孔子五十岁。

（三十五）曹䘏　字子循，少孔子五十岁。

（三十六）伯虔　字子析，少孔子五十岁。

（三十七）公孙龙　楚（湖北）人，字子石，少孔子五十三岁。

（三十八）冉季　鲁人，字子产。

（三十九）公祖句兹　（《家语》作“公祖兹”）字子之。

（四十）秦祖　秦（陕西）人，字子南。

（四十一）漆雕哆　鲁人，字子敛。

（四十二）颜高　（《家语》作“颜刻”）字子骄，少孔子五十岁。孔子适卫，子骄为仆随从。

（四十三）漆雕徒父　（《家语》作“漆雕从”）字子文。

（四十四）壤驷赤　秦人，字子徒（《家语》作“字子从”）。

（四十五）商泽　字子秀（《家语》，一本作“字子季”）。

（四十六）石作蜀　字子明。

（四十七）任不齐　楚人，字选（《家语》作“任子齐，字子选”）。

（四十八）公良孺（儒）　陈人，字子正。“贤而有勇，孔子周行，常以家车五乘从”①。

（四十九）后处　齐人，字子里（《家语》作“字里之”）。

（五十）秦丹　字开。

（五十一）公夏首　鲁人，字乘（《家语》作“公夏守，字子乘”）。

（五十二）奚容箴　（《家语》作“奚蒧”）卫人，字子皙。

（五十三）公肩定　鲁人，字子中（《家语》作“字子仲”）。

---

①《家语》。

（五十四）颜祖　鲁人，字襄（《家语》作“颜相，字子襄”）。

（五十五）鄡单　字子家。

（五十六）句井疆　卫人，字子疆。

（五十七）罕父黑　字子索（《家语》作“宰父黑，字子黑”）。

（五十八）秦商　楚人，字子丕，“少孔子四岁，其父堇父，与孔子父叔梁纥，俱力闻”。①

（五十九）申党　（古本作“申棠”）鲁人，字周（《家语》作“申续〔一本作‘申绩’〕，字子周”）。按:《论语·公冶长》提及孔门弟子申枨，《史记索隐》认为即申堂（棠），“以枨、堂声相近也。”②

（六十）颜之仆　鲁人，字叔（《家语》作“字子叔”）。

（六十一）荣旂　字子祈（《家语》作“荣祈，字子祺”）。

（六十二）县成　鲁人，字子祺（《家语》作“字子横”）。

（六十三）左人郢　鲁人，字行（《家语》作“左郢，字子行”）。

（六十四）燕伋　字思（《家语》作“字子思”）。

（六十五）郑国　字子徒（《家语》中有“薛邦，字子徒”，《史记索隐》认为薛邦即郑国）。

（六十六）秦非　鲁人，字子之。

（六十七）施之常　字子恒。

（六十八）颜哙　鲁人，字子声。

（六十九）步叔乘　齐人，字子车。

（七十）原亢籍　（《家语》作“原忼，字子籍”）。

（七十一）乐欬　（《家语》作“乐欣”），鲁人，字子声。

（七十二）廉絜　卫人，字子庸（四部备要本《家语》作“廉洁，

---

①《家语》。

②　朱彝尊《孔子弟子考》认为申棠与申枨是两个人。

字子曹”)。

(七十三)叔仲会　晋(山西)人，字子期。“少孔子五十岁，与孔璇年相比，每孺子之，执笔记事于夫子，二人选侍左右”。[1]

(七十四)颜何　鲁人，字冉。

(七十五)狄黑　字皙(《家语》作“字皙之”)。

(七十六)邦巽　(《家语》作“邽选”)鲁人，字子敛。

(七十七)孔忠　(《家语》作“孔弗，字子蔑，孔子兄之子”。《史记集解》认为孔弗即孔忠)。

(七十八)公西舆如　(《家语》作“公西舆”)字子上。

(七十九)公西蒧　鲁人，字子上(《家语》作“字子索”)。

(八十)琴牢　卫人，字子开，一字张(据《家语》补录)。

(八十一)县亶　字子象(据《家语》补录)。

(八十二)颜浊邹　《史记·孔子世家》说:“身通六艺者七十有二人，如颜浊邹之徒，颇受业者甚众。”《史记正义》指出他不在七十二人或七十七人之内。吕不韦所撰《吕览》中有颜涿聚其人，是齐国的大夫。朱彝尊《孔子弟子考》(以下简称“朱书”)认为即颜浊邹。

(八十三)廉瑀　朱书据汉代文翁《礼殿图》补录。

(八十四)孺悲　鲁人。朱书据《礼记·杂记》补录。

(八十五)公罔之裘　朱书据《礼记·射义》补录。

(八十六)序点　朱书据《礼记·射义》补录。

(八十七)孔璇　朱书据《家语》“叔仲会”名下的记事补录。

(八十八)惠叔兰　卫人，曾任司寇之职。朱书据别本《家语》记事(“子游尝适卫，与将军子兰相善，受学于夫子”)补录。

---

① 《家语》。

（八十九）左丘明　鲁人。《论语》中提及一次。朱书据刘歆、卢植、杜预等先儒的见解，认为左邱明“受业于孔门”。

（九十）林放　鲁人。《论语》中提及二次。朱书据汉代文翁《礼殿图》补录。

（九十一）牧皮　朱书据《孟子》补录。

（九十二）常季　朱书据《庄子》补录。

（九十三）子服何　鲁人，字景伯。《论语》中提及二次。朱书据汉代鲁峻石壁画七十二子像（其中有子服景伯）补录。

（九十四）宾牟贾　朱书据《札记·乐记》补录。

（九十五）鞠语　朱书据《晏子春秋》补录。

附录二：

孔子年谱

一岁　（公元前551年　周灵王二十一年　鲁襄公二十二年）

孔子生于鲁国鄹（zōu）邑昌平乡（今山东曲阜城东南尼山附近；今尼山下有“坤灵洞”，传说为孔子诞生地）。因父母祷于尼丘山而生，故名丘，字仲尼（《孔子家语·本姓解》）。

关于孔子出生年月日，各书记载不一，此据《史记·孔子世家》等说，定鲁襄公二十二年夏历八月二十七日为孔子诞辰。

二岁　（公元前550年　周灵王二十二年　鲁襄公二十三年）

孔子在鲁。

三岁　（公元前549年　周灵王二十三年　鲁襄公二十四年）

孔父叔梁纥死，葬于防（今曲阜市东二十五里处之防山，今称梁公林——见《孔子家语·本姓解》）。孔母颜徵在携孔子移居鲁都曲阜阙里，家境贫寒。

四岁　（公元前548年　周灵王二十四年　鲁襄公二十五年）

孔子在鲁。

五月，齐崔杼（zhù）杀齐庄公，立其弟，是为景公。晏婴评论道：“作为百姓的君主，难道是用他的地位来高踞于百姓之上？应当以治理国家为主。作为君主的臣子，难道是为了俸禄？应当维护国家利益。”（见《左传·襄公二十五年》）

在这以前，随国的季梁就提出：“夫民，神之主也，是以圣王先成民而后致力于神。”（《左传·桓公六年》）邾文公亦提出：“苟利于民，孤之利也，天生民而树之君，以利之也，民既利矣，孤必与焉。”（《左传·文公十三年》）凡此种种，都是从西周的保民思想发展来的，也是孔子仁的思想的渊源。

五岁（公元前 547 年　周灵王二十五年　鲁襄公二十六年）

孔子在鲁。

孔子弟子秦商生，商字不慈，鲁国人。

六岁（公元前 546 年　周灵王二十六年　鲁襄公二十七年）

孔子在母亲颜徵在的教育下，自幼好礼，“为儿嬉戏，常陈俎豆，设礼容”（《史记·孔子世家》），演习礼仪。

弟子颜繇、曾点生。繇又名无繇，字季路，又称颜路，为颜渊之父。点字皙，曾参之父，鲁国人。

七岁（公元前 545 年　周灵王二十七年　鲁襄公二十八年）

孔子在鲁。

周灵王死，子贵立，是为周景王。

弟子冉耕生。耕字伯牛，鲁国人。

八岁（公元前 544 年　周景王元年　鲁襄公二十九年）

孔子在鲁。

吴公子季札赴鲁观周礼——鲁系周公封地，可用天子礼乐，故保存周礼较完备。

九岁 （公元前 543 年　周景王二年　鲁襄公三十年）

孔子在鲁。

此年郑国子产执政，“使都鄙有章，上下有服，田有封洫，庐井有伍。”（《左传·襄公三十年》）郑国大治。后来孔子对子产政绩评价很高。

十岁 （公元前 542 年　周景王三年　鲁襄公三十一年）

孔子在鲁。

鲁襄公死，其子裯继位，是为昭公。

郑人游于乡校，议执政善否。然明劝子产毁乡校，子产不听，曰：“其所善者，吾则行之，其所恶者，吾则改之，是吾师也，若之何毁之？”孔子后来评价子产的这些话说：“以是观之，人谓子产不仁，吾不信也。”（均见《左传·襄公三十一年》）可见孔子对子产尊重民意评价很高。

弟子仲由生。由字子路，卞人。

十一岁 （公元前 541 年　周景王四年　鲁昭公元年）

孔子在鲁。

十二岁 （公元前 540 年　周景王五年　鲁昭公二年）

孔子在鲁。

春，晋侯使韩宣子聘鲁，观书于太史氏，见《易象》与《鲁春秋》，说：“周礼尽在鲁矣。吾乃今知周公之德与周之所以王也。”（《左传·昭公二年》）此类文献大概为鲁国所专藏。

弟子漆雕开生。开字子若，蔡人。

十三岁 （公元前 539 年　周景王六年　鲁昭公三年）

孔子在鲁。

齐晏婴使晋，与晋卿叔向谈及齐政将归陈（田）氏，因齐君加重赋税，滥取于民，而陈氏则采用施恩人民、收为己助的办法，以弱公室。叔向认为晋国公室也到了末世，人们听到国君的命令，“如逃寇仇”（《左传·昭公三年》）。可见这时阶级矛盾和统治阶级内部矛盾已很尖锐。

十四岁 （公元前538年　周景王七年　鲁昭公四年）

孔子在鲁。孔子说：“吾少也贱，故多能鄙事。”（《论语·子罕》）说明他少年时代从事过各种劳动。

冬，郑国子产制定丘赋制度。

十五岁 （公元前537年　周景王八年　鲁昭公五年）

孔子说：“吾十有五而志于学。”（《论语·为政》）此时孔子在童年艰苦学习的基础上，更自觉地在学问德业上不断提高完善自己。

鲁改三军为四军，叔孙、孟孙各领一军，季孙领二军。当时军、赋统一，分军即分赋，所以当时称此举为“四分公室”（《左传·昭公五年》）。

十六岁 （公元前536年　周景王九年　鲁昭公六年）

孔子在鲁。

三月，郑国铸刑书。“礼治”衰替，法治渐起。

弟子闵损生。损字子骞，鲁国人。

十七岁 （公元前535年　周景王十年　鲁昭公七年）

孔母颜徵在卒。此后不久，季氏宴请士一级贵族，孔子赴宴，被季氏家臣阳虎拒之门外（见《史记·孔子世家》）。

十一月，鲁执政季武子卒。

十八岁（公元前534年　周景王十一年　鲁昭公八年）

传说孔子身长九尺六寸，世人皆以“长人”称之（见《史记·孔子世家》）。

十九岁（公元前533年　周景王十二年　鲁昭公九年）

孔子娶宋人亓官氏之女为妻（见《孔子家语·本姓解》）。

二十岁（公元前532年　周景王十三年　鲁昭公十年）

生子伯鱼，因鲁君以鲤赐孔子，故以鲤为名而字伯鱼。孔子开始任委吏(管仓库小吏)(见《阙里志·年谱》)。

二十一岁（公元前531年　周景王十四年　鲁昭公十一年）

孔子改做乘田吏，管理牛羊畜牧小吏（见《阙里志·年谱》)。孟子说:“孔子尝为委吏矣，曰:‘会计当而已矣。’尝为乘田矣，曰:‘牛羊茁壮长而已矣。’”(《孟子·万章下》)

二十二岁（公元前530年　周景王十五年　鲁昭公十二年）

孔子在鲁。

弟子南宫适（敬叔）生。适字子容，鲁国孟僖子之次子。长子孟懿子亦为孔子弟子。

二十三岁（公元前529年　周景王十六年　鲁昭公十三年）

孔子在鲁。

晋会诸侯于平丘，子产、子太叔相郑伯以会。及盟，子产争承（争取使郑国少贡）。……自日中以争，至于昏，晋人许之。孔子认为“子产于是行也，足以为国基矣”(《左传·昭公十三年》)。

二十四岁（公元前528年　周景王十七年　鲁昭公十四年）

孔子在鲁。

春，鲁季孙氏家臣南蒯在费地叛，费人逐之，奔齐。

二十五岁（公元前527年　周景王十八年　鲁昭公十五年）

孔子在鲁。

二十六岁（公元前526年　周景王十九年　鲁昭公十六年）

孔子在鲁。

二十七岁（公元前525年　周景王二十年　鲁昭公十七年）

郯（tán）子朝鲁，在宴会上，他回答叔孙昭子之问，谈起其祖先少皞（hào）氏的官制。据《左传·昭公十七年》记载："仲尼闻之，见于郯子而学之。既而告人曰：'吾闻之，天子失官，学在四夷，犹信。'"孔子好学，学无常师，此其一例。

二十八岁（公元前524年　周景王二十一年　鲁昭公十八年）

孔子在鲁。

宋、卫、陈、郑皆有火灾。郑国裨灶认为，如不祭天禳灾，郑国还要再次发生火灾。子产不同意这种意见，认为"天道远，人道迩，非所及也，何以知之？"（《左传·昭公十八年》）这种把天道和人道分开的观点对孔子重人道轻天道思想的形成有很大影响。

二十九岁（公元前523年　周景王二十二年　鲁昭公十九年）

孔子学琴于师襄子（一说此为鲁昭公十七年事，今从《阙里志》）。襄子曰："吾虽以击磬为官，然能于琴。今子于琴已习，可以益矣。"孔子曰："丘未得其数也。”有间，曰：“已习其数，可以益矣。”孔子曰：“丘未得其志也。”有间，曰：“已习其志，可以益矣。”孔子曰：“丘未得其为人也。”有间，孔子有所缪（穆）然思焉，有所睪（怡）然高望而远眺，曰：“丘殆得其为人矣。近黮而黑，颀然长，旷（《史记》作“眼”）如望羊，奄有四方，非文王其孰能为此？”师襄子避席葉拱（《史记》“葉拱”作“再拜”）而对曰：“君子圣人也，其传曰《文王操》。”（《孔子家语·辩乐解》）于此可见孔子学艺之勤之精。

三十岁（公元前522年　周景王二十三年　鲁昭公二十年）

孔子自称“三十而立”（《论语·为政》），盖自此时，他已奠定了治学、作人、为政等坚实的学问德业基础。根据《史记》记载，此年前后，他开始创办平民教育，收徒讲学，在最早的弟子中，比较知名的有颜路、曾点、子路等人。

郑国子产卒，仲尼闻之，为之出涕，曰：“古之遗爱也。”（《左传·昭公二十年》）他认为子产“有君子之道四焉：‘其行己也恭，其事上也敬，其养民也惠，其使民也义。’”（《论语·公冶长》）评价极高。

齐景公与晏婴来适鲁。景公问孔子，秦穆公何以能称霸，孔子答以善于用人（《史记·孔子世家》）。

弟子颜回、冉雍、冉求、商瞿、梁鳣生。回字渊，雍字仲弓，求字子有，瞿字子木，鲁国人；鳣字叔鱼，齐人。

三十一岁（公元前521年　周景王二十四年　鲁昭公二十一年）

孔子在鲁。

弟子巫马施、高柴、宓不齐生。施字子期，陈国人；柴字子高，齐国人；不齐字子贱，鲁国人。

三十二岁（公元前520年　周景王二十五年　鲁昭公二十二年）

孔子在鲁。

四月，周景王卒，子猛立，即悼王。王子朝联络旧官、百工与灵、景之族造反，杀悼王自立。晋人攻之，立景王另一子匄，是为周敬王。

弟子端木赐生。赐字子贡，卫国人。

三十三岁（公元前519年　周敬王元年　鲁昭公二十三年）

孔子在鲁。

三十四岁（公元前518年　周敬王二年　鲁昭公二十四年）

孟僖子将死，嘱其二子孟懿子与南宫敬叔向孔子学礼（见《左传·昭公七年》）。孔子得到鲁君的支持，与南宫敬叔适周，观周朝文物制度，收获极大，说："周监于二代（夏、商），郁郁乎文哉！吾从周。"（《论语·八佾》）（此时南宫敬叔仅十二三岁，似不可能随同孔子适周，崔述等皆疑之。适周之事，时间上可能后些。）

三十五岁（公元前517年　周敬王三年　鲁昭公二十五年）

鲁昭公帅师攻伐季孙氏，季孙、叔孙、孟孙三家联合反抗昭公，昭公师败奔齐。孔子因鲁乱适齐，路经泰山，遇一因避家乡苛政而逃此的女子哭诉亲人被虎咬死仍不愿离开此地时，不由发出"苛政猛于虎"的慨叹（见《礼记·檀弓下》）。到齐国后，为高昭子家臣，藉以进见齐景公。

三十六岁（公元前516年　周敬王四年　鲁昭公二十六年）

孔子在齐与齐太师语乐，听到《韶》乐（相传是舜时的音乐），三月不知肉味，兴奋地说：“不图为乐之至于斯也！”（《论语·述而》）。

齐景公问政于孔子。孔子对曰：“君君，臣臣，父父，子子。”公曰：“善哉！信如君不君，臣不臣，父不父，子不子，虽有粟，吾岂得而食诸！”（《论语·颜渊》）齐景公欲以尼谿田封孔子，但因晏婴阻挠，没有成功（见《史记·孔子世家》）。

这年鲁昭公自齐居郓（郓原是鲁地，上一年齐为昭公攻取）。

三十七岁　（公元前515年　周敬王五年　鲁昭公二十七年）

孔子在齐，齐大夫扬言欲害孔子，齐景公亦对孔子说：“吾老矣，弗能用也。”于是，孔子自齐返鲁（见《史记·孔子世家》）。据说返鲁时迫于形势险恶，仓促中把正在淘的米未及做饭即提起来一面走路一面滤干。（《孟子·万章下》：“孔子之去齐，接淅而行。”）

吴公子季札聘齐，其子死，葬于嬴、博（临近鲁境之齐地）之间，孔子往观其葬礼（见《礼记·檀弓下》）。

吴公子光使专诸刺吴王僚而自立，是为吴王阖闾。弟子樊须、原宪生。须字子迟，鲁人；宪字子思，宋人。

三十八岁　（公元前514年　周敬王六年　鲁昭公二十八年）

孔子在鲁。

晋魏舒（魏献子）执政，灭祁氏、羊舌氏，分祁氏之田为七县，羊舌氏之田为三县，选派贤能之士（包括其子在内）为县宰。孔子十分赞赏，说魏子之举，“近不失亲，远不失举，可谓义矣。”（《左传·昭公二十八年》）

鲁昭公至晋，居乾侯（晋邑）。

三十九岁　（公元前 513 年　周敬王七年　鲁昭公二十九年）

孔子在鲁。

这年冬，晋铸刑鼎，赵鞅、荀寅把范宣子制定的刑书铸在铁鼎上。孔子认为这样做，就会“贵贱无序”，破坏等级制度，不由得发出了“晋其亡乎！失其度矣”的感叹（《左传·昭公二十九年》）。显然，孔子对晋国法制的看法是保守的。

四十岁　（公元前 512 年　周敬王八年　鲁昭公三十年）

孔子在鲁。

孔子自称“四十而不惑”（《论语·为政》），所谓不惑，盖指而立时确立的世界观、人生观已坚定不移。

弟子澹台灭明生。灭明字子羽，鲁之武城人。

四十一岁　（公元前 511 年　周敬王九年　鲁昭公三十一年）

孔子在鲁。

鲁昭公久在乾侯，晋侯欲送昭公回国，鲁之季孙意如来迎，昭公未敢返鲁。

弟子陈亢生。亢字子禽，陈人。

四十二岁　（公元前 510 年　周敬王十年　鲁昭公三十二年）

冬，鲁昭公卒于乾侯。季孙立昭公弟公子宋，是为定公。

旧说孔子于昭公二十六年返鲁后，旋又至齐，直至昭公死，共在齐七年。清人江永在其《乡党图考》中认为孔子在齐不过一年，亦不当。据《史记·孔子世家》考之，孔子仅一次至齐，历时约二年。

四十三岁（公元前509年　周敬王十一年　鲁定公元年）

孔子在鲁。

据《阙里志》载，是年孔子自鲁适陈。《史记·孔子世家》《陈杞世家》及《年表》均无记载。夏，昭公灵柩自乾侯归葬鲁，定公即位。

弟子公西赤生。赤字华，鲁国人。

四十四岁（公元前508年　周敬王十二年　鲁定公二年）

孔子在鲁。

是年鲁国继上年八月严重霜灾后，都城雉门及两观又遭大火。

四十五岁（公元前507年　周敬王十三年　鲁定公三年）

孔子在鲁。

邾庄公卒，邾隐公即位，将冠，使人问冠礼于孔子。

弟子卜商生。商字子夏，卫国人。孔子死后，他在西河讲学，颇有影响。

四十六岁（公元前506年　周敬王十四年　鲁定公四年）

孔子在鲁。

吴、蔡、唐联合大败楚师，楚臣申包胥赴秦乞援。

孔子观鲁桓公庙宥坐（宥与右同，言人君可置于座右以为戒也）之欹器，联想起“持满”之道，对弟子说：“吾闻宥坐之器者，虚则欹，中则正，满则覆”，“恶有满而不覆者哉！”他认为正确的态度应该是“聪明圣智，守之以愚；功被天下，守之以让；勇力抚世，守之以怯；富有四海，守之以谦；此所谓挹而损之之道也。”（《荀子·宥坐》）

弟子言偃生。偃字子游，吴国人。

四十七岁（公元前 505 年　周敬王十五年　鲁定公五年）

孔子在鲁。

楚申包胥求得秦师援助，击败吴师，楚昭王还郢都。

六月，鲁国季孙意如（季平子）卒，其家臣阳虎（又称阳货）囚其子季孙斯（季桓子）而专鲁政。阳虎欲见孔子，孔子不见，于是馈孔子豚，欲待孔子拜谢时见孔子。孔子不欲见，打听得阳虎不在时拜谢，但不巧在路上遇到了。阳虎劝孔子出仕，孔子口头答应，但终不仕（见《论语·阳货》），退而修《诗》《书》《礼》《乐》，以教弟子。孔子说：“不义而富且贵，于我如浮云。”（《论语·述而》）这充分体现了他的“无道则隐”的主张。

弟子曾参、颜幸生。参字子舆，鲁国南武城人。幸字子柳，鲁国人。

四十八岁（公元前 504 年　周敬王十六年　鲁定公六年）

孔子在鲁。

季氏家臣阳虎擅权日重。据《左传·定公六年》载，阳虎和定公及“三桓”在周社（社为古代祭祀土地神之所，周社为鲁之国社，因鲁系周公之后，故名周社——作者）盟誓，同国人在亳社（亳为殷商旧都，鲁处殷代商奄之地，因其遗民，故立亳社——作者）盟誓，又在五父之衢（曲阜东南五里处）祭神，以加祸于不守盟誓者。

四十九岁　（公元前503年　周敬王十七年　鲁定公七年）

孔子在鲁。

二月，齐将郓、阳关二地归还鲁国，阳虎据为己有。弟子颛（zhuān）孙师生。师字子张，陈人。

五十岁　（公元前502年　周敬王十八年　鲁定公八年）

孔子在鲁。

孔子自谓“五十而知天命”（《论语·为政》）。所谓知天命盖即自以为掌握了客观事物的发展规律之意。

冬，阳虎欲去“三桓”，谋杀季氏未遂，随入讙（今山东省宁阳西北）、阳关（今山东泰安东南）以叛。

公山不狃使人召孔子，孔子欲往，因子路反对而未成行（见《论语·阳货》）。

五十一岁　（公元前501年　周敬王十九年　鲁定公九年）

孔子在鲁。

六月，鲁伐阳虎，攻打阳关。阳虎突围奔齐，旋逃亡宋国，最后逃至晋国，投赵简子。孔子说：“赵氏其世有乱乎！”（《左传·定公九年》）

孔子任中都（今山东省汶上西）宰，卓有政绩，治理一年，四方则之。

弟子冉鲁、曹卹、伯虔、颜高、叔仲会生。鲁字子鲁，鲁国人；卹字子循，蔡国人；虔字子析，鲁国人；高字子骄，鲁国人；会字子期，鲁国人。

五十二岁　（公元前500年　周敬王二十年　鲁定公十年）

孔子在鲁。

孔子由中都宰升小司空，由小司空升大司寇，摄相事。

夏，齐与鲁媾和，鲁定公与齐景公会于夹谷（今山东莱芜南）。孔子以大司寇身份为定公相礼，孔子认为“虽有文事，必有武备”，事先作了必要的武事准备。齐欲劫持定公，孔子以礼斥之。齐君敬惧，遂定盟约，并将侵占的郓、讙、龟阴等地归还鲁国，以谢过（见《穀梁传·定公十年》）。

五十三岁　（公元前499年　周敬王二十一年　鲁定公十一年）

孔子在鲁。

孔子为鲁大司寇，鲁国大治。据《吕氏春秋·乐成》记载，开始尚疑其才，既而政化盛行，国人诵之（见《孔丛子·陈士义》）。

鲁与郑讲和，开始背弃晋国。

五十四岁　（公元前498年　周敬王二十二年　鲁定公十二年）

孔子在鲁。

孔子为鲁国大司寇，子路为季氏宰，孔子为了削私家以强公室，向鲁定公建议：“家不藏甲，邑无百雉之城，古之制也。今三家（三桓）过制，请皆损之。”（《孔子家语·相鲁》）遂将堕（“堕”同“隳”，读huī音）三都。当时，适值叔孙、季孙之家臣侯犯和南蒯各据其都叛，叔、季二氏亦支持这一主张，于是先拆毁了叔孙氏的郈邑（今山东省东平南）和季孙氏的费邑（今山东省费县）。堕费时，费宰公山不狃乘鲁都（曲阜）空虚，率费人攻曲阜，幸赖孔子命申句须、乐颀二大夫率部反击，败公山不狃于姑蔑（今山东省泗水东）。公山不狃逃奔齐国。遂堕费。可是再去拆毁孟孙氏的成邑（今山东省宁阳东北）时，却受到孟孙家臣公敛处父的抵制，结果堕成失败。堕三都行动至此半途而废（《史记·孔子世家》）。有人认为公山弗扰（即不狃）以费畔（《论语·阳货》）即指此事，而召孔子则在定公八年未畔时。甚当。今从此说（详见本书《生平概略》章）。

弟子公孙龙生。龙字子石，楚国人。

五十五岁 （公元前497年　周敬王二十三年　鲁定公十三年）

鲁国得治，齐国惧，欲败其政，乃选美女八十人，衣以文衣，并文马三十驷馈鲁君。季桓子受之，君臣怠于政事，多日不听朝政，也不按礼制送膰肉（当时郊祭用的供肉）于孔子，孔子失望，遂去鲁适卫（孔子去鲁适卫的年代，《史记》定为上一年的秋冬之间，根据鲁国郊祭一般在春三月，故从《阙里志》系于此年）。

孔子到卫国后，居住在卫都帝丘（今河南省滑县）子路妻兄颜浊邹家。卫灵公按照他在鲁国的待遇给予俸禄。后卫灵公听信谗言，监视孔子，孔子遂于十月去卫适陈。在过匡地（今河南省长垣境内）时，匡人误认孔子为阳虎（因阳虎曾欺压匡人，而孔子貌似阳虎），围困了孔子。后经蒲地（亦在长垣境内），会公叔氏起事，又被当地群众所围。孔子与蒲人定盟，返回卫国，住蘧伯玉家。

五十六岁 （公元前496年　周敬王二十四年　鲁定公十四年）

孔子在卫。

孔子回到卫国，曾见卫灵公夫人南子，子路不悦；灵公与南子还让孔子为次乘招摇过市，孔子亦耻之，曾去卫而仍回卫。

五十七岁 （公元前 495 年　周敬王二十五年　鲁定公十五年）

孔子在卫。

邾子朝鲁，子贡观礼。鲁定公卒，其子蒋立，是为哀公。

五十八岁 （公元前 494 年　周敬王二十六年　鲁哀公元年）

孔子在卫。

春，吴王夫差败越于夫椒，遂入越。越王勾践退保会稽，使大夫种求和。三月，吴越和。

五十九岁 （公元前 493 年　周敬王二十七年　鲁哀公二年）

孔子在卫。孔子看到卫灵公不能用他，喟然叹曰：“苟有用我者，期月而已，三年有成。”卫灵公问兵陈于孔子，孔子说：“俎豆之事则尝闻之，军旅之事未之学也。”（《史记·孔子世家》）由是，决计离卫西去，投奔晋国赵简子。走到大河边，听说赵简子杀害了两个贤人，不由得临河而叹，返回卫国，然后去卫如曹适宋。

在适宋的路途上，曾与弟子习礼于檀树之下，宋司马桓魋欲害孔子，把大树砍掉了。孔子只好微服而行，逃到郑国，郑国也没有接待，只好取道适陈。

夏，卫灵公卒，立蒯聩之子辄，是为卫出公。

六十岁 （公元前 492 年　周敬王二十八年　鲁哀公三年）

孔子在陈。

这年秋，鲁国季桓子病，懊悔过去未能长期用孔子而影响了鲁国的振兴。临死前，嘱其子季康子要召回孔子以相鲁。后来由于公之鱼的阻拦，季康子改变了主意，派使改召孔子弟子冉求。冉求将行，孔子说："鲁人召求，非小用之，将大用之也。"（《史记·孔子世家》）这年，孔子已经六十岁了，他很想回到家乡能为鲁国贡献自己的力量。

孔子曾说："六十而耳顺。"意谓这时他听到任何事情，都能立即辨明是非。

六十一岁（公元前 491 年　周敬王二十九年　鲁哀公四年）

孔子在陈。

六十二岁（公元前 490 年　周敬王三十年　鲁哀公五年）

孔子在陈。

《史记》对孔子在卫、在陈的记载很乱，故崔述说："谓孔子三至卫而三至陈，甚不可解也。"（《洙泗考信录》）。这里只注明孔子以卫、陈为据点的大概年份，略于出入卫、陈的次数和情况，这是年代久远，史无实录，举其大者，舍其细节，较为合理。因此，孔子自陈适蔡，又自蔡回陈等传说，皆从略。

六十三岁（公元前 489 年　周敬王三十一年　鲁哀公六年）

孔子在陈。

这年吴伐陈，楚来救，陈国大乱。孔子离陈过蔡地去负函（楚地，今河南信阳，楚大夫有贤名的诸梁即叶公驻此），在陈蔡间被困，绝粮七日，弟子饥馁皆病，孔子依然讲诵、弦歌不止。子路等由于屡遭挫折，对孔子之道产生了怀疑。只有颜渊认识到孔子道大，不为当时所容，“是有国者之丑”。孔子为有颜渊这样的弟子感到高兴（《史记·孔子世家》）。

孔子在路上连续遇到当时的一些隐者如长沮、桀溺、荷蓧丈人和楚狂接舆等，他们对孔子的积极用世态度不以为然。例如桀溺劝子路跟他们一道做避世之人。孔子知道后说：“鸟兽不可与同群，吾非斯人之徒与而谁与？天下有道，丘不与易也。”（《论语·微子》）表示了为改变天下无道局面的决心。又如楚狂接舆遇到孔子时就唱歌道：“凤兮！凤兮！何德之衰！往者不可谏，来者犹可追。已而！已而！今之从政者殆而！”（《论语·微子》）孔子很想和他讲话，可是他急忙避开了，没有讲成。

孔子到了负函，和叶公见面。叶公问政，孔子说：“要使境内的人都喜悦，使境外的人都向往而来。”（《论语·子路》：“近者说（悦），远者来。”）叶公又通过子路问起孔子是怎样人物，子路不知如何回答。孔子说：“女奚不曰：‘其为人也，发愤忘食，乐以忘忧，不知老之将至云尔。”（《论语·述而》）

楚昭公欲重用孔子，使使奉币来聘，将以书社地七百里封孔子，由于楚令尹子西的阻拦，此议遂止。

孔子思念鲁国和在鲁国的弟子，叹道：“归与，归与！吾党之小子狂简，斐然成章，不知所以裁之。”（《论语·公冶长》）

六十四岁 （公元前 488 年　周敬王三十二年　鲁哀公七年）

孔子在卫。

孔门弟子多仕于卫，要求孔子返卫。孔子由负函直接返回卫国。子路问孔子："卫君待子而为政，子将奚先？"孔子提出正名主张："必也正名乎！……名不正则言不顺，言不顺则事不成，事不成则礼乐不兴，礼乐不兴则刑罚不中，刑罚不中则民无所措手足。"（《论语·子路》）他认为正名不但是解决卫国出公与其父争君位问题的原则，也是维护周礼、巩固等级宗法制的纲领。

夏，鲁哀公与吴人会于鄫（今山东省峄县境内），吴向鲁国索取牛、羊、猪各一百头为祭品。吴太宰嚭召季康子，康子使子贡辞谢（这时子贡已仕鲁为大夫），子贡以周礼说服嚭，很好地完成了使命。

六十五岁 （公元前 487 年　周敬王三十三年　鲁哀公八年）

孔子在卫。

三月，吴伐鲁，吴大败，孔子弟子有若参战有功。

六十六岁 （公元前 486 年　周敬王三十四年　鲁哀公九年）

孔子在卫。

六十七岁 （公元前 485 年　周敬王三十五年　鲁哀公十年）

孔子在卫。

孔子夫人亓官氏卒。

六十八岁 （公元前 484 年　周敬王三十六年　鲁哀公十一年）

孔子在鲁。

春，齐师伐鲁，孔子弟子冉有为季氏将左师，与齐军战于鲁郊，克之。季康子问他怎样学会作战的，冉有说，学于孔子，遂荐孔子于季氏。季康子派公华、公宾、公林以币迎孔子归鲁。孔子去鲁访问列国诸侯，颠沛流离凡十四年，至此才算结束。

孔子返鲁后，鲁哀公问政，孔子曰："政在选臣。"（《史记·孔子世家》）又问："何为则民服？"回答说："举直错诸枉，则民服；举枉错诸直，则民不服。"（《论语·为政》）季康子问政，孔子说："政者正也，子帅以正，孰敢不正？"（《论语·颜渊》）季康子欲行"田赋"，即将军费改按田亩征税，使冉有问于孔子，孔子曰："若不度于礼，而贪冒无厌，则虽以田赋，将又不足。"季子不听（《左传·哀公十一年》）。鲁终不能用孔子，孔子亦不求仕，专心从事文献整理和教育事业，删《诗》《书》，定《礼》《乐》，修《春秋》，并且继续聚徒授业，培育治国贤才。据史载，"弟子盖三千焉，身通六艺者七十有二人。"（《史记·孔子世家》）三千是指前后受业弟子总数而言。

六十九岁（公元前 483 年　周敬王三十七年　鲁哀公十二年）

孔子在鲁。

春，鲁实行田赋。

夏，鲁昭公夫人孟子卒，孔子往吊。与鲁国太师（乐官）论乐，孔子说："乐其可知也，始作翕如（热烈），皦如（清晰），纵之纯如（和谐），绎如（络绎不绝）也，以成。"他又说："吾自卫反鲁，然后乐正，《雅》《颂》各得其所。"（《史记·孔子世家》）

冬十二月，鲁国发生蝗灾，季孙问于孔子，孔子说："丘闻之，火伏而后蛰者毕，今火犹西流，司历过也。"(《左传·哀公十二年》) 十二月属冬季，不该有蝗虫。孔子认为这年十二月有蝗虫，不是自然界反常，而是司历者算错了时间。

七十岁 (公元前 482 年　周敬王三十八年　鲁哀公十三年)

孔子在鲁。

孔子子伯鱼卒。其孙孔伋约于这年生。伋字子思，曾子的学生，孟轲是其再传弟子。

孔子曾说："七十而从心所欲，不逾矩。"(《论语·为政》)也就是说，到了七十岁，在已往"而立""不惑""知天命""耳顺"的基础上，任何想法和做法都不会越出仁道原则和周礼所定的规矩了。孔子晚而好《易》，"读《易》，韦编三绝"(《史记·孔子世家》)。

七十一岁 (公元前 481 年　周敬王三十九年　鲁哀公十四年)

孔子在鲁，作《春秋》。春，管理山林的人("虞人")在曲阜西面的"大野"打猎，捕获一怪兽，据说是麟，孔子说："吾道穷矣！"于是绝笔，停止修《春秋》。

颜回死，享年四十一岁，孔子哭之恸，曰："噫！天丧予！天丧予！"(《论语·先进》)

六月，齐国陈恒(又叫田成子)杀简公，孔子劝鲁哀公及"三桓"讨之，以正君臣之义，不果。在齐国这次政变中，孔子弟子宰我死于难。

七十二岁 (公元前 480 年　周敬王四十年　鲁哀公十五年)

孔子在鲁。

冬，卫有政变，蒯聩逐其子出公而自立，是为卫庄公。孔子弟子子路是时为卫大夫孔悝的邑宰，死于难，孔子恸甚。

七十三岁（公元前479年　周敬王四十一年　鲁哀公十六年）

周历四月十一日即夏历二月十一日（据崔述考证），孔子寝疾七日而殁，葬于鲁城（今曲阜）北泗上。鲁哀公诔之曰："旻天不吊，不慭遗一老，俾屏余一人以在位，茕茕余在疚，呜呼哀哉！尼父！无自律。"（《左传·哀公十六年》）不少弟子为之守墓三年，临别而去，哭尽哀，或复留。唯子贡庐于墓凡六年，然后去。弟子及鲁人往从墓而家者百有余室，因名孔里；并以孔子故居改为庙堂，藏孔子平生衣冠琴书于堂中。自此以后，年年奉祀。今曲阜之孔庙、孔府、孔林，所谓"三孔"者，即创始于此。